基础教育改革与教师专业发展丛书

基础教育改革与学生发展系列

家长和孩子必知的100种现代学习方法

JIAZHANG HE HAIZI BIZHI DE
YIBAIZHONG XIANDAI XUEXI FANGFA

樊彩萍　刘　祥◎编著

安徽师范大学出版社

责任编辑:童　睿　盛　夏　　　　责任校对:汪碧颖
装帧设计:丁奕奕　　　　　　　　责任印制:郭行洲

图书在版编目(CIP)数据

家长和孩子必知的100种现代学习方法/樊彩萍,刘祥编著.—芜湖:安徽师范大学出版社,2014.1(2015.12重印)
(基础教育改革与教师专业发展丛书)
ISBN 978-7-5676-0311-0
Ⅰ.①家… Ⅱ.①樊… ②刘… Ⅲ.①中小学生-学习方法 Ⅳ.①G632.46

中国版本图书馆CIP数据核字(2012)第319298号

家长和孩子必知的100种现代学习方法
樊彩萍　刘　祥　编著

出版发行:安徽师范大学出版社
芜湖市九华南路189号安徽师范大学花津校区　　邮政编码:241002
网　　址:http://www.ahnupress.com/
发 行 部:0553-3883578　5910327　5910310(传真)　　E-mail:asdcbsfxb@126.com
经　　销:全国新华书店
印　　刷:虎彩印艺股份有限公司
版　　次:2014年1月第1版
印　　次:2015年12月第3次印刷
规　　格:787×960　1/16
印　　张:16.5
字　　数:262千
书　　号:ISBN 978-7-5676-0311-0
定　　价:33.00元

基础教育改革与教师专业发展丛书编委会

内容简介

本书基于教育学、心理学的研究成果,提供100种现代学习方法,谨供家长和中学生参考。

本书从学习动力、学习能力、学习环节、学习技巧四个部分选材组材,针对孩子在学习中遇到的各种困难,进行深入的探讨,并提供妥善的解决方法。

总　序

“教育改革”在当下是一个出现频率非常高的概念，这种语言现象所反映的正是教育实践的客观现实。伴随着经济全球化、信息化和网络化的迅猛发展，世界范围的教育改革正一浪高过一浪，教育改革正成为一项持续不断的教育实践活动。可以说，变革已成为当代教育的一个典型特征。

同样，改革也是我国当代基础教育领域蓬勃发展的重要驱动轴。近年来，基础教育改革正在各个层面全面展开：在课程领域，综合课程、活动课程、微型课程、模块课程等正在逐步取得与学科课程同等的地位，并对促进学生的全面发展发挥着不可替代的作用；在教学领域，诸如探究式教学、互动式教学、学生自主学习、合作学习等一系列新的教学方式和学习方式也正在逐步取代某些传统的教学方式和学习方式，被师生广泛运用于教学过程之中；在德育领域，一方面，某些陈旧落后的德育理念和模式正在为人们所摒弃，另一方面，多种新的德育理念和模式正在受到教育理论工作者和实践工作者的广泛关注并在学校德育实践中进行尝试和经受检验；在教育评价领域，传统的评价理念和范式同样日益受到人们的质疑与批判，与此同时，各种新的评价理念和范式层出不穷并被师生普遍接受和运用。

基础教育改革不仅使学校生活、师生关系和课堂面貌等发生了重要变化，也向广大教育实践工作者提出了新的更高的要求。持续不断的基础教育改革,使每一个投身于教育实践工作的人都面临着一系列无法回避的挑战。这种挑战,既意味着教育实践工作者不得不正视和思考教育改革带来的各种新的问题,同时也意味着他们在面对不断变化的教育实践情境时,必须采取适当、合理的因应与行动。

教育大计,教师为本;有好的教师,才有好的教育。这既是基础教育改革实践的强烈诉求,同时也是理性认识基础教育改革所形成的共识。好的教师,才有可能既娴熟自如地驾驭教育教学活动,最大限度地促进学生的发展,同时又能够有效地应对社会和教育发展所带来的各种新变化、新要求,成为教育改革的参与者和"弄潮儿"。好的教师由何而来呢?也许人们对这一问题有着各自不同的认识,也许不同的教师其成长的过程和方式各有差异,但可以肯定的是,好的教师既需要经受教育实践的历练,需要教育实践给予其充分展现的机会,同时,也需要接受教育理论的滋养,需要对教育教学的本质和规律性有着正确的认知和把握。

与教育实践工作者相同的是,教育理论工作者也正在面对教改所带来的诸多挑战。基础教育改革的蓬勃展开,也必然会对教育理论工作者提出如何恰当地回应教育改革、如何研究和解决教育改革中出现的各种新问题、如何引领教育改革的发展方向等诸多问题。可以说,在教育改革持续展开的背景下,教育理论工作者正面临着双重任务:一是必须及时研究和探索教育改革中不断出现的新情况、新进展,发现制约改革的各种因素和变量,揭示和分析教育改革发生发展的特点和规律;二是必须观照教育改革参与者特别是中小学教师的实践诉求,通过对教育改革实践的理论阐述,引领他们更加理性、有效地处理改革实践中所遇到的种种现实问题。

我们欣慰地看到，当前，已有很多学者对基础教育改革的一系列重要问题进行了深入的研究和探讨，从多角度、多方位提出了诸多有关教育改革的真知灼见，展示了学者们对教育改革实践的理性认识。然而，如何将这些理性认识转变为教育改革实践的理性行动，却需要做一番综合与转化工作。所谓综合，就是要对不同的理论研究成果，根据教育实践的逻辑，重新进行组合与梳理，以形成更加适合于教育实践的知识体系；所谓转化，则是要通过对知识的再加工和再创造，将原本用于精确表达思想和观念的科学话语体系，转变成实践话语体系，从而更加适合教育改革实践的需要。而本套丛书所努力达成的，就是这样的一个目标。我们期待我们所做的综合与转化的努力，能够产生切实的实践效果。

教育改革既涉及宏观层面，也涉及微观层面。仅有宏观层面的努力而缺失微观层面的配合与行动，教育改革不可能取得成功。宏观层面的教育改革主要是由政府来决定和实施，而微观层面的改革不仅需要政府的介入，更需要教育实践工作者的实际行动。我们编写这套丛书，主要的目标是指向微观层面，指向中小学教师的教育教学实践。丛书涉及当前基础教育改革和教师专业发展的诸多领域，主要针对当前基础教育改革和教师专业发展中所遇到或将要遇到的一系列问题而编写，以问题作为研究和讨论中心。我们期望通过聚焦教育改革实践中遇到的各种实际问题，借鉴中外教育改革的研究成果和成功经验，为教育实践工作者正确地认识和把握这些具体的实际问题提供指导和帮助。

本丛书主要包括教师专业发展系列、基础教育改革与学生发展系列、新课程教学探索系列、班主任工作系列、心理健康教育系列、教师专业标准系列等，读者对象主要是广大中小学教师。丛书的定位是理论与实际有机结合、介于学术著作和通俗读物之间，既注意吸收相关学科领域的最新成果，反映教育教学研究的前沿动态，又注重贴近中小学教师的工作和生活，对目前我国基础教育的实际以及教改实施与进展的状况进行分析和探讨，注重解决读者在实践中遇到的问题或困惑，努力做到科学性、前沿性、实用性的统一。丛书内容通俗易懂，深入浅出，每册书在内容上不求大而全，不求面面俱到，而是突出重点，将关注教师的需求放在第一位，尽可能为他们提供有针对性的思想和理论的引领，给他们以实践操作的启发。

我们相信本套丛书的出版，能让广大一线中小学教师获得所需的知识和有益的启示，对学校的进步、教师的发展和学生的成长发挥建设性的指导作用，为促进教育改革和教师发展增添些许动力。我们也期待着本丛书的出版，能够为师范院校相关学科的教学与研究提供更为丰富的素材，从而推动教师教育质量的不断提升。

编委会

二〇一三年一月

前言

读书与学习是两个不同的概念。很多人读了一辈子的书，却从未进行过真正意义的学习。

真正的学习是什么呢？这是一个无法形成标准答案的问题。我们是否可以作这样的阐释：真正的学习，学习者的目标应该是清晰且高远。学习者绝不会只是为了班级的排名而学习，也不会只是为了考取重点中学、重点大学而学习。学习，只是因为学习的内容中有无穷无尽的值得探究的知识，而这些知识既充满了趣味，又能够造福人类，还能够丰富自身。学习者为了让自身以及他人生活得更快乐、更幸福，于是像对待吃饭、睡觉一样对待自己的学习。他将这样的学习视作生命成长的一种必然。他享受这样的学习，并从这样的学习中，获得成长。

这样的阐释，似乎过于浪漫，过于超越现实，却顺应了生命发展的规律，顺应了成长的价值诉求。

遗憾的是，当下生活中，很多的人都是带着强烈的功利意识而学习的。有人为了荣誉，有人为了利益，有人为了颜面，有人为了生存。这样的学习目标，在不同程度上影响着学习的动力和效果，让原本应该充满情趣的活动变成了一种历经千难万险的行为。

基于这样的现实，我们编写了本书。我们的目的很明确，就是想借助这些基于教育学、心理学研究成果的学习方法，为家长和中学生提供力所能及的帮助。我们希望中学生能够在日常的学习生活中，逐渐养成自觉主动的学习意识；希望中学生能够依据一定的方法巧思妙学；希望家长能够依照学习规律帮助孩子完成学业，同时养成良好的学习习惯，确立起良好的人格，而不是动辄以分数和排名要挟孩子、威胁孩子、逼迫孩子；我们希望每一个学生，都能够在学校和家庭的双重呵护下，养成终身学习的良好习惯，最终成为有所建树的思想者、实践者。

本书从四个部分选材组材：学习动力，学习能力，学习环节，学习技巧。学习动力篇，侧重探究学习动机、学习态度、学习兴趣、学习习惯、学习心态五方面的问题；学习能力篇，注重分析观察能力、注意能力、记忆能力、想象能力、思辨能力五方面内容；学习环节篇，重点研究学习计划的制订、预习、听课、复习、考试等过程性内容；学习技巧篇，则是采用分学科研习的方式，针对不同学科的学科属性，结合当下中学生的共同性的学习问题，进行概括性的探讨和点拨。这四个部分，由内而外地展开，前者为后者作铺垫，后者以前者为理论支撑。

限于相关知识经验的不足，本书编写过程中，虽然阅读了大量的文献资料，收集整理了众多的案例，但仍然无法避免部分问题阐释中的疏漏。此外，由于典范的心理学著作的缺乏，大量的素材只能来自网络搜索，这也在一定程度上冲淡了作品的严谨性。好在我们的初衷并不是编写一部高深的教育学、心理学专著。我们只是想用我们的努力，为中学生和家长打开一扇窥探学习科学的窗子。从这一目标出发，能够少一点专业术语，多一点案例和故事，或许更有利于读者的阅读与理解。

俗话说，师傅领进门，修行看个人。学习实践中，无论什么样的方法，要想真正发挥作用，学习者的主观能动性都是决定性因素。当下学校生活中，世俗意义上的“差生”几乎不存在智力因素的影响，形成差距的根源只在于“不为”而绝非“不能”。中学生只有端正了学习态度，明确了学习目标，本书介绍的各种学习方法才能发挥作用。

在写作过程中，我们尽己所能，想把这本书写成能够切实帮助中学生度过人生最美好的中学阶段的辅助读物。如果您在翻阅本书时，能够不时地停下来，思考一分钟，然后发出一丝会心的微笑，那么您的笑容，就是对我们付出的劳动的最好奖赏。

最后，谨祝每一位中学生都能够拥有一份阳光明媚的生活，祝愿所有的家长都能收获幸福美好。

目 录

学习能力篇

学习环节篇

学习技巧篇

学习动力篇

第一章　增强学习动机

心理学上，动机被解读为激发、引导、维持并使行为指向特定目的的一种力量。将这种力量作用于学生的学习，使其能够激发、引导和维持学生的学习行为，并使学习行为指向一定学业目标，便构成学习动机。学生的学习动机，既有外部动机和内部动机的区分，如外在的考试分数和内在的愉快享受；又有认知内驱力、自我提高内驱力和附属内驱力的区分，如好奇心、价值实现、价值认同等。

多数情况下，成人的自主学习，受内部动机和自我价值实现的影响较大；而中小学生的学习，则更多受到外部动机和他人价值认同等因素的影响。良好的学业成绩，父母和老师的充分认同等，往往会不断增强学生的学习动机，使其朝父母和老师期望的目标不断前行。

正是基于中小学生的这种个性特征，有关学习动机的研究才更需要引起家长和学习者自身的高度关注。

1.目标的神奇作用

学习是一种具有强烈目的性的自主行为。很多时候，学习效率的高低取决于学习目标。无目标，或目标浅近，或目标无法操作、无法实现，都可能会造成行动的盲目与低效；而拥有一个内容合理、方法适宜、指向明确、宏观与微观相结合的学习目标，则能保障学习的持续高效，使每一天的活动都置身于一个成体系的学习框架内，有条不紊地朝既定目标前进。

曾经有这样一名男生，对高考始终缺乏足够的热情，绝大多数时间都用在课外阅读上。老师跟他交流时，发现他深受老庄“清静无为”思想的影响，对考取名牌大学、谋一个好工作、领一份高工资等并无多少兴趣。

他说，他的人生目标很浅近，就是毕业后回到自己的村庄，在村头的老柳树下开一小店，有顾客便卖点物品，无顾客便躺在躺椅上读书。

要实现这样的目标，当然无需挤过高考的独木桥，也无需没日没夜地完成如山的作业，更不必在意考试成绩排名。在其他同学劳心劳力地苦战各类试卷时，他如闲云野鹤般逍遥自在。

这样的"另类人士"，在中学生中较为稀少。大多数的中学生都有自己的学习目标。为了实现目标，亿万学子或是积极主动，或是消极被动地行进于书山题海之中。有的人，每一天都生活得清晰而充实；有的人，多数时间都处于盲目和疲于应付状态。后者常常被老师、同学以及没完没了的练习题所左右，把学习变成了简单化的完成作业。这类学生，属于不会学习。

形成中学生不会学习现象的因素很多，撇开各种先天性因素和后天的巨大挫折带来的心理损伤，缺乏正确的目标引领是具有决定性作用的因素。人的一切自觉性活动都离不开具体的目标引领。以建造一所茅屋为目标，则仅需找寻到一方空地，花费月余时间垒土为墙，再砍伐几棵树或毛竹，买几车茅草，便可为之。实现此目标，需要付出的工作量当然远远少于建造一座别墅。同理，对自身的学习缺乏高远的目标，只满足于比上不足、比下有余的学习状态，自然不会有强烈的学习动力。

教育者们常常爱用《西游记》中唐僧师徒取经的故事来比喻学习。师徒四人中，玄奘没有任何法力，却有一颗坚定不移的心。对他而言，西行求取真经，是一切行动的最高目标。为了实现这个目标，他历经千难万险，九死一生，最终修成正果。悟空、悟能与悟净，个个本领高强，没有被统一到西行取经这一目标之下时，凭着各自的能力，呼风唤雨，自由自在，却始终只是不入流的"妖魔"。只有当他们拥有了共同的行动目标，并为了达成目标而出生入死地不懈奋斗后，三个人才有了最后的位列仙班的结局。倘若依了猪八戒，遇到一点困难，便各自散伙，回到从前的自在生活中，哪里会有最终的成就。

中学生读书学习的过程，其实也是一次漫长的取经过程。在这个过程中，沿途需要战胜的各种坎坷，或许也不少于唐僧师徒的"八十一难"。要保证在坎坷和挫折面前不屈服、不低头，就必须始终坚信自己的能力，始终为前方确立一个值得为之付出全部努力的人生目标。有了这样的目标,才能保证方向的正确,增强前行的信心和力量。

当然,确立学习目标也存在着一定的技巧:一是要将长远目标分解成若干个短期目标,二是要将长远目标和自身实力准确"锁定",三是要依据实际行走态势修正短期目标。所有的学习目标,都应该定位在能力可以达到的高度之上,哪怕这样的高度,需要踮起脚尖,需要站在椅子上、桌子上、梯子上。只要相当数量的同龄人能够借助这些辅助性手段达到这样的高度,就可以以其为目标。

"无限相信自己的力量",这话固然存有过分夸大人的主观能动性的弊端,却也彰显出人类潜能的巨大价值。这就如同走路一样,很多时候,看起来遥不可及的漫长路程,当我们真的去行动,朝预定的目的地前进时,慢慢就会发现,再远的征途,也还是能够走到尽头。

2.增强求知欲

中学课程中的一切知识,都由"是什么"、"怎么样"和"为什么"三个部分构成。绝大多数情况下,人们对"是什么"的关注度最高,对"为什么"往往缺乏足够的研究热情。这一点,在文科课程中体现尤其明显。比如,学习一篇文言文,能字字对应着把课文通译出来,解释好重点实词、虚词、特殊句式等,便认为完成了学习任务。至于作者采用了哪些表现手法,如何谋篇布局等,就很少有人问津。而作者为什么写作这篇作品,其中隐藏了哪些微言大义,体现了什么样的人生观、价值观等,则更少被纳入学习探究的范围。这样的学习,便是常言所说的"知其然而不知其所以然"。

形成学习中浅尝辄止现象的原因很多,其中,考试不考可能是最主要的因素。然而,很多时候,我们以为考试不考的那些内容,其实恰恰是构成学科学习的最重要成分。依旧以中学文言文的学习为例,在文言试题中不考写作学知识,不考综合性的归纳探究,却不代表其他试题中也不考查这些内容。事实上,这些经过千百年时光淘洗后留下来的文言佳作,无一不是最具示范性的写作范文。如果能在学习中多花点心思钻研它们的篇章结构，多玩味其词句，对考场作文会有极大的帮助。

其他学科的学习也存在着同样的问题。以占用学习时间最多的数学为例，绝大多数同学在完成数学作业时，八成以上的精力放在解决具体题目上，很少有人从“为什么”的角度思考试题的真正价值。也正因为如此，为数众多的同学的数学作业，便是日复一日地简单重复，原本通过5道试题便可以融会贯通的知识，做了50道题目后，却还未能把试题中隐藏着的“为什么”琢磨透彻。如此学习，自然是高耗低效。

要解决学习中的低效问题，就必须在“怎么样”和“为什么”两方面多投入精力。也就是说，学习任何一门学科都必须有刨根问底的精神。这种精神，便是求知欲。求知欲不仅体现在解决问题上，更体现在对问题内在规律的深入探究中。遇到任何一个问题，都能变换角度多问几个“怎么样”和“为什么”，则思维的宽度和深度得到强化，理解力也能相应得到了提升。

受多种因素的制约，每个人的求知欲不尽相同。有的人，对世间的一切充满了好奇，总有把一切问题都琢磨透彻的渴望。这样的人，在学习中自然也不会匮乏求知欲。有的人，却总是满足于一知半解，很少有兴趣把一件事持之以恒地钻研下去。这样的人，就需要外部力量的干预，需要借助外部动机和附属内驱力的共同作用，增强他们的求知欲。

最常见的强化求知欲的方法，是成就感。很多时候，我们对某一门学科的学习热情特别高，要么是因为这一学科的考试成绩比较好，要么是这一学科的老师和学生的关系特别好，要么是学习者在学习这一学科过程中能够感受到很多的快乐。这三方面都可以归纳为成就感。要满足学习中的成就感，对家长而言，就是要多从赏识的角度进行鼓励；对学生而言，就是要合理规划学习内容，在由浅入深的过程中逐步体味战胜困难、获取成功的快乐。

好奇心和自信心，是增强求知欲的另外两件法宝。每个人天生都具有强烈的好奇心，只是很多学生的好奇心往往被家长和老师扼杀了。当家长和老师要求学生将所有的注意力全部集中到考试这一个点上时，外部的广阔世界便无法走进学生的视线和心灵中，也就不会形成对世界的好奇。同样，自信心也存在着不断弱化的过程。当家长和老师总是用最高标准要求学生时，学生的自信心难免会遭受打击。这样的打击，时间长了，就会转化为一种心理暗示，就会有学生真的认为自己不聪明、不勤奋了。

因此，家长、老师和学生都应该正确审视自身的言行，要将自己的言行朝积极心理暗示的方向引领。每天都念叨着"我能行"的人，比起每天都垂头丧气地感叹"我不行"的人，心态更健康，能力更强，求知欲更旺盛。

3.动机强度要合适

要激发、引导、维持学生的学习行为，使其始终指向高远而明晰的学业目标，当然离不开必要的外部动机和内部动机。两种动机中，外部动机只是激发、引导和维持学习行为的条件，内部动机才是关键，外部动机通过内部动机而发挥作用。

现实的学习生活中，很多人总是混淆了两种动机间的关系，过分放大外部动机的刺激作用，弱化甚至无视内部动机的价值。于是乎，许多本不该出现的错误，都在一些冠冕堂皇的理由下，以合理的身份出现在教育教学实践过程中。这样的错位，不但影响着学生的学习，而且会对其身心的健康发展构成伤害。

最常见的错位是越俎代庖。从青少年一步步走向成人之后，相当数量的老师和家长，都忘却了自己在青涩的中学时代做过的梦，转而以成年人的心境和心态，开始对成长中的学生指手画脚，用各种各样的规矩来限制学生们的言行，用各种各样的教育来要求学生们朝老师和家长需要的方向努力，更有甚者，干脆用自己的行动来代替学生的成长，把本该学生们完成的任务一股脑儿揽过去。此种错位，责任当然在于老师和家长。老师和家长将自己的目标强加给学生，并试图将强加的目标转化为学生学习行为的外部动机。这样的动机，当然无法起到积极的作用，无法激发、引导和维持学生的学习行为。

另一种错位是揠苗助长。学校和家长往往习惯了用最高标准要求所有的学生，总是爱用最好的学生做标杆，让其他学生在学习上、品德上、能力上，甚至文体活动上都达到最佳学生的标准。为了实现这样的目标，便不顾实际，通过加班加点、严防死守等方式，把学生强行摁在书桌前，逼迫着他们完成各种各样的作业，上各种各样的补习班。由此种行为而生成的学习行为外部动机，也同样软弱无力，不能真正激发学生的学习动力。

再一种错位是目标过高。受上述两种错位因素的影响，有些学生也养成了唯分数是瞻的不良心态。学习不是为了追求知识，养成能力，陶冶性情，而只是为了考名校，拿奖学金，挣大钱。为了实现这样的目标，便心甘情愿地舍弃一切娱乐，甚至舍弃阅读和思考的时间。这样的学生，如果真的能博取好的考试成绩，也还不至于身心俱疲，丧失学习的信心和动力。万一屡战屡败，便会慢慢丧失学习的动力，将学习演变成痛苦万分的行为。

此三种错位，都源自外在因素对学习行为的不良影响。前两种错位，外因介入力量过于强大，成人的功利性的学习动机驱逐了外部因素能够带来的正确的学习动机，使学生感受不到健康合理的外部因素对学习的积极引领作用，也就容易引发学生的心理抵触，形成学习上的阻滞力量。第三种错位，虽来自学生本身，也同样因为过于功利而脱离了学习的本质属性，无法真正激发学习热情。

倘若只强化内部动机，又会如何呢？

无限度地放大内部动机，听任学习兴趣左右学习行为，同样会造成学习行为上的偏颇。因为，对于成长中的中学生而言，各门学科的知识，就如各种营养物质，只有均衡吸收，才能保持身体的健康。如果只因为喜爱吃甜食，便舍弃了其他口味的食品，整天只吃这单一的食物，肯定无法长成健康强壮的体魄。同理，单凭兴趣学习，就难免在自己喜欢的学科上投入太多的精力，而对不喜欢的学科又太冷淡，这显然不利于能力的综合提升。

因此，要想让学习行为获得持久性，就必须把握学习动机的强度，既不能过于强化外部动机，也不能过于强化内部动机。各种外部动机，要依靠科学的引领来激活；各种内部动机，要凭借全面发展来调节。只有把握住了学习中的轻重缓急，凸显了学生这一学习主体自身的好奇心、自信心、主动性，才能让学习成为值得期待的行为，才能结出最丰硕的学习果实。

4.正确归因提升自我效能感

学习的过程，也是不断归纳总结的过程。学习中的归纳总结，既要关注那些成功的经验，也要留心那些失败的教训。只有两方面因素都得到科学合理的盘点，才能为后面的学习铺平道路。

有些同学在盘点自己的学习得失时，缺乏正确的归因。取得了成绩，便认为源自自己的聪明与勤奋；遭遇了失败，便认为要么是老师教得不好，要么是试卷出得不好，要么是班级纪律不好影响了自己的学习。此种好事划归自身、坏事推给他人的行为，属于典型的归因不当。这样的归因法，显然不利于正确认识自身的优缺点，也不利于走好后面的路。

一名真正对自己学习负责的同学，不应该产生这样的错误认知。人非圣贤，孰能无过，有了失败，重要的不是想方设法遮掩，而是应该将失败暴露在光天化日之下，让其中的每一个细节都明明白白地展现出来，如此，下次才有可能少犯或不犯同样的错误。

日常学习中，应该如何正确归因呢？

首先，无论遭遇到什么样的失败，都应该先坦然接受已经成为现实的事实。比如，一次考试失败了，不要急于去找各种各样的借口，尤其不要以粗心为借口，而是先接受没考好的事实，然后，一道题目一道题目地研究，看哪些类型的知识已经掌握得很好，哪些类型的知识明显存在缺陷。已经掌握很好的那些知识，就没必要当做下一阶段学习的重点，而存在缺陷的那部分知识，就需要通过系统的复习来弥补缺陷。

其次，对出现错误的知识点，不要只满足于把老师订正时的答案记录到答题纸上。在老师分析订正这类知识时，要把注意力锁定在思维过程中，而不是答案上。要通过订正来检测自己的思维是否正确，然后再把解决这类题目所需的思维路径梳理清楚，并从中提炼出属于自己的独特理解。如此，才算真正掌握了导致错误的原因。

最后，仅掌握了一道题目的思维路径还不够，还要将这一道题目拓展开来，放到同类型的几道题目中进行比较分析，找寻共同点，发现差异点。这样的学习，便属于“举三反一”。这种在一大类相近知识中提炼出的共性化的思维路径，才最有价值。

面对失败时，坚持这样的“三步走”，导致失败的原因便无处隐身了。我们总是说，失败是成功之母。其实，这句话要想成为真理，前提就只能是正视失败，并以积极的心态分析归纳失败的各种原因，只有这样，才不会在同一个地方被绊倒第二次。

日常学习中，很多同学都有整理错题集的习惯。为什么要整理错题集呢？这就是为了归纳总结失败的原因，为后面的学习提供警戒与参考。然而，同样是错题集，有人的错题集，就像一个杂货铺，各种错题凌乱地堆在本子上，没有类别，更没有拓展迁移；有人的错题集，却分门别类，有题目，有分析，有总结，有迁移。两相比较，当然是后者更具实用价值，也更能促进学习水平的提高。因为，后者更具条理性，更符合正确归因的需要。

除了要正确分析归纳失败的原因，还要学会分析归纳成功的原因。学习上的点滴成功，都有一些特定的因素支撑着。这些因素，除了来自情感态度，还来自科学的方法。属于情感态度的那些因素，往往相对抽象，而来自学习方法的各种因素，却总是具有可分析性、可操作性和可重复性。

比如，一门学科学得比较好，除了对这门学科的知识充满了好奇，有强烈的学习兴趣等因素，还必然有一定的科学学习方法在发挥作用。这些科学的学习方法，或许体现为课前的充分预习，或许体现为课后的及时复习与及时实践，又或许体现为课堂上的积极思维、主动探究。这些学得比较好的科目，不见得投入到具体的题目中的时间最多，也不见得拥有大量的辅导资料。会学、主动学是获取成功最基本也最重要的因素。想一想，每年八九月份时，报纸上刊登的各类中高考状元的学习经验介绍文章中，说得最多的，从不是加班加点、死揪蛮干，而是科学归纳，举一反三，由此及彼。这样的经验，其实依旧属于科学的归因法。

在怨天尤人和正确归因间,选择后者,以积极的心态去应对学习中的成功与失败,是提升自我学习效能的关键。

5.享受成功的喜悦

观看马戏表演时,会发现每当一个动物完成了预定的节目后,驯兽师总会拿出一块食品奖励这个动物。这样的奖励,对动物而言,便是成功后的喜悦。动物之所以愿意表演各种各样的高难度动作,除了畏惧皮鞭,也为了这份奖励。可以说,正是这皮鞭和奖励有机结合,才让动物接受了驯兽师的各种安排,为观众带来一次次开心的欢笑。

人的学习也是这样,且不论尚未形成完善的人生观、价值观的青少年学生,即使是在社会上拼搏多年的成年人,也同样需要不断地享受成功的喜悦,才会有不断进取的信心和动力。一个人,如果总是遭遇失败,极少品尝到成功的快乐,那么,就难免对所从事的工作生出倦怠之情,就会疲于应付,没有创造性,感受不到快乐。

学习上,怎样才能享受到成功的喜悦呢?

要探讨这个问题,先要界定清楚什么是成功。百度百科中,有关成功的定义,是这样阐释的:"成功是在不侵犯他人权利的前提条件下,从生活中获取自己想要的成就的过程。""成功就是达成所设定的目标。成功其实是一种感觉,可以说是一种积极的感觉,它是每个人达到自己理想之后一种自信的状态和一种满足的感觉!总之,我们每个人对于成功的定义是各不相同的,而到达成功的方法只有一个,那就是先得学会付出常人所不能付出的东西!"

将这两个释义进行归纳提炼,便能发现,所谓的成功,绝不是指达到能力的最高值,也不是指一定要跟最优秀的人平起平坐,而是"达成所设定的目标"、"获取自己想要的成就"。也就是说,当一个人想要去一趟县城时,他借助一定的工具,比如自行车,真的就到了县城里,这就是成功。同理,原本班级排名最后的同学以排名倒数第五为自己设定的目标时,下一次考试真的实现了这个目标,他也成功了。

由此可见,成功是个并没有固定标准的变量。目标切近,便容易获得成功;目标高远,便难以获得成功。

这样说容易形成误解,似乎要享受成功的喜悦就应该把目标定得越切近越好。然而,人的心理总是很奇特,太容易实现的目标,往往无法激发奋斗的力量。只有有了一定的难度,才能满足好奇心和好胜心的需要,才会形成持久性的探究欲望。

有一种特别常见的游戏叫弹跳摸高。能够激发多数高中生摸高的欲望的物品,常常是篮球框和天花板,而能够激发小学生摸高欲望的物品,则常常是单杠、门头和黑板上沿。对高中生来说,单杠、门头和黑板上沿,踮起脚尖便能摸到,太容易成功,激发不出乐趣,便不乐意为之。对小学生来说,篮球框和天花板太高,无论如何用力也达不到那个高度,同样激发不出乐趣。

回到学习这个话题中。学习上,怎样才能享受到成功的喜悦呢?那就是合理地预设奋斗的目标,然后朝这个目标奋斗下去。这个目标,无需和别人比拼,只需要针对自己的实际情况而制定。依旧以摸高为例,同是高中生,一个身高190厘米,一个身高160厘米,如果以同一高度的天花板为摸高对象,便无法同时满足两个人的成功诉求,无法给两个人都带来喜悦。因此,不要去和最高个的同学比摸高,也不要和学习成绩最好的同学比名次。

在和自己的比拼中,要正确衡量自己的潜力,为自己找寻到跳起来能够达到的高度。这个高度,如果太低,便容易滋生惰性;如果太高,又容易招致挫败感。单就考试的班级分数排名而言,以每次5~10个名次为适中,5为下限,10为上限,达到前进5个名次就是成功。

这样的成功目标,是对自身学习习惯、学习动力、学习能力的综合性挑战。有了它,就能激活学习者的上进心、好胜心、自信心,就能在朝目标迈进的路上保持足够的动力。而当目标实现时,又会对上进心、好胜心、自信心形成良性刺激,在感受成功的喜悦的同时,重新确立新的目标,并以更大的热情,朝新目标前行。

每一个青少年的心中,都装着一个特别宏伟的梦。要让这样的梦成为现实,能够做的,就如建高楼大厦一样,只能一层一层地建上去。每建好一层,就是一次成功,就应该享受到这成功带来的乐趣。

6.及时反馈学习结果

检测中学生学习结果的方法虽然很多，归结起来，无外乎他测和自测两大类。

他测既指老师安排的各种类型的考试、竞赛、课堂训练、课后作业等活动，也指父母在老师安排的作业之外另行布置的各种作业和训练。这些考试、训练和作业，能够对一段时间内学生的学习状态进行相对科学化、体系化的检测。其检测结果，往往能较客观地反映出该段时间的学习效能，有利于发现学习中存在的缺陷，总结学习中取得的经验。

自测则主要指学习者自身有意识进行的学习结果检测行为。与他测相比，自测具有更及时、更灵活、更有针对性的特性。学习者完全能够依据自身的学习计划，有步骤地安排各种自测活动，让自己的学习结果始终得到最及时的反馈。

从增强学习动机的目标看，自测的价值高于他测。毕竟，学校安排的各种考试、竞赛等活动有一定的时间限制。而课堂作业、课后作业等训练，也往往是面向全体同学，无法适应所有人的个性化学习要求。唯有精心安排的自测，才能贴近自身的学习实际，更为真实地呈现自身的学习效果。

从学习结果反馈的时效性看，自测的价值高于他测。老师面对的，是所有学生，要将所有作业、试卷等批阅出来，再进行分析讲解，所需的时间往往都不低于一天。也就是说，当天的作业、试卷，一般情况下，都需要到第二天才能知晓结果。如此，完成作业、试卷时的思维路径已经逐渐模糊，学习效果便有了折扣。

自测则不同。一方面，自测的针对性更强。自测可以只针对某套试卷中的几道具体题目进行自测自评。自测之前，可以先有针对性的复习；自测之后，可以立刻对照相关资料，对解题时的思路进行及时梳理。这样，就能够非常清晰地发现完成训练的过程中存在的偏颇，也能够很好地归纳自测点中存在的共性化的特征，有利于总结规律，提炼方法。

另一方面，自测的时效性更强。只要安排合理，自测结果的反馈往往不会超过两个小时。两个小时中遗忘的内容，较之以二十个小时中遗忘的内容当然要少得多。在印象深刻时反馈而来的学习结果，形成的刺激性更强，也更能激发好胜心，有利于更深层次地展开专项研究，对深入持久地保持学习兴趣有较强的激励作用。

既然自测的效果优于他测，中学生应该如何安排自测呢?

(1)强化针对性。从内容上看，自测是用来复习旧知识和检测当天所学的知识。复习旧知识时，要依照复习计划来安排自测内容，确保前阶段所学的内容，能够处于不间断的循环复习中。检测当天所学的内容时，则需要在老师布置的作业的基础上，针对自己的学习实际，对相关信息点进行强化性训练。

(2)注重可反馈性。自测的目的，是总结成功的经验，发现存在的问题。故而，用来作为自测的材料，要有科学合理的解答。也就是说，做完了自测的内容后，要能够找到相关的资料，并依据资料上的提示，对自己完成自测内容时的解题思维进行认真的梳理。那种只满足于不停歇地做题却不计对错的行为，算不得真正的自测。

(3)有测必有小结。既然自测的目的在于检测思维路径，那么对于检测结果就要有一定的分析总结。对于做得比较好的内容，要总结获得成功的经验。要善于将这样的经验提升到规律性的高度。对于做错的内容，更要找到导致思维偏差的原因，并对这原因进行剖析，借此发现可能存在的其他学习漏洞，然后调整自己的复习计划，在最短时间内把知识漏洞修补好。

(4)坚持不懈，形成体系。学习的内容永无止境，自测的内容也同样永无止境。无目标的随意自测，不是严肃认真的学习态度。要让自测真正发挥作用，就要长期坚持。对任何一门学科的学习而言，每天花费15分钟的时间，依照学习计划进行自测训练，是保证该学科知识始终处于激活状态的基础。

7.适当奖惩

心理学家赫洛克(E.B.Hunlock)曾做过一个实验,他把被试分成四个等组,在四种不同诱因的情况下完成任务。第一组为表扬组,每次工作后予以表扬和鼓励;第二组为受训组,每次工作后严加训斥;第三组为被忽视组,不予评价,只让其静听其他组受表扬或挨批评;第四组为控制组,让他们与前三组隔离,不予任何评价。

实验结果表明:成绩最差者为第四组(控制组),表扬组和受训组的成绩则明显优于被忽视组,而表扬组的成绩不断上升且学习积极性高于受训组,受训组的成绩有一定波动。

由此实验,可以形成这样一些结论:

(1)对于完成某种任务的实践者而言,无论是正向的鼓励,还是逆向的批评,都会在一定程度上刺激实践者的进取心,激活实践者内心深处潜藏着的正能量,使其以更昂扬的斗志工作学习。

(2)完全处于无任何信息反馈状态下的实践者,取得的成绩得不到肯定,出现的错误得不到批评,其进取心便难免会被时间损耗殆尽,只剩下随心所欲的得过且过,还往往误以为自己处在“比上不足、比下有余”的位置上。

(3)同样是信息反馈,正向鼓励的力量大于逆向的批评。每次工作后的及时表扬,能够让实践者清楚自己哪些地方做得好,哪些地方还需要进一步努力。这就让下一步的工作拥有了更为明晰的目标,工作的自信心也大为增强。

(4)及时对学习和活动结果进行评价,能强化学习和活动动机,对学习起促进作用。适当激励的效果明显优于批评,而批评的效果比不闻不问的效果好。

将该实验的结论应用到学习生活中,便要求老师和家长要善于运用奖励和批评这两种武器,来帮助学习者不断修正前进的方向,不断激发他们的进取心、荣誉感,借此实现不断促进他们健康成长的终极目标。

而同学之间在合作学习时,也要养成及时褒扬他人的良好习惯。除了要学习他人的好思维、好方法,还要对他人的智慧表示赞赏和鼓励。这样的赞赏与鼓励,反过来又会促进同学间更好的合作,让双方都从这种赞赏和鼓励中获益。

对于学习者自身而言,也要学会对自己的学习行为、学习效果进行适当的奖惩。这样的奖惩,某种程度上看,比来自家长、老师和同学的奖惩更具促进力。

学习者可以用什么样的奖惩措施增强自己的学习动机呢?

比较理想的方式,来自精神的价值认同。最好的奖励,永远不是物质。对人如此,对己亦如此。当学习者通过自身的不断努力,推动着自身朝理想的目标一步步迈进时,内心收获的快乐感、成就感本就是无法替代的奖励品。因此,花一点时间,对自己获取成功的经验进行归纳,并在归纳过程中发现自身的各种优点,自我陶醉一番绝不是骄傲自满,而是必需的精神奖励。同样,做错了一些事,花费一些时间进行认真的反思,深挖自身的不足,也是一种自我惩戒的好方法。

最蹩脚的方法,来自非分物质诉求的满足。现实生活中,很多家长、同学以考到某个分数、某个名次作为满足某项非分物质要求的条件。这样的奖励偏离了奖惩的应有轨道,容易把学习者拉到邪路上去。比如,有的家长许诺孩子,考上了重点高中,就给他买名牌手机;有的学生要求家长,考到了年级前几名,就给他买电脑等。这种将学习和物质挂钩的行为,对持久获得学习动力有害无益。

我们知道,学习的最大动力来自学习过程中收获的快乐。这样的快乐,金钱买不到,手机和电脑也无法长久地换到。看看古今中外的大多数杰出人物,其学业上的成就都只来自学习过程本身,来自过程中获得的精神愉悦感。

当然,在经历一个时间段的高度紧张的学习之后,奖励自己看一场一直想看的电影,买一本一直想买的书,见一位一直想见的老同学,也是很有价值的自我奖励措施。面对失败时,惩罚自己到操场上跑几圈,做二十个俯卧撑,或者惩罚自己把零花钱上交父母、捐赠给希望工程,也同样很有价值。这样的奖惩,关注的依旧都是精神领域的感受,也就都能够对身心的健康发展发挥良性激励作用。

第二章　端正学习态度

传奇足球教练米卢在2000年执教中国男子足球队时,最为推崇的一句话是:态度决定一切! 米卢所崇尚的态度,包含了对待日常训练的态度,对待比赛的态度,对待胜利的态度,对待荣誉的态度等因素。有了这些方面的正确的态度,球员就能够抛开各种不必要的念头,全身心投入到训练和比赛中,也就能最大限度发挥水平,获取佳绩。

把米卢的观念移植到中学生的学习中,同样成立。对一名中学生而言,学习成败的关键,依旧是态度。在智力正常的情况下,学业水平的高下,基本上由态度决定。学习态度是学习的基础,不但决定着学习者能够获取的知识信息量,而且对学习技能的提升、行为习惯的养成和健全人格的确立都起着决定性的影响。态度端正了,行动便有了动力;态度不端正,即使聪明绝顶,心不往学习上放,也难以取得理想的成绩。

8.态度决定高度

在日本,有一位生性腼腆、言语木讷的小伙子一直找不到工作,后在朋友的介绍下进入一家汽车销售行做推销员。在推销汽车被拒绝过几次之后,他似乎变得更加木讷甚至胆怯起来。

一天,他看见几个小孩子向一只青蛙淋温水,这些孩子的举动带有明显的对青蛙的欺侮之意。但令人惊奇的是,那只青蛙不仅没有逃开,反而扬起头,微微闭起眼睛,表现出一副非常享受的样子。

这个小伙子大受触动,青蛙是冷血动物,当有温热的液体淋遍全身时,无异于人类的温泉之浴。联想到自己眼前的处境,那些人的拒绝与冷眼不正像小孩子们淋下的水? 被当做欺侮是一种心境,被当做温泉之浴又将会是另一种心境，境由心生，就看自己如何取舍。

于是，小伙子给自己订下一个计划——每天拜访100位客户。他就是日后成为日本第一位独立销售1万辆汽车的纪录保持者，人称“汽车销售之神”的奥诚良治。

这个故事中的小伙子之所以能够最终获取事业的极大成功，原因当然很多。然而，如果没有这最初的态度变化，至少他还会在痛楚中多煎熬一段时间。人生中的很多事，正如这小伙子从淋在青蛙身上的温水中获得的启迪一样，既可以将它视做欺侮，也可以将它看做温泉之浴。虽然那些淋温水的孩子本意就是恶作剧，却依旧可以换个角度，从最美好最善良的视角，将其故意“曲解”为善意的举动。因为，这样的态度，美化的不但是对方，更是自己的心灵，是基于心灵的善良而生成出的积极的人生态度。

中学生的学习，需要的正是这样的积极态度。因为多种原因的影响，同一个班级内的同学间，必然在很多方面存在着差异。面对这样那样的差异时，有人偏好抱怨和指责，有人钟情于宽容和理解。前者当然总是会把自己的心情弄得一团糟，进而造成学习与生活的一团糟；后者则总能够让心灵充满阳光，总能感受到来自学习、来自生活的幸福和快乐，进而始终以一种昂扬向上的乐观态势，应对各种各样的难题，取得一个接一个的胜利。

比如，一次背诵检查未能通过，遭到了老师劈头盖脸的一通臭骂。有人会认为老师小题大做，成心跟自己过意不去，于是乎，便从心底生出一种怨愤之气，开始有意识地拉开和老师的距离，甚至故意抵触对这门学科的学习。这样的态度，是极端消极的。有人则在老师的臭骂中，感受到了老师对自己的期待，发现老师并没有放弃自己，甚至很看重自己，于是乎，心中便有一种理解和感激之情荡漾而出，开始有意识地约束自己的行为，朝老师要求的标准不断努力。这种态度，便是积极心态。

再如，一次考试失败了，有人把失利的原因归结为试卷太难，题目太刁钻，做题时太粗心，甚至归罪为监考老师总是盯着自己看；有人则把失败原因归结为一段时间内的学习安排不尽合理，复习出现断档，相关知识归纳整理方面存在欠缺。前者从外界找理由，后者从自身挑毛病。前者便是消极态度,后者则是积极态度。

这样的例子,在日常的学习和生活中,不胜枚举。可以说,每一个例子的背后,都必然存在着积极态度和消极态度这两种影子。积极的态度,决定着学习能够始终朝严于律己、精益求精的方向迈进;消极的态度,决定着学习始终朝自我逃避、怨天尤人的方向滑行。也正因为如此,同时从起点处出发的一群人,才会在学习之路上,有人歌唱着飞奔向前,有人垂头丧气地艰难挪移,有人甚至躺倒在地号啕大哭。行走路上的不同态度,就是这样影响并决定着最终能够达成的目标。

学习中也不乏这样的现象:一些原本处于落后状态的同学,后来突然醒悟了,学业成绩便开始节节攀升;一些原本学业成绩很优秀的同学,因为某些因素的干扰,不但考试成绩下来了,行为习惯也一天比一天差。形成这样的现象,最基本的原因,仍旧是学习态度。醒悟了,就是态度端正了;颓丧了,当然是态度不端正了。

正确的态度从哪里来呢?这又要追溯到上一章中的目标问题。你的人生态度,说到底,受你的人生目标制约。一个人,拥有了崇高的目标,再有正确的态度,就有了足够的资本,去创造自己的新高度。

9.一心向学

《孟子·告子上》中讲述了这样一个小故事:弈秋,是全国善于下棋的人,让他教两个徒弟下棋。其中:一个徒弟专心致志,一心一意只听弈秋的话;另一个人虽然也在听讲,心里却老想着有天鹅将要到达,想着要拉开弓将它射下,虽然和另一个人一起跟奕秋学习,却比不上人家。难道是他的智慧比不上另一个人吗?孟子回答说:不是这样的。

孟子说这样的故事,当然不是为了只谈下棋。孟子的言外之意很多,大可以理解为治国之道,小可以解读成学习之理。仅就学习而言,便既强调了专心致志的重要价值,也突出了外因通过内因而起作用的哲学思考。

以这个故事对照当下的学习,便可以将弈秋看做所有的老师,而将两个徒弟看做两类有着不同的注意力的学生。班级授课模式下的学校学习,老师在讲台上传授的知识与技能,必然是面向全体同学,即使心中想要对某类学生实行“屏蔽”，也没有这样的方法和手段。为什么同样一节课学习下来，不同的同学从老师处获取的知识信息有多有少呢？除了课前预习是否充分、个体接受能力有强有弱之外，课堂上的投入度更为重要。始终以旺盛的热情和积极的思考，跟着老师的教学流程而主动学习的人，能够从教师的讲析和质疑中获取的有效信息自然就丰富，反之，人在课堂，心在操场，或者心在网络游戏中的人，当然无法最大限度地利用课堂。

那么，是否是说，只要课堂上始终坚持全神贯注，把老师说的每一句话都尽可能详尽地记录下来，就一定能够有效提高学习效率呢？答案是否定的。

这便涉及被动学习和主动学习的差异性问题。在我们身边，不乏这样一种类型的学生：他们每天起得比别人早，睡得比别人晚，课间的十分钟时间也总是埋头于各种练习册中，课堂上更是尽其所能地记录着老师讲授的各种知识。但他们偏偏总是难以获得理想的成绩，即使是在一个班级内，也往往只居于中等偏上的水平，始终达不到最优秀。在他们身上，天道酬勤成了一个谎言。

形成这种状况的根本原因，在于只学不思。满足于简单思维状态下的机械学习，缺乏主动的、有创造性的积极思维训练。这样的学习，算不得真正意义上的一心向学。真正的一心向学，首先是保证这颗心的积极思考与主动探究，其次是注重方法的提炼和能力的养成，然后是善于举一反三、触类旁通。

比如，当语文老师要求我们阅读课文时，是满足于情节的把握和主题的归纳，还是仔细玩味词句，努力发现文字背后隐藏着的丰富情感，积极探究此种情感的表现手法？倘若只是一遍遍地读，却不结合时代背景、作者的创作倾向和社会价值诉求等元素深入思考，那么，读再多遍也依旧是浅阅读，既无法走进作者的灵魂深处，更无法让作品走进自己的灵魂深处。

再如，数学老师在评讲一份试卷时，是把注意力放在对错题答案的记录上，还是全神贯注于解题中的思维分析？有这样一类学生，一种类型的题目，第一次考试考到了，订正时把答案记在了试卷上；第二次又考到了，依旧做错,便又把答案记在了试卷上;第三次再考到,还是做错,便还是在订正时把答案记在了试卷上。这样的学习,表面上也可以说是注意力很集中,能够跟上老师的教学内容,实际上,全是简单重复,基本无价值。

正确的做法,当然是记录解题思路和必要的程序。绝大多数的知识,其构成本身便有着严谨的逻辑关联。只有理顺了这中间的各种关系,知识才能形成网络,并转化成能力。数理化学习中的各种公理、定理,语文学习中的各种鉴赏技巧,政史地学习中的各种纲要、线索等,是构成这些学科内容学习的重要节点。学习这些学科,就是要让这些东西在大脑中融会贯通起来。把最重要的学习精力投入到这些方面,才是真正的一心向学。

由这点看,一名真正会学习的学生,必然应该是会思考、懂得主动学习、积极探究的学生,而不是那种只会把老师布置的任务不折不扣地完成,却不懂得用自己的大脑去思考、用眼睛去发现的学生。

10.给思考留一方空间

物理学家卢瑟福是诺贝尔物理学奖的获得者。有一天,他发现自己的一个学生特别勤奋,别人都在休息的时候,只有他还在实验室做实验。

于是,他就问那个学生:“你今天上午在做什么呀?”

学生说:“上午在做实验。”

“那你下午在做什么?”

“下午也在做实验。”

“那晚上呢?”

“晚上还是在做实验。”

大家肯定想:这么勤奋的学生,人家都在休息,他还在那里从早到晚地做实验,一定会得到表扬。

没想到,卢瑟福将他一顿痛骂:“那你不就成了一个做实验的机器了吗?你用什么时间来思考呢?你不要总是做,一定要学会思考。”

这个故事是否真实可信无从考证,但故事中蕴含着的道理却耐人寻味。卢瑟福的批评正确吗?做实验的过程不就是思考并实践的过程?难道卢瑟福所说的思考,和这学生在实验过程中进行的思考,不属于同一个概念？这样琢磨时，我们便触及了问题的关键：学生在实验过程中的思考，往往停留在“是什么”、“怎么样”这两个环节中，而对于“为什么可以这样”、“为什么会这样”等更具学理深度的问题，缺乏更深层次的追问和深入探究。这样，实验便往往停留在前人已经取得的研究成果的基础上，难以有自己的新发现。

将这个故事中隐藏着的原理，应用到中学生的学习中，便可以将故事里的实验看做学生的作业。中学阶段，绝大多数学生，每天的24小时，除了睡觉、吃饭、上课，其余的时间便多被没完没了的作业占用了。很少有人能每天安排一个小时，或者半个小时，认真思考一天中的学习与生活。这种只满足于埋头去做，却不愿意仰首静思的行为背后，实际上存在着对待学习的错误态度。

学习荀子的《劝学》，几乎所有的学生都能背诵“君子博学而日参省乎己，则知明而行无过矣”这一名言。然而，如何在学习中活用它，却少有人思考了。荀子所说的“行无过”，除了品行，也包含着具体的行为，比如学习行为。用荀子的观点解读学习行为，就是要求我们不但注重广泛的学习，而且注重每天的“参省”，只有这样，才能真正做到让每天的学习内容都最大程度上内化为自己的能力与修为。

由卢瑟福和荀子的这两句话，可以得出这样的结论：正确的学习态度，不只是全身心投入到学习实践中，更是学思结合、以学促思、以思导学。一个终日埋头于题海的学生，本质上看，算不上学习态度端正的学生，同样也算不上会学习的学生。正确的学习态度，必然包含着对待思考的正确认知和积极践行。

学习中所倡导的思考，当然需要紧扣学习本身而展开。学习中的思考，首先追求的是“知其所以然”。比如，每做一道具体的题目，先要将这道题目涉及的相关知识进行必要的梳理，才能保证解题时的付出不至于是无用功。而做完一道题目后，也要对题目中蕴含着的相关知识信息进行必要的整合，最好能够将这一道题目和以往做过的类似的题目进行比较分析，找出共同点，发现差异处。如此，这个题目做下来，才有真正的收获。

学习中的思考，其次体现为“学以致用”。中学六年，学习到的物理、化学知识很多,多数学生面对这些知识时,最初进入大脑的往往是考试考不考、怎么考,极少会思考这个知识在生活中如何用,能否和现实生活建立起必要的关联,更难得有人运用这些知识来解决生活中的实际问题。同理,学了十多年的语文,背诵了一肚皮的文章,却总是写不出一篇像样的作文。这些都算不上会学习会思考。

其实,学习中的效率,很多时候就体现为思考的效率。不思考的人,大脑可能就是一个储藏室,不同学科的老师往里面输送不同的物品,学习者自己也不断地往里面搬运物品。但这些物品进入大脑后,彼此间不交流不融合,始终一还是一、二还是二,这便是低效的根源。思考的价值,就是充当催化剂,让这些物品交流融合起来,不断生成新的知识,形成新的能力。这样,学习才真正成为学习。

11.在“是什么”之外寻觅

学习的过程,是积累知识的过程,更是形成能力的过程。任何知识,如果不能转化为解决具体问题的能力,便毫无价值。因为,知识总是静态的、孤立的、不完善的,能力却是动态的、有联系的、能够不断发展壮大并渐趋完善的。

端正学习态度,很重要的一条,正是端正对待知识与能力的态度。很多时候,学校教育中存在着重视知识积累轻视能力养成的教学误区。相当数量的学生,满足于机械记忆、简单重复,缺乏刨根问底、主动探究的热情与能力。如此,每一节课的收获,往往只是老师写在黑板上的有限内容,进入不了触类旁通的学习境界。

如何才能将更多的精力,投入到培养能力这一关键点上呢?这就需要在学习中把更多的注意力投入到“是什么”之外,养成透过现象看本质、透过结果追原因的良好学习习惯。

比如,学习《曹刿论战》这篇文言作品,如何才能养成阅读文言著作的能力呢?熟练地诵读课文,借助注释通译全文,记住老师圈画的重点实词在文中的意义,解释出重点虚词在语句中的意义和用法,凡此种种,都还只属于知识积累。因为,这些内容,都未能跳出“是什么”的小圈子。

倘若在积累这些知识时，心中多几个“为什么”的追问，学习便开始有了价值。为什么这个实词在这个句子里要翻译成此种意义，换到另外一个句子里就是另一种意义？这里面有没有规律可循？当这个实词出现在一个完全陌生的语境中时，应该用什么样的方法判断它属于哪一种意义？同样，虚词为什么不像实词那样可以随着语境而不断转换意义？需要记忆的这个虚词，总共有多少种用法，每种用法又有什么样的特点?这样思考探究时，原本单一的知识点便连成了串，活了起来，能力也就开始形成。

但这还不够，还需要作更深层次的思考：把这篇文章当作教材，难道就是为了让我们学习几个实词虚词，然后翻译背诵？为什么那么多的文字都被历史的灰尘掩埋了，它却能够流传下来并进入我们的教科书中？它有什么样丰富的思想内涵，又有什么样精湛的艺术特色？从写作的角度，我们能够跟它学什么？从阅读鉴赏的角度，又能学什么？从陶冶情操的角度，还该学什么？有了这些思考，便进入了举一反三的境界。

这还不算完，还有一些内容依旧需要探究：作品表现的内容真实可信吗？春秋战国时期，平民参政真的如此简单、如此美好？左丘明是否故意省略了一些过程？历史的真相到底如何？思考到这个程度，就需要丰富的课外阅读作为支撑了。要到相关的书籍中寻找释疑解惑的证据，还要对证据进行辨析，最终才能形成自己的理解。

受多方面因素的影响和制约，中学生中很少有人能有时间和精力去做这样细致的探究。从应对升学考试这一现实目标出发，似乎也没必要从这样的高度探究一篇具体的课文。然而，不可否认的是，倘若真能这样学习，便根本无需没完没了地做一篇篇文言语段的试题，腾出来的大量时间正好用来进行自主探究性学习。这样去学，才能学出乐趣，学出思想，学出能力。

学语文可以这样，学其他学科同样可以这样。只要能够在课堂所学的基础上，不断进行“为什么”、“怎么样”的追问，不断寻觅知识背后潜藏着的规律，并从中提炼出具有共性特征的思路与方法，就能取得事半功倍的效果。

每个人的知识储备不同，兴趣爱好不同，在同一个问题上能够追问出的“为什么”、“怎么样”也不同。作为课堂学习的必要延续，所有的追问均应该围绕学习目标而展开。也就是说，追问是为了更好地消化吸收学习的知识，促使其迅速转化成能力，而不是为了猎奇，更不是为了炫耀。也正是基于这样的目的，无论自己能够在追问中达到什么样的宽度和深度，都应该先行动起来，从手头的某道具体的题目、某篇具体的课文开始训练，日积月累，才能最终形成习惯。

养成这样的学习习惯，就是一种必备的学习态度。

12.以巧学为基础

《射雕英雄传》中，郭靖师从江南七怪学武功时，稍有难度的招式便无法做出。于是，七怪责怪郭靖太愚笨，郭靖也认为自己太愚笨。笨就笨吧，反正勤能补拙，一遍学不会，就学十遍、百遍。可惜，即使是学习百遍，也还是无法领悟其中的精妙。苦头吃了无数，功力鲜有进步。

马钰看不下去了，便私授郭靖吐纳之术。虽没教一招一式的具体武功，郭靖的功力却大有长进。原本无法使出的招式，现在竟然可以轻而易举地完成。

比较江南七怪和马钰的教学，便能发现教法上的差异；而研究郭靖的前后变化，更能领悟出学习过程中勤学与巧学的差异。在缺乏具体可行的方法之前，勤学能够发挥的作用总是微乎其微。只有依靠巧学，找寻到入门的路径，再辅之以勤学，才能收获成功。

学习文化课和郭靖习武并无本质上的区别。很多人，很多时刻，文化课学不好，总爱在是否勤奋上做文章。家长和老师责备学生不够认真，学习不投入，怕吃苦；学生自己也认为自己不够勤奋，时间抓得没其他同学紧。这样的总结反思，带来的当然就是更加勤奋地投入，甚至达到废寝忘食的程度，倘若真的有了一些进步，便愈发认为是勤奋学习的结果，假如依旧没有进步，便继续增加勤奋的砝码，直到精疲力竭为止。这样的学习，便是标准的“出力不落好”，累人累己，高耗低效。

巧学者则不会这样。巧学者绝不以单纯的时间消耗和解题数量作为衡量学习效益的尺码，而是将时间和精力先投放到那些具有根基性质的分析能力、鉴赏能力、探究能力的归纳与运用上。巧学者先把需要完成的学习任务放到学科体系中进行观察、分析和探究，再梳理、整合出解决新问题所需的各种知识、各样能力，然后才开始着手这新任务的学习。在具体的学习过程中，巧学者也不会不分主次地眉毛胡子一把抓，而是抓纲带目、以点带面、牵一发而带动全身。

这样说，似乎有点纸上谈兵。为了更好地说明问题，还是以具体的学科学习为例。

鉴赏古典诗歌时，离不开炼字炼句。诸如"春风又绿江南岸"的"绿"好在何处，可否用"到"、"过"替代之类的试题，在相当数量的试卷和练习册中常现身影。巧学者第一次完成这类题目时，或许跟其他同学没有任何差别，只能从主观感受出发，一厢情愿地完成答题。第二次完成这类题目，就会调动起大脑中储存的相关知识，从老师分析订正试题时告知的鉴赏步骤入手，按部就班地进行思考。于是，便需要先探究这个字的常用意义，再探究这个字在诗句中的语境意义，然后斟酌其表现手法，剖析这个词的语境意义中凝聚的情感。这样一思考归纳，一类题的解题技能便形成了。再遇到同样类型的题目，只要能够读懂诗歌，便无需花费太大的力气，就能轻松拿下。

既然这类题目可以找到规律，其他类型的题目是否也有规律可循呢？巧学者往往会由炼字转到炼句上，看看炼句题是否也同样存在类似的规律。以此类推，分析一个句子的含义时，看看是否和炼句题有着某些相似之处；归纳一个段落的作用时，看看是否也和炼句有着某些联系……这么一琢磨、一梳理，原本很麻烦的阅读鉴赏类知识，便有了十分明晰的抓手。而从这个抓手入手，很多问题也就都迎刃而解了。

此种抓特征、找规律的学习法，就是巧学。很多人反对学习中的投机取巧，崇尚勤奋扎实，却不知，能够从繁杂的学习任务中发现可以投取的机巧，本身就是一种难得的能力。学习不是对前人经验的简单继承，而是要在前人已有成就的基础上进行不停歇的创造。要实现这样的目标，不把巧学看做应有的正确学习态度，显然有失公平。

当然，一味地追求巧学，把勤学抛在九霄云外，也是一种极端的荒谬。正如只强调勤学相当于蛮干，只强调巧学而漠视了勤奋，也会让巧学失去存在的根基。巧是一种智慧,需要从一定量的训练中获得。这样的训练,有一个应有的尺度,过多则滥,过少则虚。所谓的恰到好处,就是熟中生巧。

第三章　激发学习兴趣

民间有句俗语，叫做“有钱难买我乐意”。这句话的意思是说，只要是自己乐意去做的事情，便无法用金钱去衡量它的价值。兴趣的价值，高于金钱。金钱买不到兴趣，兴趣却能创造出财富，不但有物质财富，而且有精神财富。

中学生的学习，兴趣也起着极大的促进作用。学习中的兴趣，既指对科任教师的兴趣，对学习科目内在知识的兴趣，又指对前人已有成果进行深入思考的兴趣，对未知世界中种种奇妙现象进行深入探究的兴趣等。兴趣往往制约着精力的投入和成绩的获取，影响着学业的均衡发展，需要中学生、家长和老师引起足够的重视。

13.兴趣是可以养成的

兴趣是指一个人力求认识某种事物或从事某种活动的心理倾向。例如，一些体育迷一谈起体育便会津津乐道，一遇到体育比赛便想一睹为快，对电视中的体育节目特别迷恋，这就是对体育有兴趣。一些老京剧票友们总喜欢谈京剧、看京剧，一遇京剧就来劲，这就是对京剧有兴趣。所谓“打锣卖糖，各爱各行”，就是说人们的兴趣是多种多样、各有特色的。在实践活动中，兴趣能使人们工作目标明确，积极主动，从而能自觉克服各种艰难困苦，获取工作的最大成就，并能在活动过程中不断体验成功的愉悦。

倘若不顾及人们的这些兴趣，逼迫着体育迷去看京剧、京剧迷去看足球赛，效果将会如何呢？难免会有人在剧院中、赛场上打起盹来。当然，依旧会有一些人同样看得津津有味。前一种人，是兴趣单一者；后一种人,则兴趣广泛,体育迷同时也喜爱京剧,京剧迷同时也喜爱体育。

也存在这样一种情况:体育迷被逼迫着看京剧时,最初毫无兴趣,但听得次数多了,受那些老戏迷的影响,开始了解了一些京剧知识,也就能够做到听戏时不打瞌睡了。慢慢地,能听懂京剧中的韵味,能哼唱几句戏文。这时,也就开始有了欣赏京剧的兴趣。同理,京剧迷被强迫着看体育比赛,也有这样的状况。这便是环境对兴趣的改变作用。

由此便可发现,兴趣既可以是多元化的,又是可以培养的。

中学生中,凭兴趣学习的人不在少数。中学生的学习兴趣,一部分源自家庭的影响,一部分源自科任教师,一部分来自小学阶段培养起的爱好与特长,还有一部分来自对学习的结果以及重要意义的认知。四部分中,前两部分兴趣受制于外界,后两部分兴趣决定于内在价值诉求。

受制于外界的兴趣,往往不够持久。比如,为数不少的学生,对实习生、接班上课的老师、临时代课的老师的课堂兴趣较浓,对自己老师的课兴趣较弱。这便是好奇心在作祟。一旦这些临时性代课的老师真的成了长期性的科任教师,因为对老师的好奇而激发出的兴趣也就会逐渐消失。同理,新接触一门学科时,往往也会有很高的学习兴趣,时间长了,这样的兴趣也会日渐减弱。

决定于内在价值诉求的兴趣,则因为有着明确的奋斗目标和长期的情感体验做支撑,具有持久性特征。例如,初三年级刚接触化学这门学科时,相信所有的同学都会对这门学科产生浓郁的学习兴趣。而随着学习的深入,内容日渐深奥,便会有些同学逐渐丧失了这份因为新奇而形成的兴趣。另一些同学,则将最初因好奇而形成的兴趣拓展到对化学学科内部知识结构的深层次探究上,并在这样的探究中不断拥有新的发现,形成新的思考。这样一来,这部分同学也就对化学这门学科拥有了持久性的学习兴趣。因为这样的兴趣,已经超越了简单的猎奇心理,进入到了对事物内在本质规律的追求中。

由同学们学习化学这一例子,便能够发现兴趣培养中的几点注意事项:

(1)每个人都有天生的好奇心。利用好这份好奇心,就能够培养出最初的学习兴趣。

（2）借助好奇心而培养出最初的学习兴趣后，要善于不断创造条件，让好奇心得到经常性的满足。这就需要不断更新学习内容，调整学习方式与方法，避免简单机械性的重复。

（3）要树立明确的奋斗目标，并用这样的目标引导兴趣。

（4）要以理性支配兴趣，而不是被兴趣支配行动。

将这四点注意事项纳入中学生学习兴趣培养的具体操作中，就要求教师、家长和中学生三方能够在学习目标上形成统一。在此基础上，再不断创设环境，体验因为兴趣而带来的好成绩。当学生对某些必须掌握的知识缺乏足够兴趣时，老师和家长要想方设法营造富有个性特征的学习氛围，让这些知识活起来，显示出魅力。当学生对某些并非必要的活动产生了过度的兴趣时，又要创造条件，让学生减少活动中能够收获的快乐感，使其形成审美疲劳。如此有增有减，促进有益的兴趣，削减无益的兴趣，才能让中学生跳出浅层次的感官之乐，走向深层次的思维之乐。

14.拥有好奇心

人的好奇心从哪里来？这似乎属于无需深入探究的一个问题。因为，每一个人的孩童时代，对外界的一切事物都充满了好奇。成年人在和孩童交往时，往往无法应对孩童的无休无止的“为什么”：为什么星星会闪光？为什么电视里面会有人唱歌跳舞？为什么小狗不会站着走路？为什么人要吃饭，板凳不要吃饭？……无穷无尽的为什么，就是造物主恩赐给人类童年时期的第一顿精神盛宴。

遗憾的是，随着年龄的增长，许许多多的问题都有了“标准答案”。特别是有了各种各样的考试，有了没完没了的排名之后，中学生对考试成绩的关注逐渐取代了对缤纷世界的好奇，这样的学习也就越来越功利化、标准化，务实化，而童年时代拥有的那些好奇心也就逐渐萎缩。

然而，此种与生俱来的好奇心与日常学习活动中的好奇心，却有着较大的差异。也就是说，我们倡导的学习中的好奇心，其实并非指这种生而有之的好奇，而是另有所指。

在上一节文字中，我们将兴趣区分为受制于外界的兴趣和决定于内在价值诉求的兴趣两种类型。同理,好奇心也可以区分为因事物的外在特征而激发出的好奇和因内在价值诉求而激发出的好奇两大类。前者偏重于“知其然”,后者侧重于“知其所以然”。日常学习中需要拥有的好奇心,主要指后者,即对各学科知识的内在规律、内在价值诉求的好奇心。这样的好奇心,才是促使我们的学习不断走向深入的不竭动力。

此种好奇心,显然超越了人的先天性的好奇本能。其着眼点已经投放到了对事物内在本质规律的探究中。这样的探究,需要以一定的知识技能做支撑,以一定的奋斗目标为向导。也就是说,这样的好奇心,不会人人生而有之,而是需要在后天的学习中不断养成。而要培养这样的好奇心,首先需要拥有相对扎实的专业知识与专业技能,其次需要有明确的奋斗目标。

要培养学习中的好奇心,需要先了解好奇心的特性。学习中的好奇心,主要体现为如下特点:

(1)目标专一。学习中的好奇心,是指对相关知识的穷追不舍的态度和彻底洞察的欲望。一般情况下,它集中在某些感兴趣的学科知识之上,既具有强烈的吸引力,又能给探究者带来看得见的收获。而这收获,又以好奇心的极大满足为前提。这就和本能性的好奇有着根本性的差异。本能性的好奇,通常缺乏长久性,更缺乏持久性地钻研,目标也多呈现出随意性特征。

(2)价值诉求清晰。学习中的好奇心,有强烈的价值诉求。好奇只是获取相应的价值的最初动力。在此基础上,最大限度地获取知识,满足成长中对外部世界和事物内在规律的认知欲望,并使其成为未来人生中的一笔巨大财富,是此类好奇心的最终价值诉求。

(3)行动具体而持久。先天性的好奇,往往只是一种短时间内的行为。学习中的好奇心,不但体现为对引发好奇的学科知识的长久性关注,而且表现为持续性的深入钻研。为了满足这样的好奇心,学习者常常会格外多地投入时间、精力和财物,力求在更广泛的领域内,大量占有相关信息,用以解释心中的谜团,探究事物的真相。

(4)回报丰厚。因为有明确的目标、持久而扎实的行动,学习中的好奇心往往能够带来相关学科学习中的丰厚回报,让学习者能以远超同龄人的知识储备,在该学科的学习和考试中获得出类拔萃的优异成绩。这一点,从大量的学科竞赛优胜者身上可获得最好的证明。

四方面的特性决定了学习中的好奇心的获取,必然需要经过学习者自身的刻意努力。这样的努力,需要有目标、有计划、有行动、能坚持,更需要有洞察事理的强烈愿望,有比追求考试成绩远大无数倍的崇高精神追求。一个只以考试为学习目标的人,不会对考试试题之外的知识产生强烈的好奇心。只有胸怀广阔、志向高远的人,才会在脚踏实地地行走的同时,也不断抬头仰望星空,渴望着了解更多的未知领域的奥秘,为自己,更为人类,为这世间万物能够更科学更有序的存在而贡献一份力量。

15.快乐是学习之根

学习的最高境界,就是感受到学习的好玩、学习的快乐。

这样的快乐,当然不是所有人都能品味得到。分数、排名和升学压力,让万千学子每向前行走一步,便有一批人因为痛苦而丧失了学习的快乐感觉。能始终如一感受到学习的快乐的人,实属凤毛麟角。

想一想每个人的童年,在步入学校大门之前,对那些背着书包蹦蹦跳跳上学去的人,心中充满了多少的羡慕与嫉妒。因为,那时的想象中,上学能听老师讲故事,能和小朋友做游戏,能知道许许多多原本不知道的事情,能学会唱歌跳舞,能在脖子上系一条红领巾……这一切,多么让人神往。毕竟,孩童的世界中,竞争尚未成为常态。

进入了中学,压力便一天天加大,不如意的事也一天天增多,快乐似乎也就必然逐渐远离了青春的身影。然而,如果我们换一个角度思考快乐,却会发现,当一部分快乐在无可奈何中悄然而逝时,另有一些全新的快乐正在潜滋暗长中降临。

那些逝去的快乐,都是些什么呢?是弹球、卡通书、变形金刚,是双百分、小红花、三好生奖章,是自由哭笑、尽情嬉戏、悉心呵护……这其中,绝大多数的逝去,是成长的必然代价,无可挽回,也不必挽留。

正在降临的快乐,又是些什么呢?撇开源自情感与生活的元素不看,只从中学生学习这一视角观察,也可以发现,那就是成长过程中的收获。

中学生在成长过程中,必然随着学习的持续性深入,接触到越来越多的新知识,思考了越来越多的新问题,形成了越来越多的新观念,养成了越来越强的学习能力。

也许有同学会说:这也是快乐？每天都和这些东西打交道,烦恼还排遣不了呢,哪来的快乐！这么说,便是曲解了快乐的内涵。生活经验告诉我们,快乐在很多时候只是一种主观性的情感体验。就如同天气一样,当大多数人视狂风暴雨为恶劣天气时,出租车司机或许恰恰视之为最好的天气。因为,这样的天气,人们才会舍弃了自行车、电动车和步行,出租车的生意才会红火。

明白了快乐的变化性、相对性之后,再来研究学习中的快乐,便能够发现,作为一种积极的学习心理,快乐其实也完全可以转化为一种切实可行的学习方法——快乐学习法。

快乐学习法的第一要诀,当然是发现并感受学习中的快乐。如果你是一名常规意义上的好学生,当然能够从老师、父母、同学以及自身成绩等方面收获到成功的愉悦;如果你是一名中等生,甚至世俗意义上的"差生",你又该如何发现并感受学习中的快乐呢？从外因看,你当然可以用自己的努力让他人看到你的进步,并对你的进步施以褒扬;还可以扬长避短,先在自己有兴趣的学科上寻求突破,或者在学习态度上朝积极的一面转变。从内因看,则需要将目标细化,给不同的阶段确立不同的奋斗目标,并以达成这样的目标为快乐。

第二要诀,是让快乐转化为实际的行动。空想中无法诞生真正的快乐,面对别人的收成,我们只能分享他们的快乐,却得不到真正属于自己的快乐。故而,要获得真正的学习快乐,就要投入到学习实践中去,用自己的思考和行动来获得成功的愉悦。比如,一道在优等生看来根本不值得一做的题目,我原本无力解决,现在却能够凭借一阶段的努力学习,终于用了半个小时,甚至一个小时时间啃下了这个"骨头",这时,就应该看到自己的进步,应该感受到自己的成长,应该享受快乐的心境。

第三要诀,是不断地为自己加油。好孩子是夸出来的,好成绩也是用快乐滋润出来的。有人说,埃及金字塔根本不可能由奴隶建造出来,因为这样精湛的技艺只有心中充满了创造的快乐的人才能拥有。同理,任何一个同学的好成绩，也不会是用愁眉苦脸堆砌而成。只有坚信自己的力量，坚信“我能行”的人，才有勇气在一次次挫折面前依旧迈开脚步前进。

“既然选择了远方，便只能风雨兼程。”在学习之路上，我们已经走过了一段看得见的路途，也收获了属于自己的各种感悟。下面的路，对绝大多数同学而言，还要行走下去。这路上的风雨雷电，个体的力量根本无法掌控，能够掌控的只有自己的情绪。所以，多给自己一些积极的心理暗示，多从美好快乐的视角观察学习生活，才能让每一节课、每一张试卷都朝充满快乐的一面转化。

16.学会迁移

任何一道美味佳肴，天天吃，且菜肴本身从无变化，必然会有厌倦的时候。要想始终保持浓厚的品尝兴趣，就需要不断尝试一些变化，做出点新花样，弄出点新口味。

学习同样如此。再有兴趣的一门学科，如果天天只重复一些毫无创造性的题目，视野得不到拓展，知识得不到迁移，能力得不到提升，学习的兴趣也会慢慢削减，并最终彻底消失。要想长久保持对这门学科的兴趣，就必须经常性地接触到新的知识。

但教材中的知识终究有限。自主学习能力较强的同学，有时只用半个学期的时间，便能够自学完成一个学期甚至一个学年的学习内容。比如，有些参加竞赛辅导班的学生，在高中一年级结束时，便能够将该学科整个高中阶段涉及的所有知识全部学完。对于这样的学生，下面两个学年的学习还能做些什么？如何让他们依旧保持对该学科中相关知识的持久性的兴趣与好奇心？这便需要在自主学习中学会迁移。

学会迁移，首先需要学会课内知识向课外知识的迁移。课内的知识有限，课外的生活却无限广阔。在学有余力的情况下，尝试着把课内所学的知识融会贯通起来，用来解决课外生活中遇到的各种复杂问题，这便是学以致用。这样的迁移，益处是始终能够发现值得研究的问题，始终能够满足对该门学科知识的好奇心，也就能够长久性地激发学习这门学科的兴趣。

学会迁移，其次需要学会由本能性的好奇向学习中的内在价值诉求的好奇的迁移。比如物理、化学、生物等学科的学习，最初的兴趣可能只来自那些神奇的演示实验，但这样的好奇很容易被更具吸引力的事物取代。这便需要将这样的好奇心迁移到对实验现象背后的科学原理的分析与掌握上。有了这样的好奇心，便会有长时间的钻研，有深刻的思考，有失败的焦虑和成功的喜悦，也才能更好地激发出战胜困难获取成功的自信心和探究欲望。

学会迁移，还需要学会由"要我学"到"我要学"的态度转换。学习的最初兴趣总是由老师激发而出。兴趣的维持，也往往借助于老师的分数杠杆和奖惩砝码。但这样的学习兴趣，很容易受外界事物的影响而起伏波动。只有真正品尝到了学习的乐趣，开始自觉主动地学习时，才会逐渐摆脱各种因素的影响，转而关注知识的内在规律，关注知识在生活中的具体应用等。这时，才会形成真正的学习兴趣。

受多种因素的影响，要学会迁移，需要学习的东西还有很多很多。应该说，知识迁移中涉及的知识、能力、情感、态度等，每一点都值得深入探究。而这样的探究，其实本就是一种迁移。

从具体的知识迁移的方法看，知识迁移之法也具有多样性的特征。比如并列法、递进法、演绎法、类比法、对比法等。这里只探究最常见的两种方法。

最常见的一种方法，是课外兴趣小组。在一些大城市的名校中，往往活跃着数十个甚至数百个课外兴趣小组。这些兴趣小组，由学有专长的同学倡导成立，在校园网上广招同好，形成具有共同爱好支撑的互助合作群体。这样的兴趣小组，把课堂中的知识迁移到了课外，又借助具体的活动以及活动时成员间的相互启迪，形成远超课堂学习内容的信息场，对于更好地激发学习兴趣，有着极大的促进作用。

另一种方法，是专题研究。专题研究，就是将课堂所学的知识，朝更为深刻的层面拓展延伸。拓展延伸的前提，是大剂量的阅读。要紧扣即将开始的专题内容，查阅该专题范围内的大量文献资料，还要有选择地阅读相近学科中的最新研究成果。我们经常在新闻中看到年轻学生在科研领域中取得的杰出成就的报道，新闻中的主人公们无不是凭借了长时间的专题研究，才发现了别人没发现的规律，解决了别人没解决的问题。

无论采用什么样的迁移方法，着眼点当然都在于学习知识、激发兴趣，养成能力。学会迁移时，最根本的一点，在于“万变不离其宗”。这里所强调的“宗”，就是健康成长的需要。倘若把兴趣点迁移到了有害于生命健康成长的路径上，那样的迁移便是往邪路上牵了。

17.学会积极的自我暗示

某次到北方某名校参观时，最大的触动在于校园内无处不在的励志宣传牌：大门外的影壁上，顶部是“从这里起步，走向卓越”的醒目文字，下方是被一本学校录取的二千多名考生的名单；校门内的电视墙上，滚动播放的是考取名校的数十位学生照片和语录；路旁修剪齐整的冬青树间，穿插着各式各样的宣传牌，牌上依旧是清一色的录取北大清华的学生的照片和他们的“名言”；教室外的墙壁上，是充满豪情壮志的班级誓词和励志文章；宿舍的走廊里，每个房门前悬挂的告示牌上，同样是诸如“我最优秀”、“舍我其谁”一类的极端自信的话语……

这种视线所及皆成刺激的学习环境，对于终日生活于其间的数千学子，无疑构成了一种不间断的“洗脑”。一方面，它不停歇地告诫着正在勤苦求学的学生，无限美好的前途在等待着你们，为了这样的目标，你当然需要努力，努力，再努力。另一方面，它也在每个学子的思想深处，开启了一扇积极的自我暗示之门，让他们坚信自己的实力，坚信只要努力就一定能够实现目标。

且不论此种行为是否真的符合人的健康成长这一教育的终极目标，单从其营造出的积极的心理自我暗示这一点来看，其唤醒价值绝不容小觑。很多时候，人的情感与行动受制于人的心理自我暗示。“人们为了追求成功或逃避痛苦，会不自觉地使用各种自我暗示——自己对自己进行的心理暗示——的方法，比如困难临头时，人们会安慰自己：‘快过去了，快过去了。’从而减少忍耐的痛苦。人们在追求成功时，会设想目标实现时非常美好、激动人心的情景。这个美景就对人构成自我暗示，它为人们提供动力,提高挫折耐受能力,保持积极向上的精神状态。”

将这样的积极的心理自我暗示运用到中学生的日常学习中,便要求同学们在面对任何挫折与坎坷时,都能够以乐观、自信的心态坦然面对,要始终坚信自己有能力解决这些问题,有能力改变当下的不良状态,有能力开创出一个美好的未来。

这样的坚信,并非每个人都能做到。现实生活中,总会有人极端不自信。因为不自信,上课便不敢发言,有问题不敢问老师,也不敢请教其他同学。这便形成一种恶性循环,让自己的学习成绩越来越糟糕。

电视剧《士兵突击》中的许三多,原本也是一个极端不自信的人。然而,一次糊里糊涂中创造出的绕杠奇迹,似乎突然激活了他身体内的自信因子,让他看到了自身潜藏着的生命能量。于是乎,更多的奇迹便相继产生。他也终于实现了由“孬兵”到“兵王”的身份转换。

许三多之所以能创造奇迹,除了众多战友的关心与帮助之外,更大的原因在于他内心中两种心理的“换岗”。作为“孬兵”的许三多,多数人看不起他,他自己也把自己当做“孬兵”,这便是消极的心理自我暗示。在此心理暗示下,他便可以心安理得地接受各种失败,并把这样的失败看成一种必然。而当他在班长史今的不断激励(甚至是忽悠)下,终于创造出连队最佳的绕杠翻转成绩后,他发现了自己并不是原本想象中的那样差劲,这便促使他开始重新审视自己,重新评价自己,这便形成了积极的心理自我暗示。在此种心理暗示下,他开始坚信自己有能力像其他战友一样完成那些原本认为根本无法完成的训练项目,而当他真的实现了这样的目标后,这种积极的心理自我暗示便又得到了进一步的强化,又反过来推动着他的各项训练朝更优秀的方向发展。

由许三多这一典型案例,可以推知学习上积极的心理自我暗示的价值。当然,这样的暗示,还必须辅之以扎实的行动。当我们坚信自身有能力完成其他人可以完成的学习任务,甚至有能力比其他人做得更好时,开始有计划分阶段地付诸实践,那么,也就必然能够迎来希望中的成功。这样的成功,同样又会转化为更好的自我心理暗示,又进一步推动着我们朝成功更进一步。

总结北方那所名校和许三多的成功,我们是否应该更多一些自信,更多一些积极的心理自我暗示，用以促进我们的学习，推动我们的发展呢？从现在开始，为自己创设一个积极的心理自我暗示的小环境，然后不断地创造条件，给自己加油，再辅之以更多的付出，相信一定有一个美好的未来在迎候着你的光临。

18.教师是个资源库

在影响学习兴趣的诸多外部因素中，教师无疑占据第一重要的位置。一名优秀的教师，能够唤醒学生沉睡的灵魂，让他们逐渐感受到学科知识中的种种神奇，最终热爱上这门学科；一名不合格的教师，则能够将学生所有的学习热情、学习欲望全部毁灭，并进而能够使其逐步丧失原有的学习能力，最终彻底放弃学习。

然而，对于绝大多数学生而言，读书生涯中最不具备选择权的事便是选择教师。因为无法选择，便只能被动地接受教师的教学风格，同时承受来自教师的形象、语言、习惯、性格等多方面因素的影响。此种状况下，便只能端正心态，用一种积极的态度，努力适应教师的教学，切勿幻想着教师能够改变风格来适应自己。因为，对教师而言，你只是他百余位学生中的一个，他不可能只为了满足你的需要而改变了多年的习惯；对你而言，他却是你学习这门学科的唯一选择。

这样的适应，当然不是完全消极地接纳。你应该做的，是调整心态，把教师当做一座矿，去积极开采他的资源。能够让你乐意亲近、信任、爱戴的教师，当然会有很多值得你学习的地方；而你不愿意亲近、甚至颇有抵触情绪的教师，他们的身上其实依旧会有很多值得你学习的东西。你若只是凭自己的情绪来学习，便很容易错过这些财富。

笔者读中学时，曾经遇到过一位非常优秀的语文教师。听她上课，就是最大的享受。后来，她工作调动，离开了。接她课的，是一位有着鹰钩鼻的年轻男教师，脾气大，好讽刺挖苦人。于是，有几位女同学便组成了一个小团体，一方面无限缅怀前任老师的种种好处，另一方面不断发掘继任老师的种种劣行。发展到最后，几个人便故意在课堂上采取不合作的态度对待语文学习，作文也故意不好好写。这样发展的最终结局，不用说也可以知晓,几位同学都在中考中名落孙山。

很多年后,当笔者反思这段学习经历,才明白了一个道理:老师也是普通人,也有喜怒哀乐,也有脾气习性;希望老师都是完美无缺的人,本就是痴人说梦。从做教师的角度而言,当然应该尽可能地丰富自己,完善自己,让自身更接近教育的本质,更具亲和力。从做学生的角度而言,则必须放弃幻想和抱怨,学会欣赏老师,学会想方设法地从老师处发掘丰富的知识矿藏。这样去做,本就是一件很有情趣的事情。

倘若换个角度思考,还会发现另外的情趣。一名中学生,从小学到中学,经历的老师至少也有二三十位,如果每个人全都一模一样,岂不太煞风景。正因为各具特色、各有个性,每天的学习才不至于过分单调乏味。每次和一位新教师相逢时,都需要以主动欣赏、积极接纳为前提,哪怕他真的不优秀,甚至存有许多欠缺,也还是要尽可能地以欣赏和发现的眼光去观察他。跟学生的成长具有相同的规律,教师的发展也需要建立在赏识和鼓励的基础之上。多用欣赏和接纳的心态去对待教师,才能够对教师形成一种良性的刺激,推动着他不断朝优秀的目标而努力;才能够让自己一点点远离失望、懈怠和消极,从而以平和的心境做好自己该做的事情。

如果每个同学都能够用这样的心态对待自己的老师,缘于对老师的不满意而滋生出的消极心理便会消失,注意力便会转移到学科知识本身,学习的兴趣也会一点点增长起来。

第四章 养成良好习惯

新加坡南洋理工大学物理系在读博士李德慧在论及学习习惯时，曾说过这样一段话："我的导师在美国待了9年，把美国的治学习惯也带到了实验中，不论是实验设计还是问题处理，他都会按照美国习惯来要求我们。比如，导师会要求我们在实验前做充分的文献调查，然后论证实验是否值得去做、如何去做，并进行一对一的讨论。这对我们的未来发展很有帮助，能够培养我们将事情做得更加条理化和系统化。"

这段话，向我们传递这样一些信息：第一，良好的治学习惯有利于更好地学习；第二，好习惯需要科学方法的引领；第三，好习惯对终身发展至关重要。相信绝大多数同学都有成就一番事业的宏伟愿望，那么，从现在开始，就要致力于良好学习习惯和生活习惯的养成。

19.世事洞明皆学问

2010年北京大学自主招生考试，命制了这样一道作文题：

> 今年2月22日是北京大学著名教授和诗人林庚先生诞辰一百周年纪念日。北京大学师生评价林庚先生是"建安风骨，盛唐气象；少年精神，布衣情怀。"请你从这四个词组中，任选一个为题，写一篇散文。要求于诗情画意中隐含哲理，600~800字。

要想高质量地完成本篇作文，只有写作技巧或者只有语文知识显然不够。因为，要准确把握"建安风骨"、"盛唐气象"这两个概念背后的深刻意义，必须拥有足够丰富的文学史知识；要对"少年精神"有较为深刻、全面的理解，也必须真正读懂梁启超的《少年中国说》；而“布衣情怀”更是兼具了非常复杂的美学、伦理学、社会学意义。考生无论选择哪一个词组进行写作，都需要有丰富的知识面作支撑。

其实，类似的命题在更早一点的高考作文中已经出现。2009年江西省高考作文，要求考生针对当年的社会热点话题展开评论，探讨蔡铭超高价拍下圆明园非法流失的兔首、鼠首铜像文物，但事后拒绝付款，故意造成流拍这一事件背后隐藏着的多元意义。这样的作文，几无任何范文可以借鉴。考生只有对晚清历史、文物拍卖规则、民族文化心理等诸多信息拥有较充分的了解，才能写出合情合理的考场佳作。

2009年的高考天津卷作文“我看90后”亦是如此。“90后”这一概念中隐藏的各种意义，教科书中从未涉及。完成这样的作文，考生只能依托自己的观察与理解。也就是说，只有养成了善于观察生活、思考生活的良好学习习惯，才能在面对这样的作文命题时，既能熟练驾驭命题材料，又能形成有理有据的个性化的见解。“两耳不闻窗外事，一心只读圣贤书”的书呆子，绝无写成佳作的可能。

即使是寻常的作文命题，能独树一帜，写成高质量的、令阅卷老师眼睛为之一亮的佳作的考生，也必然是学习的有心人。例如，2011年高考江苏满分作文中，那篇以“风沙渡”小吃店为缘起的作品，显然也是建立在作者长期养成的观察生活、积累素材的良好学习习惯的前提之下。如果平日里不注意观察，对书本之外的一切熟视无睹，也就无法在高考考场上灵感突现。

由上面几则案例可见，中学生的学习，绝非只是完成书本知识这么简单。一个优秀的学生，除了需要养成认真听课、认真完成作业等基本学习习惯之外，还应该养成关注生活、关注社会、品读人生的思维习惯。要能够把学习视野拓展至有限的教材之外，大量阅读有价值的文章，思考有价值的社会问题，探究与学科知识有关联的社会现象、自然现象，以此来丰富自身的知识构成，养成良好的思维品质，进而形成卓尔不群的学习能力。

或许有人会说，我也知道博学的重要意义，但我应该如何处理课内学习任务和课外阅读思考的关系呢？家长和学校都反对我看课外书，我又该如何是好？有这样的思考是正常的，毕竟现在的中学生学习压力过大，作业过多，确实没有充足的时间进行系统性的课外阅读。其实，这样想问题时，已经将问题狭隘化了。因为，关注生活、关注社会、关注各种文化现象，实现各门功课的知识融会贯通，都不只是建立在课外阅读的基础之上，更不是建立在阅读大部头文学作品的基础之上，而是需要养成随时随地观察社会、思考人生的习惯。没有时间阅读大部头的文学作品，不代表没有时间读一读时评文章，更不代表没有时间思考各种问题。古人所说的“世事洞明皆学问，人情练达即文章”，强调的也就是这个理儿。就像上面举的江苏考生的作文案例一样，上学路上看到了一个店铺的招牌，就可以琢磨琢磨这个招牌背后可能藏有的各种意义。这样琢磨时，其实就是在学习语文，有时还是在学习哲学、历史、逻辑和美学知识。

当然，如果只是胡思乱想一通，也无价值。学习，毕竟需要构建知识体系。故而，观察生活、阅读文章、思考问题时，还需要有一定的目标意识。也就是说，我研究各种问题是为了丰富我的知识面，拓展我的视野，开启我的心智，完善我的人格，而非为了猎奇。为了达成这样的目标，自然也就需要一定的学习计划。只有先依照一定的训练计划逐步实施，才能慢慢养成习惯。而一旦形成了习惯，综合能力的提升也就指日可待了。

20.学习无需拼命

很多老师在接手一个新的班级时，总要用很长一段时间矫正部分学生的一种学习习惯。什么样的习惯呢？课间做作业。比如，老师已经站在讲台上了，甚至上课的铃也打过了，只要老师不开口说话，就会有一些学生依旧“勤奋”地做各种各样的作业。查看课表，还会发现他们做的，通常并不是上一节课的老师留下的学习任务。

一般而言，老师是不会表扬这类学生的“勤奋刻苦”，而是采取坚决“镇压”的态度，严令杜绝此种现象。课间的十分钟，就是用来休息的。一个会学习的人，应该知道放松大脑。这十分钟，完全可以说说闲话，讨论讨论热点时事，也可以探究某个有价值的学习问题，还可以先用三分钟小结上一课时的学习内容，然后用四分钟适当活动一下身体，再用三分钟时间完成本课时学习内容的前后衔接。无论做什么，都比匆匆忙忙地做一两道试题有价值。

这部分学生为何课间喜欢做作业呢？当然是一种习惯。他们唯恐这一个个十分钟白白流逝了，浪费了大好时光，便养成了争分夺秒的习惯。这样的习惯，倘若用在以后的工作中，或许很有价值，用在中学阶段的文化课学习上，却弊大于利。

最大的弊端，是挤占了思考、感悟、发现的时间。七年级语文教材中，收录有《〈论语〉十则》。其中的“学而不思则罔，思而不学则殆”，应该是每个学生都会背会默写的名句。孔老夫子讲得很清楚，学习了一些知识后，必须要安排一定的时间思考这些知识，既思考知识的形成原因，又思考知识的运用法则。一节课学完了，不对知识进行及时的思考，却把时间用到一些具体的试题上，当然不利于更好地积累知识，养成能力。

另一弊端，是影响下一节课的学习。课间有限的时间不一定能够将一道题目做完。如此，当下一节课开始后，思维还停留在这道题目中，就必然会影响听课的质量。自控力强的学生，还能强迫着自己将思维转移到新课学习内容上；自控力差的学生，则会自以为巧妙地一边假装听课，一边继续做着题目。这样的学习，便是该学的没学到，不该忙的也没忙好。

此外，还有不利于学习内容的知识的积累、不利于身心的健康发展、不利于同学间的友好交往等诸多弊端，不再一一赘述。

同样的道理，用一个晚上的时间没完没了地做各种练习册的学生，自然也不是真正会学习的学生。节假日里，从早晨起床至晚间休息，十多个小时时间全部用来做练习题的学生，依旧不是会学习的学生。事实是，真正会学习的学生，总会将自己一天中的学习时间妥善安排好，何时读书，何时做练习，何时适当锻炼身体，何时对一天的学习进行盘点，都会有成体系的计划。缺乏学习计划的人，才会担心时光空耗，一味地用题海来塞满时间。

曾经有这么一个学生，高三的学习那么紧张，他还是隔三差五地到办公室找老师闲聊。聊他最近读过的某篇文章，聊某种社会现象，聊班级里同学的各种各样的奇怪心态……这孩子的成绩，在班级里并不拔尖，但和他聊过的老师都以为他最具发展潜力，未来的前途一定比死读书的同学要好。他有时间跟老师聊天，是因为他有自己的学习计划，知道何时该读书，何时该做题目，何时该适当放松。这个学生还有一个特点，特别爱笑。在高三，多数学生是不会笑的，繁重的学习任务让他们的笑神经萎缩了。高考时，这个同学考得分数不是特别高，如果填报本省的高校，无法挤入一流名校。但他另辟蹊径，将目光转向西部，报了西北工业大学，进了自己心仪的专业。

这个学生身上体现出的，是自信、乐观的良好品质。这样的品质，无法通过没完没了的试题而获得，只能建立在对知识、对生活、对社会的观察、思考的基础之上。人生之路漫漫，中高考仅是极有限的一小截旅程，懂得为漫长人生奠基的人，才是真正的聪明者。

21.多思善问巧归纳

学习的最大敌人，是懒惰。饱食终日、无所用心，是一种懒惰；一味蛮干、不动大脑，也是一种懒惰。对于绝大多数学生来说，前一种形式的懒惰者，为数甚少；后一种形式的懒惰者，却绝非少数。相当数量的学生，满足于不折不扣地完成老师布置的所有作业，却极少依照自己的学习计划主动预习、认真复习。这样的学生，貌似有着良好的学习习惯，其实仅只是习惯了被老师牵着鼻子走，而非培养出了自主学习、积极思考的主动意识。

真正有价值的学习习惯，必然建立在自主学习的基础之上。除了能够及时完成当下学习任务之外，还要能够不断复习旧知识、不断预习新知识。只有建立起了“旧知识—当下知识—待学习的知识”三者间的循环滚动，大脑中储存的零散性知识才能形成知识树，才能让知识转换为必要的能力。

要养成这一学习习惯，首先需要学会思考。应该说，思考是一切学习活动的基础，只要进入了学习状态，就不可能不对相关问题进行思考。然而，同是思考，却有目标、内容、程度、状态等差异。例如，课堂上，老师讲解了一道例题，有的学生只对这道题目如何做进行了思考，有的学生则由这一道题目而串联起了若干个已经学习过的内容。两相比较,后者的效率显然远远高于前者。

由此例即可发现,学习中的思考,并非只是对相关知识信息的简单整理,而是一种“深加工”。思考的价值,就是让进入大脑的这些零散的知识信息,经过融合、发酵,转化成举一反三、触类旁通的能力。要实现这样的转化,可行的方法,只能是“多思”。多思就是要围绕一个核心,从广度和深度两个方面发散开去,牵一发而动全身,抓住一个点,激活一条线。

例如,学习初中课文《曹刿论战》时,除了积累基本实词、了解常见虚词的意义,不妨多思考这样一些问题:曹刿想见鲁庄公,真的就那么容易见到吗?鲁庄公凭什么那么信任曹刿,就因为课文中的三个问题?左丘明记述这样一件事,有什么样的深层含义?当我们带着这样一堆问题研读课文时,便会发现一篇看似简单的文言课文,其实包含了十分丰富的知识信息。这其中,有写作学上的故意省略,有社会学上的美政思想,有政治学上的民主参政意识,有管理学上的用人之道等。只有将这些问题都琢磨到了,才能将这样一篇课文转换成写作能力、思考能力。如果只将思考停留在实词意义辨析,虚词手法理解上,则虽也进行了思考,但终会因为缺乏宽度和深度而影响到学习能力的养成,更不利于形成受益终身的良好学习习惯。

其次,需要养成善问的好习惯。什么是善问呢?当然不是没完没了地向他人请教问题。善问之“善”,第一体现为提出的问题确实是自身思维的盲点,属于独立思考无法解决,借助其他工具书也不能很好解决的那类问题。当然,这样的问题,还必须属于应该掌握或能够掌握的知识范围之内。第二体现为提出的问题确有探究的价值,有较丰富的知识内涵,能够激发深入探讨的欲望。第三,提出问题时,要先陈述自己的思考过程,将自身对该问题的思考展示出来,供他人参考。

善问是一种难得的能力。比如,很多学生遇到某些解决不了的难题时,往往习惯于请老师或者其他同学直接讲解题目的具体解法,却不习惯先向对方陈述自己的思路和困惑。而会学习的学生,则常常是先将自己的理解告知对方,然后提出自己的困惑。这样,对方便能够迅速理清提问者的问题症结,再有针对性地帮助其解决问题。

最后，还需养成及时归纳总结的好习惯。学习中的思与问，往往都是围绕着具体的、单一的问题而展开，最终获取的信息，同样也是具体的、单一的。要让其进入抽象的、共性化的知识体系中，就需要对思考和提出的问题进行归纳提炼，从个性中发现共性，从一种方法中推演出多种方法。

什么样的归纳，才算得上巧归纳呢？最理想的方式就是构建大脑中的知识树。要将各种知识，在大脑中培植成有主干、有枝叶的一棵树，让学习到的每一个知识点，都在这树上拥有一个特定的位置，这样，抓住主干便能理出几个主要的枝杈，抓住任何一个枝杈又能理出几个主要的枝条，抓住了任何一个枝条又能理出若干片树叶，所有知识便成了体系，便“活”了起来。

22.及时操练多动手

“学习”一词的原初意义，是师从他人、在观察模仿中获得感性化的认知，然后在生活中进行实践，使来自外部的各种信息转化为实际动手的能力。其中，“学”是基础，“习”是根本。只“学”不“习”，永远也无法真正掌握解决问题的方法。孔子倡导的“学而时习之”，正是这个道理。可以说，任何一门知识的获得，最终只能是“习得”，而非“学得”。

只“学”不“习”而招致失败的例子，为数不少。最著名的，当属“纸上谈兵”。赵括从前人的兵书中学了满脑袋的行兵布阵之法，却未能放到战争实际中不断磨砺。果真面对惨烈的实战时，能力便有了明显的欠缺，失败也就在所难免。

日常生活中的很多事，也能很好地论证“习”的重要价值，比如骑自行车这样的小事儿。如果从理论意义上阐释，骑自行车或许会涉及很多的物理学知识，但就算物理学得再好，不骑上车子亲身实践，也无法自如地驾驭它。

科学文化知识的学习，同样离不开实践。学习中的实践，依照方式的差异，可以区分为书面作业、口头作业、仪器实验、社会实践等类型。

最常态化的学习实践活动是书面作业，包括板演、考试等辅助形式的作业。几乎每一学科，在每一课时的学习安排中，都会设计一次或若干次的课内练习，也会在结束本课时学习任务后布置一定量的课后练习作业。无论是当堂训练，还是课外作业，最终的价值都无一例外地指向“学得”向“习得”的转化，让来自外部的信息转化为自身的能力。

这样的训练，是学以致用的必然要求。由于现学现用，可以迅速发现学习过程中的知识疏漏，及时采取措施弥补这份欠缺，故而，对知识的有效积累、能力的持久养成，都具有积极的建设意义。

当然，这样的训练也有一个尺度的问题。所谓“多动手”，也有一定的限度。一般而言，一个知识点的辅助性训练中，同一难度、同一角度的试题，最多完成五道即可，倘若硬要追求“熟能生巧”，在同一难度、同一角度上重复五十次，则不但生不出“巧”，连“熟”也落不到实处了。过犹不及的道理，在学习中同样适用。更重要的是，过度进行重复性的训练，势必挤占了思考的时间，也挤占了其他学科知识的学习与实践的时间。

也有一些学生，想方设法不做作业。如果是理解力超群，且对教师新授的知识早已完成了自主学习，已对该知识了然于胸，则另当别论。事实恰恰是，不做作业的人，往往要么是因为对作业中涉及的相关知识缺乏必要的认知，不具备完成作业的能力；要么是认为这门学科不重要，作业没有意义，或者做了作业也不能提升学习成绩。两种行为中，前者属于“不能”，后者属于“不为”。两相比较，后者又占多数。

以目前的高中阶段学习而言，高中生中普遍存在着重视数理化作业、英语作业，轻视语文作业的现象。相当数量的学生每天用在数学训练上的时间在两个小时以上。而语文学习，只要没有老师硬性规定必须完成的作业，则基本不会结合当日所学内容主动完成一些强化性巩固训练。形成此种怪现象的原因，既在于部分学科的教师崇尚题海战术，习惯于用作业抢占学生的学习时间；也在于学生自身对作业内容缺乏足够的思考，习惯于用作业填充课余时间，不习惯于针对一些难以形成标准答案的主观问题展开积极的思考。

此种巩固练习中的厚此薄彼现象，也就形成了一些所谓的“短腿学科”。形成“短腿”的原因很多，其中，该学科知识学习中，及时性的巩固训练缺乏，当是重要原因之一。只在课堂上出耳朵听一遍，当时似乎也全部理解了，但并不通过实际动手来验证自己是否真的掌握了该知识，日积月累，这些知识就会逐渐忘却，学不好这门学科，也就在情理之中。

口头作业的训练，在中学高年级本不该被忽视。苏教版的高中语文教材中，就有“走进语言现场”这一主题单元存在。只是因为这一作业无法用试卷的形式予以呈现，属于中高考不考的范围，故而这一作业大体已在中学学习中绝迹了。也正因为此种训练的绝迹，当下的中学生普遍性缺乏口语表达能力，也就成了不争的事实。事实上，古今中外的杰出人才，不善于口语表达的并不多。

各种科学实验、社会实践，是让书本知识和生活实际紧密结合的最重要环节。没有实验的物理、化学学习，跟赵括的纸上谈兵并无太大差异。现在，很多学校虽配备有标准化的实验室，却因为各种各样的原因，极少组织学生进行课本上的实验，更谈不上创造性的实验活动。由此而培养出的学生，很难成为优秀的科学工作者。同理，只闭门读书，从不接触社会、积极投身社会实践的学生，也难以形成应对社会的能力。胸怀远大理想的学生，应该在书本之外，积极参与各项学科实验，积极参加社会实践活动，如此，来自学校的“学得”成果，才会转化为真正的自主“习得”。

23.坚持课外阅读

开卷未必有益，拒绝课外阅读，则注定有害。

我们所处的时代，能够接触到的课外阅读材料实在太多。浩如烟海的文字中，凝聚了作者心血、代表了人类社会正确价值取向的作品固然不在少数，而粗制滥造、暴力色情一类的灰、黑、黄色作品也绝不鲜见。置身于这样的阅读环境中，如何坚持课外阅读，使课外阅读成为放飞灵魂的巨大动力，就成了不得不重视的一件事。

因噎废食当然不是正道。因惧怕课外阅读挤占了做课外练习的时间，便强行规定不允许学生阅读中外经典作品，更是典型的鼠目寸光行为。但如果完全听任学生无选择、无节制的自由阅读，也是一种不负责任。要正确引导中学生的课外阅读，培养起良好的阅读习惯，就需要教师、家长和学生共同思考三方面的问题：“读什么”、“为什么而读”和“怎么样读”。

“读什么”本不该成为问题。且不说中学语文课程标准中就明确要求学生阅读一定数量的名著，中高考以及名牌高校自主招生考试时也常考查这方面的知识，单是从学生身心健康成长这一点出发，也需要借助经典作品中蕴藏着的真善美的教育元素，给予学生的心灵以足够的人文滋养。宋人黄庭坚说，士大夫三日不读书，则义理不交于胸中，便觉言语无味，面目可憎。黄庭坚阅读的，必然也是充满智慧与理性的经典性文字。应该说，那些经过了数百年甚至一两千年的时光淘洗的优秀作品，无论是思想性还是艺术性，都足以成为全人类的共有精神营养。这样的作品，学生当然应该阅读。

此外，中学阶段的阅读，还应该尽量关注社会科学和自然科学两方面的科普型文章。古今中外的杰出科学家，多为一专多能的通才。不在中学阶段借助丰富的阅读拓宽视野，成年后的工作与生活，往往就会陷入知识面狭窄、视野不够开阔的成长泥淖之中。在学有余力的情况下，每周安排一个时间，阅读一定量的百科知识类的文章，既有利于身心的健康发展，也有利于丰富课余生活，完善知识结构体系。

每周还应该用一点时间，集中阅读部分时事评论的文章。中学生需要养成关注社会、关注生活的社会责任意识，需要对社会热点问题拥有足够的关注度和思考度，这样才能在走向社会后拥有良好的公民意识。即使从最功利的角度看，阅读一些时评性的杂文、随感，对于考场作文也有很好的帮扶作用。

“为什么而读”亦需认真思考。完全没有功利心的阅读并不存在。对于时间十分宝贵的中学生而言，一个星期内，真正用来阅读的时间不过数小时，当然不能毫无目标地随意浏览。中学生阅读，应该拥有明确的目标意识。这个目标就是健康成长。也就是说，中学生的阅读，首先就应该考虑所读的作品是否有利于自身的健康成长。这里所说的健康成长，当然既指终身成长，亦指当下的成长。如果阅读对当下的成长毫无积极意义，也不会对未来的成长有益。

“怎么样读”是课外阅读活动中最需关注的一个要害性问题。为什么总有相当数量的家长和老师反对学生的课外阅读呢？很重要的一个原因，是中学生的错误阅读方式。我们知道，仅从阅读形式上看，阅读就可以区分为研读、细读、粗读、浏览、了解纲要等多种方式。这些方式，又总是和不同的阅读内容相对应。一般情况下，一部经典性质的长篇小说，了解纲要或简单浏览，显然无法从中获取足够的养分，而不分详略地一概研读，也是一种时间的浪费。故而，要能针对一个阶段的学习和成长需要，有选择地研读部分章节，细读部分章节，粗读其余内容，即可以对该作品形成一定的认知。至于真正读懂读透它，完全可以留给以后的漫长岁月。我们知道，生活中有些人能够用一辈子时间研读一部《红楼梦》，那是因为他将这样的研究视作自己的事业。中学生没有这样的时间，也没有这样的理解力，自然也不必投入这么大的精力。

一般情况下，什么样的内容应该研读、细读，什么样的内容应该粗读、浏览，又是什么样的内容只要了解纲要即可呢？言浅而意深的古典文学作品，多适宜于研读、细读；经典性长篇文学作品，适宜于在粗读的基础上有选择的细读、研读；百科知识类的作品，适宜于粗读和有选择地细读；时事评论文章，适宜于细读；流行性文章，适宜于浏览或了解纲要。

值得强调的是，课外阅读的良好习惯的养成，必然应该建立在上述三点的基础之上。只是一味地读，不思考为什么而读，也不探究怎么样读，这样的读书人，往往会将自己变成书橱。

24.科学用脑

有人说，用脑过度会损伤身体。又有人说，大脑总是越用越灵活。看似相互矛盾的两种说法中，到底应该相信哪一种呢？要探究这一问题，不妨用电脑进行类比。

电脑是否会越用越灵活？当然会。经过一个阶段的磨合后，电脑使用者会适当删除电脑中存放的一部分无用程序，又会增加一些习惯于使用的新程序。这些新增添的程序，在完成使用者希望完成的工作任务时，总能起到积极的帮助作用。比如，同样是汉语拼音输入法，使用了搜狗输入法后，打字的速度便提高了很多。这便是电脑越用越灵活了。

电脑也会越用越慢，直至崩溃。比如，不管有没有用处，整天往电脑里下载各种程序。再比如，不注意电脑散热，不注意防尘防潮，不定期杀毒,不及时清理垃圾文件等。这样使用电脑,当然会带来损伤。

形成两种结局的原因并不复杂,只在于是否科学使用电脑。能够注意科学使用,则能够越用越灵活;不能够科学使用,则势必带来损伤。

人的大脑同样如此。懂得适时维护、定期杀毒、及时更换相关软件、保持干燥通风,自然也能够越用越灵活。只是,大脑的维护、杀毒等,绝非下载一个软件这么简单。保持大脑健康高速运转的最重要方法,只能是阅读、思考和实践。从这一点而言,科学用脑,其实就是科学地阅读、科学地思考、科学地实践。

关于科学地阅读,上一节文字已进行了必要的阐释。本节文字,将重点探究如何养成科学地思考和科学地实践这两种习惯。

所谓科学地思考,当然不同于瞎琢磨,更不同于钻牛角尖。科学思考的前提,是理性思维,是辩证法,是多元理论。

从中学生的学习这一视角看,学习过程中的科学地思考,就是将学习到的所有知识都纳入教材知识体系之中,用联系的、发展的、变化的眼光看待一切貌似独立存在的知识。这样的联系,不但要在本学科知识中建立,而且要跨学科建立,甚至跨文理科建立。比如,学习议论文的写作知识时,可以联系几何证明而学习推理论证,联系哲学而学习正反对比论证,联系历史学而学习分析历史现象等。

主动放弃也是科学思考的一个有机组成部分。受多方面因素的影响,中学生对很多问题无法形成科学合理的认知,倘若一味纠缠于这类暂时无法解决的问题中,则势必形成大量的时间浪费和精力耗费。面对无力解决的各种问题,就需要适时放弃,抛下那些影响大脑健康运转的负担,保持大脑的轻装运行。

合理休息同样是科学思考的一个重要组成部分。什么样的休息才能称得上合理呢?能够保证注意力的持续性集中,能够让精神处于适当的兴奋状态中,大脑便是得到了合理的休息。听课时容易走神、打瞌睡,对外界事物反应迟钝,大脑便未能得到合理的休息。合理休息并不体现为时间的固定性,感觉疲劳了便早点休息,感觉状态很好便迟点休息,只要不影响第二天的学习质态即可。

科学地实践指什么呢?理解这个概念时,不妨先从否定的角度思考。日常学习中,死揪蛮干是最不被认同的学习方法。这一方法的最突出标志,便是题海战术。“眼睛一睁,忙到熄灯”的行为背后,自然是大脑的长期超负荷运转。

学习中的科学实践,便是合理安排读、思、品、悟、行这五种关系,让完成作业之类的实践活动,建立在合理复习、积极思考、认真消化吸收、形成系统化认知的基础之上。也就是说,即使是完成一份简单的作业,也应该先花费一点时间,对作业涉及的相关知识进行自主复习,给大脑中的知识树浇浇水、施施肥,然后再动手完成题目。常常看到有些学生一边做题目,一边翻阅书本寻找解题所需的知识和方法,这便不属于科学实践的范围。

科学地实践,还需要依照遗忘规律对旧知识进行循环复习。没有哪一个知识能够一劳永逸地获取。只有在学完这一知识之后的相当长一段时间内,还通过一定量的练习,不断强化对该知识的理解与运用,才能让这知识真正转化为不会遗忘的能力。但这回顾又不能没完没了地进行,不能每天都花费相同的时间去复习旧知识,果真那样的话,雪球越滚越大,大脑自然不堪重负。

科学地实践,当然还包含了对将要学习的知识的有效预习,对书本知识和现实生活的有机结合等行为。无论是哪一种实践行为,只要注意到了合理性、有效性,能够在一段时间内感受到这样的实践带来的学习上的提升,便可以认为这样的实践是科学的、有价值的、高效的。

做到了科学阅读、科学思考、科学实践,你的大脑便不会超负荷、不会缺乏润滑、不会被病毒入侵,你的学习也就进入了快车道。

第五章　拥有轻松心态

苦学与乐学是两种对立的心态。前者关注结果，强调以当下的艰苦，换取未来的幸福；后者注重过程，追求学习过程中的愉悦感受。

真正的教育需要为学生的终身幸福服务。只是，这样的幸福必然应该包含当下的学习生活。也就是说，只有让中学生收获到快乐感受的教育，才是真教育；只有在学习过程中收获愉悦心态的学习，才是应有的科学化的学习。

中学生应该如何获取学习活动中的轻松心态？除了应该给自身一个准确的定位，将宏大的目标分解为一系列可行的目标，并培养起良好的学习习惯之外，还需要致力于自信心的培养、意志力的磨砺和好奇心的陶冶，需要战胜学习中的各种焦躁，克服各种不良心理，始终保持乐观向上的良好心态。

25.自信是成功的第一秘诀

一位中学老师在批改作业时，收到这样一张纸条：

我真的不想上学。

现在的学习有什么意义？现在没有一门学科的成绩是令自己满意的，但又疲于改变现状。因为就算成了第一，那又怎样，就像现在的我不会因为曾经的辉煌而快乐一样，以后的我也不会因为现在的得失而喜忧。人生匆匆几十载，我既不会名垂青史，也不可能遗臭万年，那就活得潇洒点，也自私点。我不愿为别人而活，我只想走自己的路。在这个班上，我的成绩就像压箱底儿的衣服一样，有人知道，有人不知道，有人看不起，有人无动于衷。我会尽力不去在乎别人的眼光，找到一个快乐的自己。

每个班都有具有类似情绪的学生。这些孩子，原本在各初中学校时，都是学习的佼佼者，当他们集中到了重点中学后，受多种因素的综合影响，有一些人短时间内未能快速适应高中生活的节奏，学业成绩难免出现一定的波动。此时，一旦彻底丧失了自信心，跌倒了或许就再难爬起。

因而，帮助他们渡过这一难关的关键是激发自信心。青少年时期，人生之舟应该永远高扬自信的风帆，破浪前行。丧失了自信，也就丧失了动力，只能听任小舟随意漂荡。

如何重构学习中的自信心呢？要解决这一问题，先要探究一下到底是哪些因素影响着中学生的学习自信心。

根据心理学家的研究，影响自信的原因可能包括如下五点：①被要求做超过能力所及的事；②第一次尝试时，就因遭遇别人的讥讽而胆怯；③遭受歧视，例如种族歧视、贫富歧视等；④言语不通，因不能表达而失去信心；⑤体能孱弱，身体有病、有缺陷而阻碍自信心的发展。

由此五点原因出发，对症下药，中学生自身需要做好这样一些事：

(1)准确定位，杜绝攀比。俗话说，人比人，气死人。更何况，绝大多数情况下，人们总习惯于用自己的缺点，去跟他人的优点相比。这样的对比，当然无法激励自信心。正确的做法是，先全面衡量自身的优点与缺点，找准自己在班集体中的既有位置，然后，自己跟自己比，看今天比昨天多克服了哪一个缺点，看今天比昨天多掌握了什么样的知识。只要每天都能有收获，每天都感受到了切实的成长，就有足够的理由为自己喝彩。

(2)目标细化，量力而行。一口吃不成胖子，短时间的努力，也不能保证迅速看到效果。日常学习中，要养成将宏大目标细化为具体可行的周学习目标、日学习目标。每一天能够高质量地完成学习任务，便是一种成功。同样，对于应试成绩也需量力而定，第一次是班级的末尾，第二次就不必寄希望于进入前三，而是细化为提升三五个名次，第三次再提升三五个名次，如此，慢慢努力，慢慢行走，终有进入前三的机会。倘若一步就想跨到位，只会影响自信心。

(3)正视失败,承认欠缺。学习中,常胜将军极少。绝大多数情况下,总会出现起伏,或者是阶段性起伏,或者是学科间的波动。当失败出现时,没必要过分紧张,尤其在一些阶段性的检测时,更不必有天塌地陷的恐慌感。须知,将问题暴露出来,很多时候是好事情。只要认真分析原因,找准症结,为下一步的行动确立奋斗方向,失败也就成了更好前行的动力。

另外,人无完人,总会在某些方面存在欠缺。对于这样的欠缺,要坦然承认,甚至不必花费力气弥补。例如,有的同学博古通今,有的同学却对学习之外的事情所知甚少。如果因为这些欠缺,便去花费大量的时间博览群书,势必会影响其他方面的成长。所以,坚信“尺有所短,寸有所长”的道理,正视自身的现实,很有必要。

(4)适应环境,丰富灵魂。人与环境之间的关系,一是被环境左右;二是努力改变环境;三是顺应环境,强化自身。中学生所处的学习环境中,竞争是一种无法避开的主体氛围。置身此种氛围中,唯一能做的,是适应环境。如何适应呢?这就需要不断地丰富自身的灵魂,让自己的内心变得强大。而强大的关键之处又在于知道自己该做什么、能做什么、可以达到什么样的高度。倘若对自身一无所知,便无法实现灵魂的强大。

作为影响自信心的外部因素之一,家长也需注意这样一些问题:赏识孩子的点滴进步,多鼓励,少批评;创造机会,在实践中培养孩子自信心;让孩子从成功的喜悦中获得自信心;学会等待,允许暂时性的失败。

当中学生、家长和学校共同行动时,受损的自信心便能够得到很好的修复。

26.持之以恒

不坚持长跑的人总会觉得,每天早早起床,跑那么远的路程,该是一件多么痛苦的事情。而习惯了长跑的人却会觉得,如果有哪一天没有在路上奔跑,便有一件事情没做,从头到脚全不舒服。长跑者当然不是受虐狂,而是多年的坚持,养成了一种生活习惯。只有不间断地维持这样的习惯,内心才会充实、愉悦。

学习中的持之以恒,其实也是一种习惯,一种能够从中品尝到快乐的习惯。只是,这样的快乐,只有沉浸其中的人才能拥有,而且,也只能在形成了习惯之后才能拥有。其初期阶段,多无快乐可言。

任何一所学校中,都会存在着这样一种类型的学生:在学习他们喜欢的学科时,他们往往能够数小时沉浸其中,乐此不疲地钻研各种问题。而对于他们不喜欢的学科,却常常不愿意花费一点儿自主学习时间,即使是在课堂上,他们也会萎靡不振,全无在喜欢的学科的课堂上表现出的那种全神贯注。

由此例可知,学习中的持之以恒需要兴趣作为支撑。任何一件事,能够长期地、不间断地坚持下来,没有足够的兴趣,便无法体验到情感的愉悦,也就无法激发行动过程中的创造性。持之以恒中的"苦",通常只是外界的想当然,对于实践者本身,更多感受到的,只是"乐"。

要在相对漫长的学习过程中做到持之以恒,并非一件易事。毕竟生活中有太多的诱惑,学习中也有太多的不确定因素在干扰、转移我们的学习注意力,使我们的行为偏离正常的轨道。这便需要有意识地借助科学的训练,培养起持之以恒的习惯。

三分钟热度,是成就学业的大敌之一。"持之以恒"与"三分钟热度",其实并非天敌,而是朋友。"持之以恒"的本质,正是若干个"三分钟热度"的汇集。只要能够将一个个"三分钟热度"穿成串,让这"热度"持久保持下去,"三分钟"就会变成三小时、三天,以至最终形成习惯。

保持"热度"最有效的方法,是不断培植新的兴趣点。美国著名的运动心理学专家丹·贝克表示,人们之所以能够持之以恒地执着于一个目标,能否保持既有的兴趣至关重要。将丹·贝克的观点应用于具体的学习过程,便是不断提升目标的高度。如同跳高运动员持之以恒的训练一样,要让学习成为一种常态化的坚守,就必须不断冲击一个个新高度。只在同一高度上简单重复,便无法长期坚持下去。

培养持之以恒的学习精神的另一重要方法,是同伴互助。当下的中学生竞争意识强、合作意识弱。长期的一个人独自学习,难免会形成疲劳与倦怠,也不太容易确立具体的奋斗目标。而形成有效的同伴互助机制,将个体融入互助合作小组之中,既能够借助他人的智慧,弥补自身的欠缺,又能够从他人身上汲取某些精神养分，以他人为镜，照见自身的优缺点。

更为重要的是，同伴互助具有相互激励价值。这样的激励，既体现为遭遇挫折时的相互鼓励，也体现为取得成功后的相互祝福、相互警醒。同伴互助的作用，有点像长跑比赛中的相互领跑，你争我赶中，既可以消解疲劳感，又可以提升成绩。

培养持之以恒的学习精神的第三种方法，是确立远大的理想。庄子在《逍遥游》中说，一个人，想着要到郊外游玩，当天去，当天回，准备一日三餐即可；想去百里之外的地方游玩，则需用一整夜时间准备干粮；想到千里之外游历，三个月以前就要准备干粮。目标越远大，用在行动上的时间就越漫长。战国时期纵横家苏秦，立志成为有大作为的人，才会坚持不懈地读书，甚至用"锥刺股"的极端方式逼迫自己学习。如果他只满足于厮守田园，哪里还能这样不分白天黑夜地学习呢？

"比上不足，比下有余"的思想，往往致使一部分人满足于现状，从而丧失了持之以恒的学习精神。这种思想的根源，正在于缺乏远大理想。一个人如果誓言"为中华之崛起而读书"，又怎么会满足于得过且过？可以说，古今中外，任何一个成大业的人，无不在其成就的事业领域内，具有持之以恒的精神。

适当的自我奖惩，也是养成持之以恒的良好品质的重要辅助手段。自我奖惩，本质上看，属于积极的心理暗示。只是这样的奖惩，不宜常态化、物质化。

最后，提一点应该警惕的现象：持之以恒，需要方向正确，方法适宜。如果不看方向，不讲方法，一味蛮干，那就是南辕北辙了。

27.没有失败只有放弃

据说，大发明家爱迪生在发明电灯泡时经历了近千次的失败。有人便劝他放弃，说花了那么多的时间，做了这么多的工作，可都失败了，不如转而进行其他方面的发明，或许能够取得更多的成就。爱迪生听了这话，便笑了，说他从没有经历过失败呀，他只是发现了近千种不适宜作灯丝的物质罢了。

这个故事是否真实,无关紧要。重要的是,故事中体现出的面对失败时应该持有的积极态度。就像有白天便必然有黑夜一样,自从有了成功这一概念后,失败也就无法避免地光顾人间。做错的每一件事、说错的每一句话、走错的每一步路、抒错的每一份情,都是一种失败。可以毫不夸张地说,生命不息,失败不止。区别只在于,有的失败无伤筋骨,有的失败后果严重。但凡能够哪里跌倒哪里爬起的失败,便算不得真失败;真正的失败只有一种,就是跌倒了再也不敢爬起。

有一个小故事很能说明对待失败应该持有的态度:一个在外作战的将军,由于种种原因总是吃败仗。在又一次被敌人打败之后,他急奏皇帝,奏折上有一句话是"臣屡战屡败……"他的幕僚看到这个奏折,觉得不妥,于是拿起笔来将这句话改为"臣屡败屡战……"

故事的主人公,有人说是曾国藩,有人说是李元度,其实皆难以考证。能够考证的,是这两个词语背后的意义和精神。"屡战屡败"非但隐藏着极端的无能,而且充满了沮丧;"屡败屡战"却张扬着百折不挠的精神品质,高举着不达目的决不罢休的信念大旗。

日常学习中,中学生们需要的,正是这种"屡败屡战"的昂扬精神。

或许有人会说,只胜不败,或者多胜少败,岂不更好。能够如此,当然最好,问题在于中学生处于不断接受新知识、不断探究新世界的成长期,这一时期最需具备的品质,就是勇于追求、勇于冒险、勇于探究。在这不断摸索前行的过程中,只要向前行走,便无法避免坎坷。走的路越多,经历的失败就会越多,积累的人生经验也才越多。

这当然不是在倡导为了失败而失败。所谓"失败是成功之母",只能建立在从失败中不断汲取经验教训,重整旗鼓的前提之下。吃一堑,却不长一智,这样的失败,便是真的失败。真失败和假失败的区别,只在于是否以积极的态度对待失败,是否从失败中发现问题,并总结出接近成功的新方法。经历了一次挫折,便自暴自弃,不敢知难而进的人,也就永远不会拥有真正的成功。

了解了失败的无可避免性之后,再看应对失败的方法,便简单多了。

(1)端正心态。既然失败人人都会经历,那么,我所经历的失败,就绝不会只是上天对我的额外虐待。我所认为是无法绕过的那道坎儿,古往今来,其实早已有数不清的人经历过了,也有数不清的人以这道坎为起点,登上了人生的新高度,创造了新业绩。在这道坎儿面前,与其怨天尤人、自艾自怜,不如抖擞精神,鼓足勇气去拼去闯。即使最终未能成功,也不过是证明这条路不适宜我行走。

(2)要学会迂回包抄。一条路走不通,还会有其他的路;一种方法行不通,还会有其他的方法。在学习的过程中,执着固然是一种应该弘扬的品德,变通也同样是应该践行的方法。解一道数学试题时,代数法不行,便尝试几何法;写一篇作文,不擅长记叙,便可以选择议论。在规则允许的范围内,既然条条大路皆可通罗马,最近的那条路出现了塌方后,就需要寻找另外的路。硬往塌方处钻,反而不是明智之举。

(3)要大胆质疑,小心求证。不尝试,便不会经历失败。但尝试总要有一定的科学依据,要建立在既有知识的合理化认知和利用的基础之上。以不怕失败为借口,做一些跟身份不相符的事情,不是积极的人生态度。只有在为学之路上学会大胆质疑、小心求证,让自身行为符合中学生对知识的追求与发现的身份定位,这样,经历的失败才会转化为学习动力。

(4)不盲目放大失败的价值。不要刻意经营失败,而是要尽量避免失败。在已知领域内,应该尽量做到零失误,这样,才能把更多精力投入到未知领域的探索中,才会在失败中形成新认知、培养新能力。由于学习中的粗心大意、复习或预习的不到位而导致的基础不扎实等失败,极难成为“成功之母”。

(5)要永不言弃。有时,摆在我们面前的失败太大,大到让我们无法前行的程度。即使如此,也不能丧失了前行的信心。只要信心犹在,就会找到适宜的路。有句歌词写得好:心若在,梦就在,天地之间还有真爱。看成败,人生豪迈,只不过是从头再来。

年轻没有失败,只要不放弃,前方永远春暖花开。

28.我的学习我做主

被家长或老师逼迫着学习的学生,很难从学习中品尝到思考和探究的快乐。只有那些真正热爱学习,能够以完全积极自主的心态投身于学习的学生,才能体会到学习的乐趣。

明白了这个道理,也就能够解释清楚学习过程中的一些貌似不合理的现象:为什么有的学生殚精竭虑、废寝忘食地苦学,成绩却总是比不上那些似乎并不特别用心的学生。这绝非天道不公,实在是学习者自身的心态在起作用。

笔者执教的班级里,有一位大名远扬的学生。这孩子,从小学起,便稳居全市第一的位置。这样的优势,一直持续到中考。进入高中后,虽然也会在考试中偶有失误,但也从未跌出全市前五。是什么原因使其长期居于领先地位呢?跟其他学生相比,他最大的特点,是超前学习。仅就语文学习而言,他在初中升高中的这个暑假中,便将高中生必读的十本名著通读了一遍,又将高中生必背的十四篇文言诗文全部背诵下来。每学习一篇课文前,他的书上已经写了很多的点评文字。当很多学生还在为每天半小时的课后作业而焦头烂额时,他拿到办公室向我咨询的,已经是跟高三学生同步的模考试题……

其实,语文是他的弱项。在他更具优势的数理化上,他已经自学完了高中物理、化学的全部课程,并自学了大学数学系的部分数学课程。他将自己放到了远超当下所学知识体系的更高平台上,回望眼下的学习内容,自然能够做到纲举目张、融会贯通。

没有人逼迫他这样做,只是因为当下的课程无法满足他的求知欲,自己便积极主动地探究更高学段的相关知识。在这样的探究中,他当然会遇到一些难以解决的问题,但他将挑战这样的问题当做一种极具快乐感受的事情来做,自然也就乐意于将自己投入其中,去不断地思考、不断地发现。

这样的学生,当然是特例,属于可遇而不可求的人才。举这个例子,并不是要求同学们都像他这样超前学习,学习,很大程度上是一种自主性行为。你可以不像他那样将一两年,甚至三四年后的内容都提前学习了,却应该学习他自主探究的精神,学习他课前预习的做法,学习他“我的学习我做主”的态度。

现实的学习生活中,能做到“我的学习我做主”的学生极少。绝大多数情况下,同学们总是习惯于依照老师的要求,按部就班地完成学习任务。哪门课的老师布置的作业多,便在哪门课上投入的精力多;哪门课的老师严厉,便在哪门课上格外用心。更有甚者,仅仅因为自己对老师的情感取向而裁定自己的学习投入。诸如此类,显然都有违"我的学习我做主"的学习精神。

那么,如何实现"我的学习我做主"呢?方法并不复杂,大体有三:

(1)制订合理的学习计划,并依照计划不折不扣地完成每天的学习任务。应该说,每一个学生在每一个学年内,都会制订一次或若干次学习计划。但真正严格依照计划坚持去做的,却凤毛麟角。很多人,前几天能够百分百去做,一周后就打了半折,半月后往往就彻底放弃。这样的学生,自然无法做到"我的学习我做主"。

(2)排除干扰,战胜诱惑,勇于舍弃部分利益。个体的学习计划,不一定能够和学校的学习计划相吻合。当两者形成冲突时,是放弃自身的计划而顺应学校计划,还是依旧坚持自己的学习计划,这往往会成为一道分水岭。一部分人,会被动或主动放弃自我的计划而迎合学校的计划,因为这是稳中求胜的理想方法。另一部分人,则依旧会坚持自己的既定计划,着眼于长远目标的实现,不在意一两次考试的得失。后一种人,便是为自己的健康成长而学,而不是只为分数和排名而学。

(3)量力而行,均衡发展,用积极的态度为生命着色。"我的学习我做主"是一种理念,而非一种具体的方法。"我做主"的着眼点,是将生命引向更具价值的未来。也就是说,"我做主"只能是做健康成长之主,做奋发向上之主,绝非做自我放纵之主。假如以"我的学习我做主"为借口,拒绝他人的健康引导,拒不改正自身的缺点,拒不履行中学生的职责和义务,那便不是真正的自主学习、自主成长。

我的学习我做主,我的人生我负责。珍惜青春好时光,莫将年华付虚无。

29.学会竞争和合作

竞争与合作,如硬币的正反面,二者互为支撑,无法独立存在。

只有竞争的学习生活,无法想象。学习资源匮乏的年代里,有人为了在学习上抢占先机,有了资料便收起来独享,唯恐他人分享了自己的这份“财富”。这种将一本资料视作最高机密的行为,显然是误将合作对象视作了竞争对手,以狭隘的相互防范,替代了同学间的相互帮助。

现在,各种教辅资料琳琅满目。用收藏资料的方式来防范同学的行为,已很少见。但彼此间相互欺瞒,唯恐他人摸清了自己底牌的畸形心理,依旧大行其道。这其中,隐瞒学习时间最为常见。三五个人一起闲聊时,总会有一些人竭力将自己塑造成饱食终日无所用心的形象,似乎这样一来,别人就会跟自己学,也早睡晚起,成绩便会下降。如此,自己就能在竞争中力拔头筹了。

另外,发现了好的方法,有了好的灵感,愿意跟他人分享的人总是很少。铆足劲儿在分数和名次上跟他人较劲的人却很多。相当多的人,将竞争看成了实现理想的不二法门,认为只要自己足够努力,就能够在学习竞赛中立于不败之地。

有这样一个故事:一个农夫种植的玉米每年都在全州博览会上赢得蓝带奖。有一年,一个记者采访他,得知了他如何种植玉米的趣闻。记者得知,这个农夫将他的种子与他的邻居分享。“你怎么可以将你最好的玉米种子与你的邻居们分享呢?这些可是每年都为你赢得大奖的种子啊!”记者问道。“嗨,先生,”农夫说,“你可知道?风将成熟玉米的花粉吹来吹去。如果我的邻居种植差的玉米,交叉异花授粉就会逐渐降低我的玉米的品质。如果我想种植好的玉米,我就必须帮助我的邻居也种植好的玉米。”

这位农夫,显然是个智者。农夫的智慧集中体现在他对玉米成长环境的重要价值的科学认知上。以此故事来观察中学生的学习,同样可以发现,要想真正拥有好的学业成绩,也需要如农夫一样,尽力帮助班级内的其他同学一起发展。只有大家都发展了,才能培养起良好的班风,才能让每个人都成为学习的推进剂、润滑剂。

以常见的小组合作探究为例。四人或六人学习小组内,如果大家有了好的想法,都藏起来,留作自己独享,那么,就算这样的方法真是好方法,也难以得到进一步的完善。而如果大家都将各自的绝招亮出来,就能够在比较中相互借鉴,共同提高。如此,自身无法完成的学习任务,就能借助他人的力量而完成。

上述农夫种玉米的故事中,有一个问题常常被读者忽视:为什么大家都用了相同的良种,别人的玉米还是不如这位农夫的好呢?

这就又回到竞争这个话题中。农夫将良种无偿地送给邻居,并非为了学雷锋做好事,而是为了自己种出更好的玉米。为了实现这样的目标,他自然会在选种、耕耘、管理等各个方面投入巨大的精力。他要在种子相同的情况下,通过其他方面的努力,让自己的玉米长期保持优胜记录。他这样想,这样做,也就这样获得了一次次的成功。

将该农夫的智慧移植到学习生活中,可以得出这样一些结论:

(1)学习离不开竞争,但有价值的竞争,必然建立在良好的集体环境之上。要想形成学习中的良性竞争,就先要学会合作,用合作来减少内耗,创设良性氛围。

(2)营造出良好的合作环境后,竞争依旧存在。只是,这时的竞争,是同伴互助中的共同发展,虽然每个人都要竭尽全力争取第一,但不能相互使绊子,不能损伤他人的利益。

(3)合作是为了在竞争中更好地发挥自身的优势,合作中的行为,依旧需要遵循利己的原则。完全不计个人得失的奉献,虽然有利于培养高尚的品德,却不利于真正的竞争。而真正的发展,离不开良性的竞争。

30.减轻学习焦虑

心理学的研究成果表明,学习焦虑的产生,主要有三方面的原因:内在的生理、心理因素,已有的经验,外部环境的影响。三者中,来自外部环境的影响,以家庭、学校两方面的不当要求为最。家长对学生要求过高、过严或不适当的奖惩,学校教育缺乏全面发展的宽松和谐的气氛、片面追求升学率,都会增强中学生的学习焦虑。由于内在多种需求的无法满足而形成的学习焦虑,则多体现为目标无法实现、自信心匮乏、人际关系僵化、竞争压力过大,以及亚健康等状况。

由生理因素的影响而形成的学习焦虑,其治疗之法,重在自我松弛,自我刺激，自我催眠，自我反省等。当焦虑现象出现时，首先要反思一下自身的生活状况，是不是过于疲劳，是不是经常开夜车，是不是长时间坐着看书，是不是有失眠、多梦等休息不好的现象，是不是有低热、感冒的症状。这就是所谓的亚健康状态，虽然由过度焦虑引起，但也是过度焦虑的形成要素。如果是这样，就要调整作息时间，改变疲劳战的学习方式，每天至少花一个小时来进行慢跑、健身、打球等体育锻炼。

由心理因素的影响而形成的学习焦虑，则需找准原因，对症治疗。首先，要重新审视自己的学习目标，弄清楚目标是否切实可行，是否超越了自身的能力范围。如果是因为目标过大，无法实现而带来的挫败，只需适当调整目标，让目标不再遥不可及，就能用成功的快乐，化解失败的焦虑。其次，要正确认识自身，要明白自己学习到了什么样的程度，差距在哪里，怎样寻求新的突破。要将思路弄清晰，明确自己能做什么，该做什么，这样，就能够有效地降低学习焦虑。再次，要努力培养自信心。一个人对自己的信心不足，看到自己和别人的差距，或者害怕被别人赶上，这样也会害怕未来的考试，从而积累焦虑不安的情绪，引起学习动力不足。如果是这样，就要学会目标分解，一步一步地前进达到最终目标。如果精力充沛的话，系统学习法可以作为一种速成方法迅速提升学习成绩。从每天的学习中感到有收获，就不会有太多焦虑。

已有经验带来的学习焦虑，主要体现为老经验无法适应新问题所带来的困惑与无助。比如，由初中进入高中后，很多学生无法适应几乎全新的教学方法，依旧停留在被动接受的学习状态中。如此，几次考试下来，眼看着成绩一天天下滑，心中的焦虑便油然而生。这时，需要做的就是及时调整学习方法，认真安排好每一天的学习计划，做好课前预习和课后复习工作。这样，经过一个阶段的适应之后，新的经验便能够养成，学习中的焦虑也就慢慢消逝。

由家长和学校的影响而形成的学习焦虑，需要家长、学校、学生三方合作治疗。家长要注意避免将自己的意志强加在孩子身上，要让孩子为了成长需要而学习，而不是为了攀比、为了虚荣、为了父母的颜面而学习。学校要注意综合素质的全面提升，不要只为了上级的升学指标、为了政绩而强迫学生投身于书山题海之中。学生也要端正学习心态，力戒为家长读书、为老师读书的不良心理，让学习成为自己的事情，成为自身为未来而作的能力储蓄。三方面都能依照规律办事了，学习焦虑自然也就消弭了。

这样想时，其实过于理想化了。很多时候，家长和学校的负面影响并不会因为学生的心理焦虑而消逝，更有甚者，还会有家长和老师从更荒诞的理由出发，认为学生之所以还会有焦虑，是因为他们的学习还不够用功，闲暇时间还太多。有此想法后，他们便会找出更多的理由，让学生全身心融入书山题海中。这样一来，反而进一步加重了学习焦虑。

那么，面对家长和学校的非理性做法，中学生应该如何自我调节，使自身的心理能够处于相对平和的状态中呢？最好的办法，就是前面介绍的“我的学习我做主”。只要能够依照自身的学习目标，一步一个脚印地扎实行走下去，就一定会成功。

需要警惕的是，家长和学校的影响，并非只是消极的、非理性的。更多时候，会是积极的、更具合理性的。中学生不能因为自己的观点和家长以及学校的观点不一致，便错误以为对方是在限制自己的自由。如果是因为自身的不合理要求未能得到满足，便牵连出了学习焦虑，那么，就该从自身反省的角度进行治疗，而不是从家长和学校的角度治疗了。

学习能力篇

第六章　培养观察能力

心理学认为，观察是一种有目的、有计划、有思维活动的知觉行为。此种行为的目的，在于认知被观察对象的基本属性，了解其为己所用的各种可能性。计划则体现为观察行为从开始发生至结束的全过程，都应该有精当的预设，了解各个阶段的观察任务、观察方式、观察方法，做好各阶段的观察记录，形成有价值的观察思考或观察总结。思维活动更是要求观察的全过程中，观察者的大脑必须处于积极思维的状态，能够对观察到的各种现象、数据等进行及时的分析判断，并依据这样的分析判断适时完善自身的观察行为，使观察活动具有更为鲜明的针对性，获取更大的收益。

观察是认知客观世界和主观情感的基础。中学生成长过程中能够获取的一切信息，都离不开自己的观察。但观察并非只是睁开眼睛去看这么简单，内行看门道，外行看热闹，要想在学习中观察出门道，除了需要扎实的知识积累，还需要不断培养自身的观察能力。

31.横看成岭侧成峰

“横看成岭侧成峰，远近高低各不同。不识庐山真面目，只缘身在此山中。”这首《题西林壁》，是北宋大文豪苏轼游历庐山时的人生感悟。苏轼面对秀甲天下的匡庐美景时，为何不像李白等前代诗人那样竭力讴歌自然风物，却借景抒情、以景喻理，阐释一种共性化的人生经验？除了为了践行自己的诗歌创作主张，更大的可能在于抒发内心深处的人生困顿。苏轼看不透自己的政治前途，看不透国家的发展方向，想不明白自身的政治见解为何总是与他人存有一定的距离……

本节文字当然无意于探究苏轼的诗歌创作动机，但苏轼在诗歌中表现出的认知的多元性以及局限性，对于观察能力的培养却有一定的启迪价值。苏轼告诉我们，面对同一观察对象时，观察的角度、方式、方法不同，形成的结论也就不同，要想真正客观、公正、全面地认知事物，还需要尽可能地置身事外，从旁观者的角度观察思考。

中学生的日常学习生活中，应该如何培养自己的观察能力呢？

苏轼已经教会了我们两种观察的方法：多角度观察，跳出去观察。二者中，前者强调观察的视角，要求观察者面对某一事物时，能够将横看、竖看、远近高低变化着看结合起来观察，尽可能全面地观察到事物的方方面面；后者突出旁观者的角度和心态，要求观察者不要被眼前的部分现象遮蔽了智慧之眼，不要被自己的先在情感过滤了观察到的色彩，要尽可能地将自身当做局外人。

举例来看：当我们面对一篇文学作品时，如何阅读才算是大体读懂了作品的意义呢？快速阅读，了解故事梗概，当然是一个观察角度，这个角度指向作品的情节结构。除此之外，还可以从作品中人物形象的塑造及其意义的分析角度阅读，从作品中细节描绘的角度阅读，从作品语言运用的角度阅读，从作者创作动机分析的角度阅读，从作品的时代背景和现实价值的角度阅读……阅读时选择的阅读视角不同，对阅读内容的处理也就不同，获取的结论自然也不同。这些结论中，哪一些结论是正确的，哪一些又是错误的？只有从形成这些结论的那一视角出发，分析挖掘其中的各种逻辑关系，才能形成判断。如果用其他视角来分析该视角下形成的结论，自然也就无法获取正确的答案。

此外，一个被作品中的人物情感左右了自身情感的读者，也无法对作品形成客观公正的评价。真正的研究者，不会沉溺到作品的故事情节中而难以自拔。“身在此山中”势必会影响判断的准确性，科学的观察，要置身事外。

当下，文科类知识的学习中，中学生最畏惧的一种题目是阅读分析。以语文为例，高考中，一个20分的阅读材料，4道思考题，学生的均分很难达到双位数。为什么这样的题目，得分率如此低呢？原因并不复杂，大量的考生完成试题时，既未读懂选文，也没读懂题目，很多人只是从自以为正确的一个角度观察思考,忽略了阅读中的“横看,竖看,远近高低变化着看”,亦未能置身“此山”之外去观察发现,当然也就难以获得客观、全面的观察结论。

在东坡先生教给我们的观察方法之外,中学生还需要从这样几个方面培养观察能力:

(1)关注细节。无论多么宏大的故事,都由无数个细节构成;无论多么壮观的景象,也由无数个细微的景致组成。观察一个人、一个物、一件事、一份景,都需要留心其中的细节。漏过去的那个细节,或许恰恰是最有价值的元素。

(2)理顺关系。事物极少独立存在,总和其他事物有着千丝万缕的联系。观察事物时,要能够从联系的角度,理顺此事物和彼事物间的关联。比如,学习一个数学定理,不能只将眼睛盯着这个定理本身,还要看一看与之相联系的其他定理,看一看这个定理在实际的学习中的具体应用情况,只有这样观察,知识才能活起来。

(3)强化目标。目标是行动的指南,要保证行动方向正确、方法适宜,先要明晰行动目标。培养观察能力,是一种有意识的行为训练,在此过程中,目标既能够为训练提供视角,又能够检测训练是否有效。中学生在培养观察能力时,不妨针对中高考常见的分析探究型题目而展开,有意识地培养信息筛选能力、细节研讨能力。如此,学以致用,反馈及时,容易将能力培养落到实处。

32.以思考为基础

要让观察成为一种能力,思考不可或缺。

观察事物时,需要从哪些方面进行思考呢?宏观上而言,三大方面:“是什么”、“为什么”、“怎么样”。

任何一种形式的观察,能够获取的最直接成果,都是“是什么”。然而,观察者收获的“是什么”,跟被观察对象本身的真实属性之间,并不完全为等号关系,有些时候,两者间的差距还会相当大。因而,当我们致力于从自己的观察中了解事物“是什么”时,首先就应该有这样一种意识:我所观察到的信息，已经是全部的信息，还是部分信息？倘若只是部分信息，那么，“是什么”可能就是虚假答案。这一点，盲人摸象的寓言，最有说服力。

“为什么”是观察的价值所在。中学生的学习生活中，认知事物，积累知识，形成能力，陶冶情操，是一切观察活动的最终价值诉求。为了实现这样的目标，课内外的学习中，面对任何一门功课中的任何一个知识点，都需要在学习中多追问几个“为什么”，只有如此，才能将感性的现象转化为理性的思考，进而形成实际动手的能力。

“怎么样”属于观察能力培养中的“知其所以然”。中学生学习生活中的有意观察，从不以猎奇为目的。一切观察活动，都为了实际生活中的运用。培养观察能力时，在思考其“为什么”的基础上，再追问一个“怎么样”，有利于将他人成果转化成自身的行动。

如果将这三方面的思考，比作观看魔术表演，便可以发现，对“是什么”的关注，属于大多数人的行为。大多数观众，只要观赏到魔术的精彩，就满足了自身的审美欲望，并不会去刻意探究魔术背后隐藏着的原理，更不会想着自己也去表演同样的魔术。

魔术爱好者则不然。魔术爱好者在观赏到有趣的魔术节目后，会努力探究其中的“为什么”，他们会进行各种各样的分析探究，会进行各种尝试，试图揭秘魔术背后隐藏的真相。

魔术界的同行，又会以另一种态度对待之。他们除了要探究“为什么”，还要想一想“怎么样”。怎么样将这一魔术的成果转化到自己的节目中，怎么样超越这个魔术，怎么样以这个魔术中的某些原理为依托，设计出新的、更具观赏性的魔术。

如此区分后，便能发现，中学生的学习实践中需要培养的观察能力，就不能只满足于对“是什么”的简单了解，也不能只停留在对“为什么”的思考中，而是要深入到“怎么样”的探究过程内。只有如此，从老师处、教材中、社会上观察到的现象与事理，才能成为切实可行的学习技能，才能为提升自己的学习能力服务。

那么，如何才能实现在培养观察能力的同时，也培养中学生的思考能力呢？

(1)立足于“勤”。人的思考能力,存在着逐步提升的过程。这其中,勤是实现提升的基础。中学生只有养成勤思的习惯,才能在面对任何一种观察对象时,尝试着从多角度多层面进行思考探究。熟视无睹,永远无法培养出杰出的观察能力;见微知著,方为正道。

(2)突出于“巧”。任何思维,都有一定的路径。思维中的路径,只有和事理中隐藏着的逻辑相适应,才有效应。故而,观察事物时,要先整体把握事物的总体特征,然后从成因、功用、构造、性质等多角度出发,探究其中的各种细节性成分。要善于抓观察对象的要点信息,不被假象所迷惑。

(3)付之以“行”。思考是否有成效,往往需要用具体的行动来检测。中学生在观察事物的过程中,通过思考,获得了一定的理论认知,这就需要及时地将这样的认知放到学习实践中进行检验,以具体的行动验证其价值。而这“行”又会反过来促进“思”的更好发展。

(4)形成于“理”。在观察、思考的基础上,要善于总结出规律性的内容。这样的总结,属于由感性上升到理性、由具体上升为抽象的思维发展过程的必然结果。如果只在面对具体的观察对象时开动脑筋积极思考,事后便将思考成果弃之于脑后,那么,这样的思考,即使再有价值,也难以转化成持久性的学习能力。反之,认真归纳总结后,用以指导未来的学习,并在不断的实践中丰富完善之,良好的学习能力才能真正形成。

33.类比与对比

类比与对比,是培养观察能力时常用的两种方法。

所谓类比,是指由若干个比较对象的某些相同或相似的性质,推断出它们在其他性质上也有可能相同或相似的一种推理形式。类比是一种主观的不充分的似真推理,要确认其猜想的正确性,还须经过严格的逻辑论证。

类比推理的基本原理,可以用下列模式来表示:

A对象具有属性a、b、c,另有属性d,

B对象具有属性a、b、c,

所以，B对象具有属性d。

所谓对比，则是不同类型的事物或同一事物的不同方面的相对比较。对比的目的，在于发现差异，提炼个性，帮助人们更好地把握事物的本质属性。

中学生观察事物、事理时，需要从运动的、发展的、有联系的若干现象、原理中捕捉适宜于成长需求的价值认知，就必然要用到类比和对比。换言之，能够在观察、思考时灵活运用类比与对比，对于从观察中更好地发现规律、积累知识、养成能力，有着无可替代的重要价值。

学习中，如何使用类比或对比呢？下面，以中学语文的学习为例，通过适当的例证予以阐释。

学习诗歌鉴赏中的表现手法时，仅描写这一手法，就归纳出多视角描写、多感官结合描写、动静结合描写、虚实结合描写、工笔细描、白描手法等类型。这样一些概念，连同概念背后的具体属性，都需要中学生牢记。

散文鉴赏以及小说鉴赏中的描写手法，应该如何学习呢？这就用到了类比。散文、小说、戏剧和诗歌，同为文学作品，虽然外在表现形式上存在一定的差异，但表现生活、抒发情感、阐述思想的写作目的基本相同，具体的表现手法也大同小异。如此，诗歌中能够使用的各种描写手法，在散文和小说中也多可以使用。

需要注意的是，类比既可用来寻找共性特征，也可以用来发现个性差异。例如，同样是分析人物形象，简析诗歌中的形象所采用的方法，跟简析小说中的形象相比，就有一定的差异性。诗歌因为篇幅短小，人物形象的塑造往往只是粗线条勾勒，缺乏多元性；小说则可以从语言、行动、心理等多方面揭示人物个性。而且，即使只凭借语言来描绘形象，不同的语言中，也能体现不同的形象特征。因此，以诗歌鉴赏中的人物形象赏析法，推知小说阅读中的人物形象赏析法，就容易出现失误。只有注意到了二者间的差异，才能形成正确的认知。

作文训练中，运用类比的情况也比较常见。

所有的课文，都是可供类比的范文。课文中的谋篇布局、构思立意、遣词造句，是中学生最值得模仿借鉴的样本。中学生写作文时，不妨先确定一篇课文作为仿写框架，然后，以此框架为依托，依照课文的选材组材特点，从自己的生活中选材组材。这样写出来的文章，至少文体上不会出现大的问题，结构也相对合理。比如，写作记叙文《我的老师》，就可以将魏巍的《我的老师》作为参照，运用类比手法，创作出属于自己的文章。

在学习过程中，运用对比手法培养观察能力时，更多是为了汲取经验教训，防止发生不该出现的各种失误。

从对象选择上看，对比对象可以是人、事、物、景、情、理中的任意一种。无论选择了何种对象作为对比物，目的都在于以该对象为镜，照见自身的短长。

从对比方法上看，对比的关键在于选准比较点。比较点出现了错位，对比出的结论也就没有意义。如何找准比较点呢？这正是运用对比培养观察能力的价值所在。理论上看，只要性质相同，便能够形成对比。实际上，人的主观意愿总会影响比较点的选择。如果只以自身的强项去作对比，便难免过高估计了自身；只以自身的短处作对比，又过于看低了自己。只有全方位进行对比，得出的结论才会相对公允。

34.记录与反思

会记录，是一种能力；会反思，是一种智慧。

在培养观察能力的过程中，什么样的内容应该记录，如何记录，并非全无讲究。按理说，观察了，思考了，便应该形成文字，作为资料保存下来。然而，中学生学习活动中的观察记录，主要服务于知识的积累。这样的目标，决定了中学生的观察记录，应该尽可能做到言简意赅、主线突出。很多时候，记录过多，反而会影响后期复习阶段的质量。

以课堂笔记为例。中学生的课堂笔记，普遍存在着详略不当、重难点不突出的问题。形成此种错误的根源，在于绝大多数中学生缺乏足够的课堂观察能力，把握不住教师授课内容的重难点。这样的错误，在高中的课堂上尤为突出。

中学生最喜欢记录的，是教师写在黑板上的文字。教师板书的内容，对于一节课的学习任务而言，当然很重要，但这样的板书，多只是指向过于具体的学习内容，着眼于“是什么”，很少升华为共性化的、可以类推至其他同类型知识的结论性认知。学习过程中，如果不注意教师教学中的思路呈现，却满足于将黑板上的例题、定理等转录到笔记本上，便是抓了芝麻，丢了西瓜。

有价值的观察记录，则应着眼于教师授课的思维过程，着眼于自身观察与思考中感受到的热点、重点、难点问题，尤其是能够让自身思维豁然开朗的内容。这样的内容，不同的学习者捕捉到的并不相同。只有将这样的观察感悟记录下来，记录才有价值，观察也才有价值。

日常学习中，最能体现记录能力的活动是试卷分析。熟悉中学课堂的老师们都知道，试卷分析时，学生们最喜欢做的事情，是将教师公布的正确答案转录到试卷上。当教师在讲台上一边分析试题的解题思路，一边口述正确答案时，绝大多数学生都会埋头于答案的记录中，并不关注教师对思路的点析。

那么，这些记录下来的答案，在未来的复习中是否能够发挥积极作用呢？答案是否定的。且不说当下的学习中考试过多，就算是同学们能够将这些试卷中的订正内容认真复习了，也依旧只是重温一下一道具体试题的解答，至于为何形成这样的答案，答案中存在着哪些思维路径等，依旧所知甚少。如此，便达不到以点带面的复习目的。

建立在科学观察基础上的课堂记录，应该重点关注哪些内容呢？第一重要的，便是思维过程。也就是说，聪明的观察者，在观察课堂时，要将关注的重点放在“所以然”的思考与探究之上，要能够从教师板演的具体例题中，及时捕捉到教师由此而形成的推论、结论，还要能够记录下由此而拓展的典型案例。这样的记录，便将教材、课堂、教师、学生统统结合了起来，将知识与能力结合了起来，而不是只重现静态的教学内容。

其次，要注意记录突发的灵感，记录因观察对象的刺激而临时生成的新认知、新想法。当然，这样的记录，需要课后的及时整理做后续。如果没有了后续的再加工，那么，若干时间后，便很难明白这些只言片语的确切意义。倘若有意识地强化这方面的记录和整理，对于课堂观察中的思维培养，知识信息的拓展延伸，都会形成巨大的促进作用。

再来看一看反思。

中学生应该如何借助反思培养自己的观察能力呢？做好三件事

即可：

（1）反思自身的观察目的。学习中的观察，是为了积累知识、形成能力、陶冶情感、生成智慧。围绕这一核心目标，每天的学习生活结束时，需要对当天的学习进行必要的盘点，分析一下每一节课收获了什么，是否有了新的思考、新的发现。如果不能归纳出新收获，则证明当天的学习活动出现了问题，第二天的学习中，就要有意识地纠正错误。

（2）反思自身的思维状态。今天的课堂上，我积极主动地思考问题了吗？有没有从老师的授课中获得了新的灵感？我能够将今天的学习内容转化为应对具体问题的实践能力吗？诸如此类的问题，需要用一点时间认真思考。如果未能做到，自然说明学习状态不够好，观察能力不够强。

（3）反思实际学习效果。观察、思考、记录、反思，最终目的都是为了更好地成长。判断中学生是否健康成长的最显见的标尺，是学习效果。中学生的学习效果，总体而言，体现在知、情、行、意四个方面。懂得了原先不懂的知识，养成了原先不具备的情感，培养出了原先不能拥有的行为能力，形成了原先不曾拥有的意志品质，这样的学习，便有了实效。反之，便是低效，甚至无效。

第七章　集中注意能力

注意是一个心理学概念，属于认知过程的一部分，是一种导致局部刺激的意识水平提高的知觉的选择性的集中。在与人类意识有关的许多认知过程（决策、记忆、情绪等）中，注意被认为是最具体的，由于它与知觉的关系非常密切。同样，它也是其他认知的入门。

习惯上，人们将注意区分为无意注意和有意注意两大类型。两者间的区别在于，无意注意是指没有自觉的目的，不需要任何努力的一种注意；有意注意则是人所特有的一种心理现象，它是有目的，具有一定意志努力的注意。我们在学习上即使遇到困难或不感兴趣的东西，也都坚持聚精会神地学习，这就是有意注意。而本章所探究的集中注意能力，也主要是指有意注意能力。

35.学会有意注意

中学生坐在同一个教室里，跟着同样的教师学习，总有一些人能够做到整节课始终全神贯注，思维跟着老师的教学节奏不停地运转；也总有一部分人，听一会儿课，两只眼睛便陷入呆滞状态，开始神游八极去了。

形成不同的听课质态的原因或许很复杂。从外部因素看，教师的教学设计、教态、教学语言、服饰打扮等，均会对学生注意力形成一定的影响。教室外的环境，教室内其他同学的听课状态等，也会对学生的注意力形成干扰。从内部因素看，影响有意注意的因素，则体现为学习者既有的知识储备、学习目标、身体状态、兴趣爱好等方面。

能否使教师的教学内容变为学生自己的知识和本领，很大的程度上，取决于有意注意的运用。学会有意注意，就是要学会控制自身的意志，使注意力始终集中在需要完成的学习任务上。眼下,部分学校对学生进行零抬头率的苛刻训练,要求学生在学习时,无论外界发生了什么样的干扰,都依旧将注意力全部集中在正在进行的学习任务中。这样的训练,就是要用坚忍的意志,战胜先天的好奇心。

拥有足够强的有意注意能力,是高质量完成学习任务的基础。而有意注意能力的形成,并不取决于学习任务本身,而是取决于学习者的价值诉求。通常情况下,学习欲望越强,有意注意能力也就越强。对知识、能力以及分数均无所求,自然也就不会集中精力捕捉教师教学中的重要信息。

既然有意注意对中学生的学习有着重要的影响,是否有方法快速提升有意注意能力呢?答案很肯定,当然有!

最根本的方法,是明确自身的学习目标。心理学研究成功表明,儿童对活动自身的意义理解得越深刻,他完成任务的愿望就越强烈,在活动时注意力就越集中,注意力维持的时间也就越长。以此为观照,便可发现,快速提升有意注意能力的最好办法,就是明确活动的意义。

曾经有一个学生,家境不错,生活很悠闲,学习也很悠闲。然而,高三上学期时,他的母亲被查出患了癌症,而且已经是晚期。母亲在生命进入倒计时后,最大的心愿,就是儿子能考取理想的大学。母亲跟儿子说,她无论如何也要坚持到儿子考取大学,受再大的苦,也要活下来。

母亲的心愿,成了儿子学习的最大动力。突然间,这个学生就似乎变成了另一个人。课堂上,他再也不三心二意,唯恐落下了任何一个信息。结果,高考时,他不但考取了大学,而且还是一个重点本科。

这样的刺激,当然不是每一个学生都会遇到,也不是每一个学生都能承受。不过,有一种现象,相信所有学生都很熟悉:一次大考后,考试成绩不理想的人,在成绩公布的最初几天中,听课质量明显好于往昔。形成此现象的道理很简单:失败的羞辱,刺激了学习心态,使目标得到了强化,有意注意能力同样也得到了强化。

此外,有意识地进行目标明确的抗干扰训练,也有利于在短时间内提高有意注意能力。比如,在课间的喧闹中,强迫自己静下心来快速阅读相关文章;和同伴一起进行速读、速记比赛等。最近有心理学家研究,倒着数数也可以培养有意注意能力。例如:从100、99、98……依次数到1,也可以从100、98、96……依次数到2。若是能做到又快又准,反复练习,有意注意能力则会有一定的提高。

这些方法,都是建立在中学生自我训练的前提之下。从家长和教师的角度而言,培养中学生的有意注意的方法更为多元化。下面这些办法,都是他人在实践中总结出的有效经验:

(1)精心创设良好的学习情境,减少干扰源,以良好的氛围影响学生的有意注意。

(2)精心准备学习内容,让学习内容趣味化、活动化,通过形式的不断变化,吸引学生的有意注意。

(3)准确定向,让学习者对学习目标有清醒的认识,能够掌握课堂学习的重难点,知道该在什么样的地方特别关注。

(4)形成有效的纪律约束,以必要的奖惩,规范听课时的注意力。

诸如此类的方法还有很多,有兴趣者不妨借助网络搜索功能进行归纳汇总,相信一定能找到最适宜的方法,帮助中学生提升有意注意能力。

36.营造良好家庭学习环境

家庭是学生的第二课堂,家庭学习环境的好与坏直接影响着中学生的有意注意能力的养成。

相信很多学生都有这样的亲身体会:假期里在家自学时,效率总是比不上学校学习。在学校学习时,两节课便能够完成的一份试卷,在家中,有时半天时间也无法完成。什么原因呢?注意力不集中。在家学习时,总是一会儿吃点零食,喝点水,听点音乐,上趟厕所,抽空还翻翻课外读物,甚至打打电话,发发信息,上会儿网。注意力总是被分散到很多事件之上,难以集中到学习任务这一个核心点。

即使任何闲事都不做,效率也依旧比不上学校学习。因为,在家里没有上课下课的铃声,不存在到点必须交卷的硬性要求,时间完全由自己支配。这就使按时按量完成作业的目标意识被削弱了。而上文介绍过,有意注意的最大特点，正是明确的目的性。目的削弱，有意注意能力自然削弱。

这样的学习状况，自然需要有良好的家庭学习环境进行约束和规范。在营造良好家庭学习环境的过程中，家长和中学生双方，都需要警惕自身的言行，以双方共同的行动承担起共有的责任。

从家长一方而言，不但要能够尽其所能地创设优雅舒适的物质环境，而且要善于利用自身的学识、经验、情感等精神元素，为学生营造既宽松和谐又张弛有度的文化和情感氛围。比如，帮助孩子制订切实可行的学习计划，通过讨论形成合理的奖惩措施等。家长不能只将关注点放在考试成绩和排名上，更应该想方设法帮助孩子养成良好的学习习惯。这其中，培养有意注意能力同样十分重要。

十多年前，一位同事家的孩子被很多同事看作中学生的楷模。据说，这孩子的父母经常召集一些人在家中喝酒打牌。而这孩子不管家里多么喧闹，都能关起房门，将自己全身心投入学习中。这孩子如此强大的有意注意能力，一定是在无数次的无可奈何中磨炼而出的。这样的家庭学习环境，对于更多的中学生来说，注定是一种灾难。即使是对这个学生，也不会形成正面的激励。以他的这份学习定力，如果能够置身于更好的环境氛围中，一定能取得更好的成绩。

从中学生自身而言，营造良好家庭学习环境的关键，是目标和计划。

跟学校学习目标相比，家庭学习目标因为缺乏了多种因素的约束，往往得不到必要的监督，随意性总是较大。因而，制订家庭学习目标时，不宜粗线条勾勒一个大框架，应该处处细化，定时定量完成。比如，在预留了休息娱乐时间之后，将单位时间内的学习量，控制在跟学校学习相同的水准上。不能因为在家学习，便降低了要求。

当然，再好的目标，也要看执行的实际情况，才能判断其效果。有了细化的目标后，还需要形成详尽的学习计划。这个计划，除了应该在时间上进行合理安排之外，也要考虑到学科均衡，考虑自身的全面发展需要，考虑到必要的监督和奖惩。对于自控力较强、善于自我反思的中学生，可以将监督和奖惩的权利交给自己，在一天的学习结束前，进行自我评价与奖惩。自控力较弱，需要借助外力的干预而被动达成目标的中学生，则应该将监督和奖惩权移交给家长，请家长每天晚上对自己的任务完成情况进行评价和奖惩。

除了以上提到的两点，还需要注意劳逸结合的问题。通常情况下，一个人的学习，因为缺乏了伙伴互助和竞争，往往容易滋生懈怠心理。学习时间稍长，倦怠感便开始增强。针对这一实际，营造良好家庭学习环境时，就需要适当压缩有意注意的时间，不让自己的注意力过长时间停留在一门学科的学习上。而当一个阶段的学习任务完成后，也要适量进行一些不会对下阶段学习形成干扰的娱乐性活动，让原有的兴奋点缓释下来，便于下一个兴奋点的形成。

值得一提的是，学习间隔中娱乐性活动，应以无意注意为主。如果在这方面形成了有意注意，则势必会影响到下一环节的学习过程中的有意注意。所以，听歌、看电视、玩游戏等，只要能够放松神经即可，不要花费时间去研究歌词、探究情节、计较胜负。

37.让干扰退场

有人说，如果人生能够倒过来活，从八十岁往一岁走，那么，每一个人都能成为伟人。

这一论断，显然建立在拥有丰富的人生经验这一前提条件之下。八十岁的人，经历过太多的人生风雨，对干扰生命健康成长的各种因素了然于胸，知道什么样的时间，该完成什么样的工作。什么样的阶段，该拒绝什么样的诱惑。

遗憾的是，人生从来不会依照假设而运行。每一个人，都只能由无知起步，用知识和能力不断武装自己的大脑，朝杰出这一目标艰难行进。在此过程中，几乎每行走一步，都必然会遇到很多的诱惑。许许多多的人，之所以最终沦为平庸，只因为他们被诱惑吸引，偏离了正确的道路。只有极少数专注于目标、具有强烈的抗干扰能力的人，能够实现理想。

处于成长初期阶段的中学生，理性思维能力尚未完全形成。面对纷繁复杂的社会现象时，往往很难区分良莠。尤其是在关乎自身业余爱好的事情上，更难以把握好尺度。于是，难免会有很多的诱惑，对学习中的有意注意形成强烈干扰，驱使着中学生将注意力分散到文化知识的学习活动之外。

日常学习中，会有哪些因素容易成为有意注意的干扰源？

宏观上看，中学生学习中的干扰，可以区分为内部干扰和外部干扰两大类。内部干扰是指来自中学生自身的各种非理性需求以及这些需求未能满足而形成的心理焦虑，如过度娱乐的需求，过分猎奇的需求，过高或过低的目标需求等。内部干扰的形成，跟攀比心理、享乐心理紧密相关。

外部干扰则是指向所有能够对有意注意形成非良性刺激的行为、现象、环境，如生活环境、学习环境等。外部干扰的形成，跟中学生自身一般没有太大的关系。只在班集体学习氛围、人际关系、竞争意识等有限的几个方面，涉及中学生自身的行为结果。

面对外部环境的干扰时，多数中学生能够采用一种积极主动的态度，协同家长、老师一起开展抗干扰的工作。比如，有些中学生觉得父母没完没了的唠叨干扰了自己的心情，便会在特定的场合下，跟父母进行有效的沟通，提出自己的希望，同时展示自己的目标和计划，让父母对自己的学习不再过分操心。又有些中学生觉得座位前后的小环境不利于培养自己的有意注意能力，便恳请老师帮忙调整位置。还有些中学生对学校的某些管理制度不认同，便利用合理的渠道，将自己的意见反馈给校长或者其他管理者。凡此种种，都有利于减少干扰，形成学习过程中的有意注意。

面对内部干扰时，中学生们的表现便千差万别了。首先，为数众多的中学生不能够正确区分哪些因素是正常的成长需求，哪些因素是非理性的奢求，故而也就很难以积极的心态排除干扰。比如，爱美是人的天性，追求容颜干净、衣着整洁，属于正常的成长需求；追求奇装异服、名牌产品、怪异发型，便属于非理性的奢求。但很多中学生偏偏喜好比时尚、比名牌，认为这样才能体现个性，才能彰显自身的价值，当他们这样想时，自然也不会将这奢求当成应该排斥的干扰，而是视为正常的需求。

其次，由于中学生各自的目标定位存在差异，其对于干扰因素的确立也就有了很大的差异。立志于学习艺术的学生，会分出很大一部分精力放在相关艺术的学习鉴赏上；立志于科学的学生，倘若也这样去做，便必然对科学知识的学习形成干扰。当然，确实学有余力的学生，在完成了相应的学习任务后，尽可能多地涉略百科知识，并不会构成有意注意中的干扰。

再者，由于学习压力过大而形成的焦虑、失落、自卑，或者由于成功而形成的自负、自傲，也都会成为有意注意能力培养中的干扰因素。关于如何战胜心理焦虑，前文已有探究，此处不再赘述。克服自负、自傲等心理的方法，与之并无太大差异，亦不再分析。

理清了形成干扰的因素，再看让干扰退场的方法，便简单多了。排除干扰，培养有意注意能力，不妨从下述四方面着手：

(1)面对来自外部环境的干扰，需要以积极的心态和切实的行动来促进环境朝自己希望的方向转变。须知抱怨和指责解决不了任何问题，能做的就是沟通交流。

(2)正确审视自身的学习需求，给自身一个科学的目标定位。

(3)区分清楚合理需求和非理性的干扰，用合理的需求驱逐不合理的奢望。

(4)给自己寻找一个或若干个监督者，借助他人的力量，驱除各种干扰，使注意力集中到人生目标上。

38.自我减压

据说，高水平运动员之间的较量，心理因素居于绝对主导地位。心理目标期待值过高，内心压力过大，便会导致肌肉僵硬、动作变形，进而影响成绩的发挥。因而，每一个运动队中都会配置一位或数位心理医生，通过多种方式为运动员减压。

从培养有意注意能力这一目标看，有压力本应该是一件好事。有压力了，注意力才能集中到目标上，才不会被其他事件分散了注意力。然而，物极必反，当压力累积到一定程度后，由压力而形成的有意注意，便由目标内容而转移到了目标结果上，反而又偏离了正确的轨道。

中学生在学习过程中，也始终面临着来自方方面面的巨大压力。这些压力，同样会扭曲了学习“动作”，影响到学习效率。例如，对考试成绩的过分关注，对排名的过分关注，对教师和父母的情感态度的过分关注等,都极易将中学生在学习过程中培养起的对学习内容的有意注意,转移到对学习结果的有意注意之上。

压力大了,自然需要缓释。变压力为动力,虽是最理想的减压方式,但很难实现。正常情况下,中学生虽然不一定能够做到将压力转化为动力,却可以通过一些切实可行的方法,完成自我减压的任务,促使有意注意能力的提升。具体而言,需注意下述四点:

(1)要对已经承受的各种压力进行合理的归类。要能够从自身的成长需要出发,从中学生应该承担的责任和义务出发,将压力区分成动力性压力、阻力性压力和干扰性压力三种类型。再针对不同类型的压力,采用不同的方式和态度进行处理。动力性的压力,需要积极调整自身状态,适应这份压力,并将其视作一种鞭策;阻力性压力,要调动一切可以调动的力量,如家长、学校、同学等,积极化解这份压力;干扰性压力,则需找准干扰源,再针对不同类型的干扰,采用不同的方式予以消解。

(2)要端正态度,以积极乐观的态度看待压力。有些人,遭遇到一点挫折和压力,便将自己看成全世界最倒霉的人。似乎其他的人都永远一帆风顺,都不会负重前进,只有自己总是不顺畅。这样的心态属于自寻烦恼。须知,尽管每个人的家庭环境不同,奋斗目标不同,但只要置身于相同的学习环境中,升学的压力就必然存在着。每年固定的招生量,给所有考生施加的外部压力其实相同。之所以有人感到压力太大,有人却看似轻松,是因为各自应对压力的心态和方法存在差异而已。

(3)要学会舍弃,学会全面地、客观地审视自身。唐代大文学家柳宗元在《蝜蝂传》中,为我们塑造了一种名为蝜蝂的小虫子。这种虫子,爬行时遇到东西,就抓取过来放在自己的背上。它的背很粗糙,因而东西堆上去也不会散落。结果,它身上的东西总是越背越重,最终被压倒爬不起来。人们有时可怜它,替它除去背上的东西。可是蝜蝂如果还能爬行,就又把东西像原先一样抓取过来背上。这种小虫又喜欢往高处爬,用尽了它的力气也不肯停下来,最后常常跌落摔死在地上。

中学生在成长过程中,也会遇到各种各样的压力。面对这些压力时,如果不懂得主动舍弃一些不合理的目标,因这些目标而带来的各种压力就会越积越多。中学生也像这蝜蝂一样,总是要不断地往高处攀登。当压力超过一定限度后，自然也会将自己压倒爬不起来。

佛家有个很有趣的故事，虽然并非针对自我减压而言，却也可以从故事中获得自我减压的良好方法：有一天，老和尚带小和尚化缘回来，经过一条小河，河水上涨且无桥。一个女子想过去又怕水深，老和尚就背女子过了河。回到寺里，小和尚问，师父你不是说男女授受不亲吗，那你怎么还去背人？老和尚说我背女子在过完河后就把她放下了，你怎么现在还没有放下呢？

老和尚背女子过河时，内心中应该没有患得患失的道德压力。因为没压力，便能够坦然去做，做完了，也就放下了。小和尚却被宗教戒规所束缚，形成了内心的道德压力，故而也就很难将这件事放下。

(4)要学会借力打力，借家长、老师、同学的肩膀，分担自身的压力。人总是生活在集体中，遭遇到某些心理压力时，完全没必要独自承担，而是应该从他人处寻找化解压力的方法与力量。例如，来自学习的压力过大时，需要借老师的智慧来提升自己的学习能力，能力提升了，压力也就减轻了。俗话说，一份幸福，两个人分享，就成了两份幸福；一份痛苦，两个人分担，各自就只承担了一半的痛苦。面对压力时，也是这样，多一个分担者，压力便减轻了一份。

有了上述四种方法，来自学习或生活的各种压力，便能够得到一定量的缓释。这时，中学生便能将更多的精力集中到文化科学知识的学习中，注意力自然也就得到了提升。

39.带着问题听课

前几节侧重于从学理上探究集中注意能力的方法。本节则重点探究具体的课堂学习活动中有意注意能力的养成问题。对大多数中学生来说，抓好每一个45分钟，意义更大。

什么样的课堂，注意力容易分散呢？课堂的具体呈现或许多种多样，归结起来却只能是两点：要么是思维挑战力度欠缺；要么是难度过大，超过了思维的承受力。课堂上，老师说的所有问题，学生或是都已懂得，或是全然不解，自然会将注意力转移到更具吸引力的那些事情上。

然而,有经验的教师,自然不会犯如此低级的错误。教师的备课,很多时候,正是为了从教材中提炼出有梯度的各种问题,并将其串联成问题串,交给学生在课堂上探究。常规状态下,只要能够积极开动脑筋,跟上这些问题,便不会出现分神现象。

但是,无论多优秀的教师,其课堂上依旧会出现注意力不够集中的学生。只是,此时的注意力分散,问题并非出自教师,而是学生对相关知识的预习不够,学习的主动性不够。

这便需要先强调一下课前预习问题。很多中学生预习教材时,缺乏足够的问题意识,对"是什么"比较关注,对"为什么"和"怎么样"缺乏梯度性的思考。这样的预习,效果便打了折扣。从教材中读明白"是什么",仅仅是最初级的自学;读出自己的困惑与思考,读出一种顿悟的感受,才算是步入了自主学习的大门。如果能够由预习中发现的某一个问题,将已经学习过的若干知识串联起来,提炼出了共性化的思考,同时发现了新的问题,方为登堂入室,掌握了要领。

了解了预习中存在的差异,也就可以发现,浅层次的预习,因为对教材内容缺乏深度探究,内心中的学习期待便不够强烈,课堂上也就容易走神。深层次的预习,大脑中储存的困惑点比较多,这些困惑点又散落在教材内容的各个部分,听课时渴望解决这些困惑,也就能够聚精会神。

由此可见,课堂学习中的有意注意,必然建立在对学习内容的持久且深入的思考之上。要想长时间保持听课中的注意力集中,大脑中就必须装着一连串的疑问。

但也不是说所有的疑问,都能够形成课堂上的有意注意。在前面的章节中,强调过学习目标对于培养有意注意能力的重要作用。学习中的疑问,要能够形成积极的有意注意,就需要紧扣学习目标而展开。脱离目标的疑问,通常不会构成教师教学的内容。学生将注意力锁定在教师并不讲析的内容上,反而会冲淡对真正的学习重难点的有意注意。

如何才能形成有利于有意注意能力培养的问题串呢?

(1)需要对每一节课的学习目标予以必要的关注。数理化等学科,学习目标通常比较明显。语文的学习目标,就隐蔽多了。绝大多数学生在预习语文课文时,只是将课文读两遍,将生字词解决掉,然后浏览一下相关资料，便算是完成了任务。这样的预习，就是前面提到的浅层次预习。

明确了学习目标后，预习便有了新的要求。比如，某个单元的学习重点是肖像描写，预习课文时，就要先将作品中的所有肖像描写的语句勾画出来，然后对其进行分类整合，再探究具体的写作手法，探究肖像与人物性格的关联，探究肖像和作品主题的关系。对于课文中跟肖像无关的那些内容，大可弃之一边，不作关注。如此一来，预习中形成的所有问题，便都围绕着课堂学习的重点内容而展开，听课时，自然也会对这些内容格外关注。

(2)要勤于追问。自主学习时，需要有抽丝剥茧的精神。看到了问题的一个侧面，就要想着另几个侧面中可能存在的问题；发现了一个问题，也要想着是否还有其他的问题隐藏在文字的缝隙中。多几个“为什么”和“怎么样”，眼界便开阔了许多。眼界越开阔，接触到的外界事物也就越丰富，能够形成的疑问也就越多。当我们能够由一个问题而牵连出若干个问题时，知识便活了起来。

(3)要大胆质疑，小心求证。越是高年级的学生，越应该具备质疑精神。要知道，社会科学类的知识从来没有绝对标准的答案。教科书和教辅资料中提供的，不过是一家之言。当我们发现了某些可能存在的错误时，要能够大胆质疑。千万不要迷信教科书，将教科书中的内容看作绝对真理。当然，质疑要有理有据，不能盲目，更不能胡乱猜疑。

(4)要勇于表达。中学生普遍爱面子，不像小学生那样喜欢发言。但求知不是爱面子的事儿。对于自身学习中的困顿，要勇于表达出来，请老师帮助解决。如果课堂上老师讲解的内容，正是自己提出的困惑，相信问题的提出者无论如何也不会走神，必然是睁大了双眼、全神贯注地听课。其他的同学，则不见得这样聚精会神了。

第八章　增强记忆能力

记得有一年的春节联欢晚会上，有一个记忆力展示栏目：一位表演者，无论观众报出一个什么样的字，都能够准确无误地说出这个字在《新华字典》上的页码，同时说出这个字的所有释义。另一位表演者，将一副扑克牌分成七行排列，每行八列，随意组合，只需一分钟时间，便能准确无误地记下任意一张牌的行数和列数。

这种近乎魔术的速记能力，让人目瞪口呆。据说，这种能力，得益于一种快速记忆法。快速记忆法，就是要用最短的时间，神速地发现需要记忆的事物间的某种特殊关系，以此为纽带，串联起这些事物。可以说，快速记忆的能力，其实就是快速发现规律的能力。

40.懂得记忆规律

公元1885年，德国心理学家艾宾浩斯发表了一份研究报告。报告中，艾宾浩斯提出了“遗忘规律（艾宾浩斯记忆曲线）”这一概念，并通过具体的图表，对人的遗忘规律进行了直观阐释：

由图1中的数据可知，人们在接受一种新知识时，如果刚刚记忆完毕时掌握的内容为100%，那么，20分钟后便只剩余58%，1小时后剩余44%，9小时后剩余36%，1天后剩余33%，2天后剩余28%，6天后25%，31天后剩余21%。

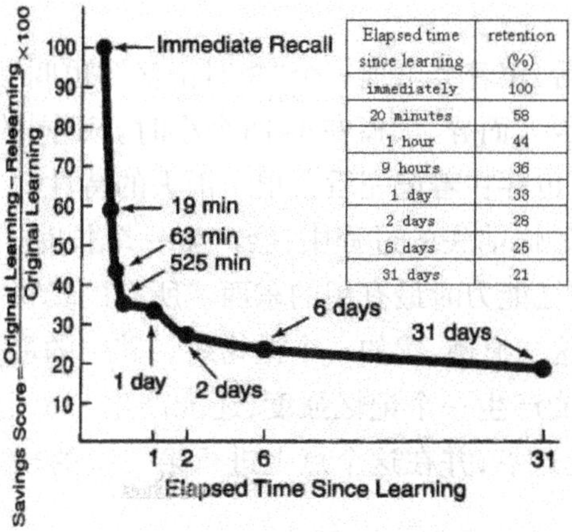

图1　艾宾浩斯记忆曲线

将艾宾浩斯的研究成果应用于中学生的记忆力培训，可以发现，增强记忆能力的最基本方法，其实就是及时有效的复习。经过了及时的复习，短时的记忆就会成为一种长时的记忆，从而在大脑中保存很长的时间。而一旦错过了强化记忆的黄金时间，则必然需要花费大量的时间来弥补这份损失。

艾宾浩斯记忆曲线提出后114年，1999年在美国世界记忆学大会上，有关科学家又公布了一个“关于艾宾浩斯记忆曲线的定量性研究”的研究成果。该成果认为，在人类大脑记忆过程中，在某一时间内，会形成三种记忆，即感觉记忆、短时记忆和长时记忆。如图2所示：

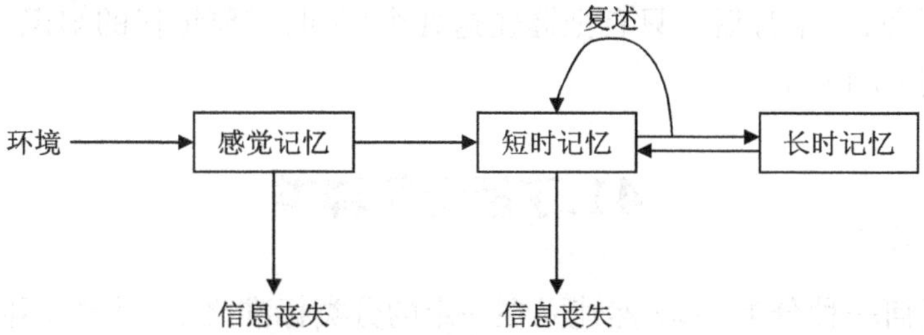

图2　三种记忆形式及关系

该成果以记忆单词为例，详细解读了减少遗忘、形成长时记忆的方法。成果强调：当记单词事件发生后，记忆者在最初的几秒钟之内会产生一个“感觉记忆”。但这个感觉记忆转瞬即逝，基本上只能维持三四秒的时间。

感觉记忆之后,跟着会出现一个"短时记忆",也叫"工作记忆"。这个记忆的延续时间因人而异,大概在4~16个小时。不同的人最大可以相差四倍。这种记忆,也存在着记完后会很快消失的特性。

在上述两个记忆消失的过程中,会产生一个长时记忆痕迹。这个记忆痕迹,是培养记忆能力时最有用的东西。所有的真正的记忆,都会用到长时记忆痕迹。这个痕迹,犹如一个抛物线。其中的最高点,也就是记忆最强点。这个点能产生一个记忆强度,还能产生一个记忆时间。记忆单词时,有谁能找到这点,并在这个点上进行第二次的拉高复习,便能获得最有效的记忆。

将上述两大成果引入日常的学习中,至少可以形成这样的结论:记忆是一门有着精深内涵的科学,其中,隐藏着许多值得我们认真思考探究的奥秘。只有懂得这些知识,依照客观规律进行强化记忆,才能让学习过的知识,尽可能多地储存到我们的大脑中。如果不尊重规律,只凭个人兴趣盲目蛮干,则多花了时间,收获还微乎其微。

具体到任何一门课程的新授知识的复习中,以遗忘规律为理论依托,中学生们需要针对遗忘的特性,确立好相关知识的复习周期:第一个记忆周期,接受新信息的5分钟后;第二个记忆周期,30分钟后;第三个记忆周期,12小时后;第四个记忆周期,1天后;第五个记忆周期,2天后;第六个记忆周期,4天后;第七个记忆周期,7天后;第八个记忆周期,15天后;第九个周期,一个月后。只有把握住这九个周期,需要记忆的知识,才会深深地刻入脑海中。

41.了解记忆种类

任何一种分类,都必然建立在一定的分类标准之上。标准不同,则区分出的类别也就不同。中学生要想通过一定的训练来增强自己的记忆能力,首先需要对记忆的类型有个粗线条的了解。为了更专业地介绍记忆的分类,特将普通高校教育学专业课程《基础心理学》中有关记忆分类的文字摘录如下,供中学生学习:

从记忆的内容上看，记忆通常分为四类：

(1)形象记忆。这是个体对感知过的事物，以表象的形式存储在头脑中的记忆。当我们感知过的事物离开我们之后，事物的具体形象会留在我们的头脑中，这种具有很明显的"直观性"的形象就是我们称之为表象的心理事实。表象一般以视觉和听觉为主，但在各种感知的基础上也都可以形成。例如，香蕉的表象就不仅有视觉来源的形状、颜色等，也包括味觉、嗅觉、触觉等表象来源。

(2)词语记忆。这是个体对主要以词语为表达方式的知识的记忆，例如概念、定理、公式等。可见，这种记忆在我们的学习过程中是最常见的一种记忆。由于词语本身的抽象性、概括性等特征，使得个体通过词语能够了解事物的意义，因此，也有人称词语记忆为语义记忆。在获得知识的过程中，词语记忆显然起着主导作用。它是我们获得系统的科学知识体系、主动并有意识地解决现实中问题的主要手段。

(3)情绪记忆。这是以个体对曾经体验过的情绪为内容的记忆。个体在过去特定情境下体验过的情绪，在一定条件下又会重新体验到，说明了情绪记忆的存在。典型的情绪记忆甚至把引起情绪的事物全部忘却，而只把某一情境和某种情绪联系起来。当这一情境或类似情境出现，就会引起"说不出原因"的情绪体验，如怕黑的紧张、恐惧情绪体验。强烈的、对个体有重大意义的情绪体验保持的时间会较长且容易被再体验。

(4)动作记忆。这是以个体过去经历过的身体运动状态或动作为内容的记忆。一个人从小学会游泳，长大后多年不游，也能较快地恢复，这是过去习得的运动技能得以保持的结果。动作一旦掌握并达到一定的熟练程度，会保持相当长的时间，这是动作记忆显著的特征之一。

在日常生活中，上述四种记忆是相互联系，交叉进行的。

根据记忆内容的性质,可将记忆分为陈述性记忆和程序性记忆。

(1)陈述性记忆。这是对陈述性知识的记忆,是对有关事实和事件的记忆。它可以通过语言的传授而一次性获得,它的提取往往需要意识的参与。我们学习的各种知识、日常掌握的各种常识多属这类记忆。

(2)程序性记忆。这是对程序性知识的记忆,是对如何做事情的记忆,主要包括认知技能与策略、运动技能等内容。这种记忆往往需要通过多次尝试才能逐渐获得,而且在提取、使用时常不需要意识的参与。例如,我们在学习游泳的过程中,可以通过翻看书籍、教练示范等掌握动作要求而获得陈述性记忆,而后经过不断练习,形成一定的运动技能,学会游泳。这时的记忆就是程序性记忆。

根据记忆过程中意识参与程度的不同,可以将记忆分为外显记忆和内隐记忆。

(1)外显记忆。指个体有意识地或主动地收集某些相关经验,用以完成当前面临的任务时所表现出来的记忆。这种记忆是个体有意识回忆的,因此又被称为意识控制的记忆。

(2)内隐记忆。指过去经验对个体当前所从事的任务产生的无意识影响。由于这种记忆对行为的影响是自动发生的,是个体无法意识到的,因此又被称为自动的无意识记忆。

研究表明,内隐记忆和外显记忆在认知加工方面具有很大的差异。首先,内隐记忆受学习者认知加工深度的影响远小于外显记忆;其次,内隐记忆和外显记忆的保持时间不同,内隐记忆保持更持久;最后,干扰因素更容易对外显记忆产生影响。

根据记忆存储时间的长短,可把记忆分为感觉记忆、短时记忆和长时记忆。

(1)感觉记忆。该记忆形成于接触事物的最初几秒钟,转瞬即逝,难以保持。

(2)短时记忆。该记忆如我们从电话簿上查到一个号码,拨打过后，随即忘了。听课时边听边做笔记，也是依靠短时记忆。

(3)长时记忆。该记忆指经过很长时间仍能记住，或能保持终生不忘的记忆形式。人的长时记忆大多要经过对短时记忆的不断加工而获取。

42.多通道并用

完整的记忆过程，包括识记、保持和重现三个阶段。这其中，识记是信息的输入，是主体和客体相互作用而在主体内留下痕迹、印象并以备使用的过程。保持是对识记过的事物在头脑中储存和巩固的过程。识记过的材料或信息并非都能够得到提取而加以重现。重现是记忆过程的最后一个环节，也是最能体现记忆价值的环节。它是对识记内容经过保持而加以提取的一个环节，是对识记、保持信息的检验。也就是说我们识记到了什么，保持了哪些信息要靠重现来验证。

了解了记忆过程的三阶段及其属性，再看记忆能力的养成，便会发现，所谓的好记性，必然应该具备这样三方面的特性：

(1)识记阶段的信息输入尽可能地清晰，在主体内留下的痕迹尽可能地深刻，则记忆保存的时间便长久。

(2)保持是一种能力，更是一种技巧。只有懂得保持过程中的适时强化，才能让识记阶段输入的信息和刻下的痕迹不被时间磨损，才能让这些信息跟大脑中储存的其他信息发生“化学反应”，生成出更多的信息。

(3)重现并非简单复制，而是一种科学地提炼。识记阶段获取的主动信息，经过保持阶段的强化和加工后，必然会流失掉部分细枝末节性的非重点信息，又生成出少量的融入了其他信息的新信息。而这些新信息，反过来虽然会干扰对最初识记信息的全景式重现，但又会帮助主体从更高的认知角度领悟记忆内容。

三大特性中，第一点是基础，也是关键。高质量地存入，是高质量地保持和重现的必要前提。记忆信息的过程，跟在银行中存钱并无多大的差别，存入的多，提取的自然也就多。

如何实现识记阶段的高质量存入呢？需要“三到一在场”：眼到，手到，心到；生命在场。

“眼到”自然不是简单地看，而是建立在观察、分析、概括基础上的仔细阅读。这样的阅读，读“懂”是基本要求。例如，绝大多数中学生在背诵文言课文时，采用“硬背”的方式一字一句地记忆。这样的记忆，便打了很大的折扣。不但容易出现丢漏字、错别字，而且一篇并不太长的文章，用若干个早读课还不能准确背诵。真正善于记忆的学生，则能够先借助课文的注释，读懂了课文的字面意义，甚至思考了课文的隐含意义。这时再背这篇课文，上下文内容便能够联系起来，能够抓住主线，带动起整篇课文的记忆与理解。

“手到”强调的是手脑并用强化记忆。相信很多同学都有这样的体会：只是摇头晃脑地背诵，既容易分神，也记得不牢。而一边背诵，一边用笔在草稿纸上写写画画，将重要词语写出来，记忆的效果便增强了不少。什么原因呢？动手写时，注意力便集中到了背诵内容上，目标意识增强了，有意识记能力培养出来了。小和尚念经似的背诵，目标意识总是有欠缺的。

“心到”的要求比较高。心到，就不再只是简单地记忆，而是边记忆边理解。也就是说，每记忆一个句子、一段文字，都要停下来，认真思考其中隐藏着的各种信息，并将这些信息依照一定的线索串成串，织成网。心到，是一种理解性记忆，适宜于宏观认知事物。

“生命在场”是一种状态。这种状态，要求主体在完成记忆任务时，始终以积极的、乐观的心态对待眼前的工作，而不是以怨愤的、消极的态度对待之。相信每个人都有这样的体验：面对一首自己特别喜爱的歌曲时，要记住它的歌词，总是很容易。而对一些不喜欢的课文，尽管篇幅甚至比一首歌的歌词还短小，却总是无法准确记忆。个中差异，便是情感在记忆中发挥作用了。

同样，一篇课文的背诵，情感上先有了抵触，一边背诵，一边唉声叹气，甚至诅咒谩骂，自然很难记住。换一种心态，从欣赏的角度记忆，效果便好得多。

保持与重现两个阶段，应该采用强化记忆的方法，只能是合理反复。

第40节中介绍的遗忘规律，是保持记忆的理论依据。在形成遗忘高峰的各个节点上，都进行适时的巩固性记忆，就是不断地强化识记阶段的印痕。当这样的印痕始终处于清晰状态时，有效记忆的目标也就实现了。

有些时候，为了更好地保持记忆，不妨将一部分记忆难点转变为游戏。比如，背诵《春江花月夜》这首长诗，最初总是出现遗忘。但如果在上学途中或睡觉之前等将背诵这首诗歌作为一种消遣，重复的次数多了，也就能将它牢牢地记住了。

43.利用最佳记忆时间

由于每一个人的生活习惯不同，其记忆的黄金时间也会有一定的差异，但总体而言，在睡眠时间得到保障，且睡眠质量较高的前提下，每天早晨八点钟左右，人的大脑往往最为清醒。这一时段，记忆力也最好。此后，随着一天中各项工作的渐次开展，体力和精力都会呈现逐渐下降的趋势，记忆力也相应减弱。

也有一些心理学研究成果认为，一天中的最佳记忆时间，可以分成若干个段落：上午9～11时，下午3～4时，晚上7～10时，为最佳记忆时间。这种结论，当然也是来自对特定人群的调查。对于早晨被闹钟唤醒的人群而言，因为睡眠欠缺，起床后的一两个小时内，大脑很难兴奋起来。故而，早晨的七八点钟，大脑反而比较迟钝。九点之后，随着一天工作的正常开展，大脑也从疲乏状态中清醒过来，记忆力也跟着好起来。

有一个时间段，被绝大多数人定义为黄金记忆时间，那就是临睡前的半个小时甚至一个小时。这段时间内的记忆，后面不再有新信息的干扰，印象相对清晰。此外，人在睡眠状态时，大脑并非彻底停止运转，而是会在潜意识的支配下，对储存在大脑中的各种信息进行回放和加工。临睡前接受的这部分信息，因为印象最清晰，得到的回放也就最完整。早些年，国内有心理学家倡导给睡眠中的人播放英语磁带，认为这样可以帮助记忆。这种观点是否有足够的实证材料做支撑，无法考证。但临睡前的记忆，却被很多人的记忆经历证明其确实有效。

需要强调的是，科研成果中的黄金记忆时间，绝非建立在超疲劳的消耗战的前提之下。当下的学习中,绝大多数中学生睡眠严重不足,常常是早读课便有不少人呵欠连天,睡眼蒙眬。甚至有少数人弄反了生物钟,整个上午都精神不振作,下午和晚间才进入学习的兴奋期。对于这部分中学生而言,早晨和上午的所谓黄金记忆期,根本就发挥不了作用。

其实,中学生只要稍微留心,就不难发现自己的最佳记忆时间。只要能够依照大脑的兴奋程度的差异,合理安排好不同时间段内的学习,便能够获取单位时间内的效益最大化。反之,如果不注意不同时间内的思维质态的差异,在最佳记忆时间内纠缠于一道道具体的试题,又在大脑高度疲乏时强行记忆一些内容,必然让自己的学习陷入高耗低效的泥淖之中。

利用最佳时间记忆相关学习内容时,还有一个不得不关注的问题:记忆的有效保持。既然遗忘规律告诉我们,识记之初的一个小时内,遗忘速度最快,那么,黄金记忆时间,就应该包含着有效保持记忆的这部分时间。也就是说,用来强化巩固短时记忆内容的时间,也需要放置在最佳记忆时间内。如果短时记忆安排在黄金时间内,后面的强化巩固却安排在疲劳状态中,那么,记忆依旧会打很大的折扣。

如果将记忆黄金时间放到以学期为单位的时间段内,则学期初的记忆效果优于学期中。有人会认为,一周时间内,应该周一的记忆能力最强,这是一种误解。周一刚从休息状态转入学习状态,大脑还未达到最高兴奋点。周二周三两天,却是逐步进入巅峰状态。这段时间用来记忆或做其他的事,效率都高于周一或周末。

44.找到适合的记忆方法

百度搜索"提高记忆力的方法"这一短语时,1秒钟内显示出的相关结果约为828000条。这其中,有人总结出7种方法,有人总结出15种方法,有人总结出30种方法。尽管数量不同,表述也有较大差异,归纳起来看,包括内在的唤醒和外在的辅助两大类别。

唤醒什么呢?当然是唤醒已有的记忆经验,唤醒蛰伏的记忆能力。每个人的记忆经验并不相同,记忆能力也存有很大的差异,其唤醒的方式方法,自然也因人而异。比如,有的人可能通过对最佳记忆时间的分析与运用,促使自己的记忆力朝科学化、程序化的方向转化;有的人却通过对及时复习计划的制订与执行,让进入记忆的内容生根发芽,从而实现有效记忆的目的。

外在的辅助手法,又区分为生理性辅助和心理性辅助两大类。生理性的辅助,包含药物治疗、食物治疗、运动治疗等方法;心理性辅助,包含心理诊疗、心理暗示等方法。

中学生应该如何提高自己的记忆力呢?当然也需要一定的方法作支撑。只是,方法虽然可以有很多,真正适宜的,却总是很有限。只有找到适合的记忆方法,才能帮助中学生学会科学记忆,多快好省地学习科学文化知识。

下面几种增强记忆能力的方法,不妨在生活中试一试,或许其中的某一种对你就很有用。

(1)以读促记。同样是背诵一篇课文,反复地大声诵读,较之以默诵,记忆的时间要少一些,记忆的准确性也高一些。这是因为大声诵读时,注意力被集中到了需要背诵的材料中,目标意识得到了强化,有意识记能力显著增强。而默诵时,容易被外界事物分散了注意力,有意识记能力无法得到最大化的落实。

(2)读写同步。一边读,一边在草稿纸上写一些零散的关键词,是集中注意力的又一良方。与单纯地读相比,读写同步展开,目标意识又有了新的提升,有意识记能力进一步增强。记忆的效果自然也就越好。

(3)联想记忆。记忆一些原理定理时,并不像背诵文言诗文那样要求一字不差。这时,便无需下死功夫硬背,只需将相关知识串联起来,由此及彼地展开记忆即可。比如,解答语文阅读试题时,大多数中学生对表现手法的分析探究很头疼,无法记住那几十个专业术语。这就不妨以一些具体的诗歌为依托,由诗歌本身的具体内容而联想到抽象的概念术语。记住了"蝉噪林愈静,鸟鸣山更幽",也就记住了动静结合;记住了"感时花溅泪,恨别鸟惊心",也就记住了移情入景。

(4)游戏记忆。记忆需要轻松和谐的环境和放松的心态,在此状态下,记忆能力会得到最大化的激活。日常学习时,常常可以见到这样的现象:同一首诗歌,没有任何要求时,熟练背诵需要消耗的学习时间,明显多于诗歌朗诵竞赛这一目标引领下的背诵时间。因为，要想获得游戏过程中的快乐，只有先熟练地背诵诗歌。为了享受游戏的过程和结果而进行的背诵，目标明确，心态平和，环境宽松，也就有利于调动主体的一切能量，让记忆成为相对轻松的事情。

(5)理解记忆。理解记忆是记忆的根本性要求，没有对记忆内容的真正理解，记忆便无法进入高质量的境界。中学生为何惧怕文言课文的背诵呢？原因也在于文言课文的理解难度。因为缺乏足够的文言阅读能力，文章内容未能全部领会，自然也就无法准确理解词句间的内在关联，无法依照行文思路理顺文章结构。即使同为文言文，也可以发现，《岳阳楼记》之类的作品，较之以《逍遥游》、《谏太宗十思疏》，要容易背诵得多。好背的原因，还是理解难度小。如果能够将《逍遥游》的每一句话都准确理解了，理顺了它们的内在逻辑关系，那么，背诵起来也就不是一件特别难的事情。很多中学生刚学习《逍遥游》时，总是背不下来。进入高三后，就能够背下来了。除了因为高三的识记目标更清晰外，理解能力的增强，也是很重要的一个因素。

第九章 丰富想象能力

想象是一切创造的基础，没有想象，便没有思维的放飞，没有知识的拓展延伸，没有学习能力的综合提升。

建立在文化科学知识的学习与积累基础上的想象，同文学世界中的想象注定存在着较大的差异。不付之以切实的行动，却渴望拥有出类拔萃的学业成绩，属于典型的痴人说梦，绝非科学合理的想象。学习中的想象，说到底，不过是一种由已知推定未知、从现象探究根源的思维拓展能力。

天马行空的胡思乱想，或许属于与生俱来；立足现实的大胆推理、迁移延伸、由此及彼，却只能建立在既有的知识与能力之上。对计算机一无所知的人，想破了脑袋，也想象不出电脑怎么能够瞬间完成数百万字的复制。只有掌握了足够丰富的专业知识，人类才能在已有的科研成果的基础上，不断发现新规律，创造新成果。

由此可见，丰富想象能力，只能以丰富文化科学知识为前提。大脑中积累的知识越多，接触的外部空间越大，想象能力才会越丰富。

45.人情练达即文章

《现代汉语词典》中，“想象”这一词条的释义为：“想象在心理学上是指在知觉材料的基础上，经过新的配合而创造出新的形象的心理过程；也是对于不在眼前的事物想出它的具体形象。”此定义，可以分解为这样一些信息点：想象是一种心理活动，属于特殊的思维形式；想象产生于已有的知觉材料，并由主体的需要推动而创造出新的形象；想象可以借助大脑中储存的相关信息而虚拟出某些并非存在于眼前的事物图景。

基于这样的意义阐释，丰富中学生的想象能力，前提必然是丰富其大脑中已储存的“知觉材料”。大脑中储存的信息越丰富，可用以加工改造的素材便越充分，形成的新形象便越具有科学性、先进性和完善性。

何为“知觉材料”呢？日常学习中的所见、所感、所思，是否属于“知觉材料”？要理解这一概念，先要区分“感觉”和“知觉”这一对概念。

心理学认为，感觉是主体对客观事物的个别属性的认识过程，知觉则是一系列组织并解释外界客体和事件的产生的感觉信息的加工过程。主体对同一事物的各种感觉的结合，就形成了对这一物体的整体的认识，也就是形成了对这一物体的知觉。知觉是直接作用于感觉器官的客观物体在人脑中的反映。

比较两个概念间的差异，可以发现，知觉是一种立足整体感知的认知过程，以个体的感觉为基础。由此推定，一切能够“组织并解释外界客体和事件的产生的感觉信息”，都应该属于“知觉材料”。也就是说，知觉材料必然应该具备一种“解释性”，并能够和其他材料“组织”起来。

明晰了“知觉材料”这一概念及其相关属性后，再看中学生想象能力的培养，便可以发现，并非所有的外界信息都能够对想象力构成积极的帮助。也就是说，只有那些能够被既有知识储存“解释”，或“解释”既有知识的外在信息，且能够和大脑中已储存的知识“组织”起来的那一部分知识信息，才有利于想象力的培养。

这让我们想到了古人的两句话：世事洞明皆学问，人情练达即文章。古人为何不说“世事皆学问，人情即文章”，而是强调“洞明”、“练达”呢？因为唯有对世事人情的“洞明”与“练达”，才能够体现主体对外界信息“组织并解释”的过程，才能“产生感觉信息”，才能生成基于既有知识的新知识，形成基于既有能力的新能力。

由此也就可知，中学生想象力的培养，绝非只是广泛获取各类信息这么简单的一件事。日常学习中，要想不断丰富自身的想象力，就必须对进入大脑的各种信息进行必要的“组织并解释”。只将大脑当做单纯的储藏室，想象力便永远也培养不出来。

不妨思考这样一种现象：任何一所学校内，总会有少数学生拥有超出一般人的创造力。他们在一些小发明、小创造的活动中，常常会有出乎意料的惊喜呈现给父母、学校。是他们天生聪颖，生而具备特别的创造力？答案当然是否定的。如果深挖他们成功的原因，必然能够发现，日常的学习生活中，他们更加善于“组织并解释”接触到的知识信息，并乐意于由此而“创造出新的形象”。

如何让我们也不断“组织并解释”接收到的各种知识信息，并不断“创造出新的形象”呢？最基本的方法，当然是先丰富自身的“知觉材料”。除了教科书传达给我们的各种知识，还要努力培养主动学习的意识。一方面借助主动学习，不断扩展视野；另一方面，又对接收到的信息进行不断的加工与创造。如此，思维便越来越活跃，想象力也就应运而生。

此外，还要注意兴趣的养成。兴趣是最好的老师，一个人的想象力与创造力，总是体现在他有着浓厚兴趣的领域内。对物理学科没有丝毫学习兴趣的中学生，注定也没兴趣去钻研航模。反之，当一个人对航模有着十分浓厚的兴趣时，他便会自觉地探究模型制作及操作过程中涉及的各种物理知识，并能够开动脑筋，努力将这些知识转化为实际能力。

46.静思不是错

普通心理学认为，人的想象可以区分为无意想象和有意想象两大类别。其中，无意想象指事先没有预设任何目的的想象。有意想象是指事先有预定目的的想象。无意想象是在外界刺激的作用下，不由自主地产生的。有意想象则需要主体的努力建构而实现。

静思属于有意想象，是一种刻意为之的想象。静思追求的，既可以是“思接千载，视通万里”的阔大与浑厚，也可以是“弱水三千，只取一瓢饮”的细致与简单。

现实的学习生活中，静思当然不同于走神。静思是用外在的“静”，换来内在的“动”。一般而言，中学生每天都应该安排一个时间静思学习中的得与失，这样的静思，就如同翠竹拔节，实在是成长的必须。

作为一种主动性的心理活动过程，静思的“静”，并非只停留在躯体的静止上，更体现为各种杂念的排除上。也就是说，静思时，首先需要有一个明确的目标，要知道自己将要对哪些问题进行思考与盘点，希望达到什么样的程度。只有落实了这一点，静思才能将注意力集中到需要注意的问题上，才能有利于丰富自身的想象能力。

静思的“思”，更有讲究。为什么而思，如何思，都需要有充分的预设。就中学生学习生活中的静思而言，思的内容，无外乎学习、生活、情感三大类别。其中，学习当然属于第一要素。对学习的静思，首先是要思学习目标，要在静思过程中，先将任意一门学科的学习目标思考清楚，理清各课时学习目标间的逻辑关联，然后才能思考目标的落实等问题。

明确了每一节课的学习目标后，就要梳理该目标牵连出的具体知识。先采用“过电影”的方式，将新学知识或即将学习的知识在大脑中完整地过一遍，再将这些知识跟先前学习过的知识串联起来，让知识形成知识串。此后，还要想一想这些知识如何落实到具体的学习任务中，如何转化为具体的解题技能，如何与其他学科的知识联通起来……

这样思考时，大脑中的信息网便能编织起来。这张网编织得越细密、越结实，能够网住的信息就越丰富。更重要的是，这张网一旦织成，就会具有自动向外拓展的能力。只要思之所在，很多原本并未意识到的问题，也能够被激活，被转化，最终成为内化的新能力。而这能力，又反过来推动静思的更好进行。

学习中的静思，当然并非要求如老僧入定一般的打禅静坐，也不必像瑜伽修炼者那样入静研习。学习中的静思，很多时候可以结合适当的书写。思考一阶段后，发现思路受阻，或者形成了顿悟，有了新的发现，都需要拿起笔来写写画画。只要思路没有断，静思就依旧在延续。

绝大多数的中学生，缺乏静思的能力与习惯。他们更乐意于将自己放到题海之中，通过实实在在的试题，来完成知识的巩固与强化。这种做法，对于旧知识的巩固，当然有一定的价值，对于借助旧知识的复习而培养想象能力，却并无益处。

从时间安排上看，静思当然适宜于在相对集中的一个长时间段。白天，一节课接着一节课，很难有静下心来思考整理知识的时间。晚间自习时，就可以安排一段时间静思。眼下，大多数中学生习惯于先将一天的各门功课完成了，然后再进行自主性学习。而他们的自主学习，依旧以读书和解题为两种主要方式。此种静思缺位的学习安排，并不利于当天学习内容的体系化建构,更不利于将当天所学纳入整个学科知识体系中进行系统性梳理。其实,在准备动手完成各科作业之前,先用二三十分钟的时间静思,把知识体系理顺了,做作业的效率也会大大提高。

临睡前的那段时间,如果不用来强化记忆某些必须记忆的内容,也可以用来静思。经过一天的学习,若干门功课的知识信息杂乱地汇集在大脑中,此时,静下心来,将这些知识收拾收拾,分门别类地整理好,让它们或是融入知识体系之中,或是转化为切实的能力,或是转移为新的创造。无论是哪一种收获,都会对自身的学习构成积极的影响。

47.每件事,都有一万种假设

想象的最大敌人,是功利。功利,总是要求人们用最少的时间,最近的距离,获取最大的效益。如此,自然也就会错过迂回曲折中的诸多风景,丧失慢慢品味中的诸多乐趣。

想象的美好,却正在于有无穷无尽的路径可以抵达目标。每一条路,有每一条路的独特风景;每一条路,有每一条路的全新感受。中学生要想在学习生活中不断丰富自身的想象能力,就必须学会换一种思维看问题,必须学会换一条路走向目标。

做数学习题时,相信绝大多数中学生,都是以正确完成学习任务为第一目标。如果有这样一位同学,每一道题目完成后,都想方设法地寻找其他可能的方法,换一条路抵达目标,那么,这位同学的想象能力一定超越于常人,且他对数学知识的掌握也一定远超他人。同理,写一篇作文,当大多数人以能够思考到的最浅近的立意完成任务时,那些总是想方设法跳出俗套,渴望着寻找到全新的切入点,给读者带来出乎意料的视觉享受的中学生,一定是写作能力原本就很出众的人。

由上述两个例子可知,学业上的出类拔萃者,通常总是拥有着出众的想象能力的人。而他们之所以能够高于常人,其原因之一,又恰恰在于他们拥有着丰富的想象力。这便构成了一个良性的发展循环。想象能力越丰富,探究外界知识的欲望便越强烈,能够获取的有效知识信息便越完善,综合能力便越出众。而这综合能力中,自然又包含有想象能力。

反向设例，也同样是这个道理。越是不懂得变通的人，学得越死。学得越死，也就越难转化为能力。而没有能力支撑的学习，又只能是走向更差的境地。

既然想象能力对于学业成绩的提升如此重要，那么，应该如何在学习中培养想象能力呢？道理并不复杂，简而言之，就是“敢想”、“能想”、“善想”。

敢想，是丰富想象能力的前提。敢想，并非敢于胡思乱想，而是敢于依托既有的知识经验，去大胆探究未知的知识领域。不在学习上付出努力，却终日幻想着拥有好成绩的人，当然不属于敢想之人。乐意于沉浸到知识的海洋中，尽其所能地寻找打开知识宝库大门钥匙的学习者，才是值得学习的敢想敢做之人。本质上看，敢想，其实就是敢于在探究知识时，不但“知其所以然”，而且知其抵达终点的尽可能多的路径和方法。

绝大多数学习者，都不属于敢想之人。不敢想的根源，不在于缺乏想象力，而在于缺乏好奇心，同时惰性太强。如果能够有意识地从每天的作业中安排三五道题目，变换着路径去思考探究。日积月累，也就能将自己培养成敢想的人。

能想，是丰富想象力的基础。能想，是在敢想的前提之下，能够从应有的角度选择思考点。有人会说，面对一道题目时，我也想要从很多条路出发，寻找丰富多彩的答案啊，可是，我连上路行走的能力都没有，哪里还谈得上到不同的路上探险呢？

这便接触到了丰富想象能力的关键。想象，需要足够的知识作支撑。缺乏一定量的知识，便无法展开有价值的想象。盖茨和乔布斯之所以能够创造出精彩无限的信息文明，其超凡脱俗的想象力功不可没。而他们的想象力，又只能建立在他们自身丰富的信息知识之上。

故而，尽管每一件事，都存在着一万种的假设，但每一种假设，都只能建立在一定的知识体系的基础上。能想，就要先夯实应有的知识，然后才开始放飞想象。如果轻视了知识的积淀，再美好的构想，最终也只能成为空想。

善想，是丰富想象力的核心。由敢想而能想，是一大进步；由能想而善想，是又一次飞跃。能想，是懂得选择之道；善想，是精通选择之道。精通，则可以少走一些缺乏风景的弯路，这便能够节省时间，用来探究其他的未知世界。

如何才能培养出善想的能力呢？举一反三、触类旁通，是最理想的路径。中学生们要想养成善于想象的能力，就要能够将来自课堂内外的学习经验融会贯通，使其成为解决实际学习问题的基本能力。以此为基础，再探究其他的未知内容，才能做到有理有据，既大胆想象，又科学求证。

48.培养空间想象力

空间想象力是人们对客观事物的空间形式进行观察、分析、认知的抽象思维能力。主要包括三方面的内容：

第一，能根据空间几何形体或根据表述几何形体的语言、符号，在大脑中展现出相应的空间几何图形，并能正确想象其直观图。第二，能根据直观图，在大脑中展现出直观图表现的几何形体及其组成部分的形状、位置关系和数量关系。第三，能对头脑中已有的空间几何形体进行分解、组合，产生新的空间几何形体，并正确分析其位置关系和数量关系。

空间想象力是学习数学、物理、化学、美术、计算机绘图等学科的基本能力要求，尤其是在几何学的相关知识的学习过程中，空间想象力至关重要。缺乏空间想象力的学生，无论在立体几何方面投入多少精力，也很难达到最高境界。

一个人的空间想象力，或许存在着一定量的先天性成分，更多情况下，可以通过科学的、系统性的学习，逐步培养这种能力。具体方法如下：

(1)以实物为载体，通过观察、感悟而建立起大脑中的立体化空间图形。人的肉眼，永远无法同时观察到立体图像的所有可视面。那些看不见的部分，同样客观存在着。培养空间想象能力时，可以借助这些客观存在的立体图形，通过不断地变换观察视角，在大脑中不断绘制变化中的立体图像。如此，原本容易忽视的一些线条和角度，便都能够通过实物的直观展示而变得清晰易懂了。

(2)制作实物模型，通过缩微后的模型而获得更为清晰的认知。受角度、视线等因素的影响，观察大型实物时，并不是所有的人都能够在大脑中建构起立体图像。如果将这些大型实物依照一定的比例缩小成《新华字典》大小的模型，则更容易获取直观印象。倘若将这些实物模型进一步抽象成只有线条组合而成的模型框架，则线条的明与暗、因观察角度的变化而带来的视错觉等容易形成误解的内容，也就容易理解了。

（3）依照对实物或模型的观察，动手绘制立体图形。录入大脑中的实物或模型，要转化为具体的数学图像，中间还有很多值得注意的问题。这些问题，只有真正动手绘制立体图形时，才能暴露出来。比如，面对同一个圆锥体模型，观察的角度不同，绘制出的底部的圆形也就会有变化。大画家达·芬奇用一年的时间学习画蛋，除了培养出认真观察、仔细描摹的技能之外，在大脑中构建立体的图像，也是一种重要训练点。画家如果缺乏了空间想象力，如何能够将万水千山浓缩到尺寸之间。

（4）借助电脑制图功能，绘制具有一定动画效果的可操控立体图形。电脑绘图时，眼前不见得存有一个实物或模型，这就需要大脑中存有一定的模型。电脑绘图的优势很明显，图形可以在屏幕上移动，有利于不同图形间的比较。一名中学生，如果能够在不面对具体实物或模型的条件下，准确绘制出各种立体图形，则空间想象能力也就初步培养起来了。

（5）根据给定条件，在大脑中绘制虚拟图形，强化空间想象力。日常学习中，不可能始终面对实物或模型，也不可能总是有时间在纸上、电脑上绘制立体图形。很多时候，只能依照给定的各种条件，迅速地在大脑中绘制出虚拟的立体图形。进行这种形式的思维训练时，首先需要在大脑中确立所有的相交点，然后以一条线段为中心，寻找出与之相交、平行、垂直、相离、成固定角度的各条线段。如果能将这些线段全部在大脑虚拟图形中找到准确的定位，则空间想象力已较为突出。

（6）根据给定条件，让大脑中的虚拟图形发生变化，组合成其他形式的立体图形。这种训练，已进入到空间想象能力培养的最高境界。任何一名中学生，如果能够将大脑中的立体图形，随意地拆解为各种类型的平面图形，再拼装成其他形状的立体图形，那么，他的立体几何知识、电脑绘图知识、美术构图知识等，都将达到很高的水准。

上述六种训练方法中，前两种是基础，中间两种是关键，后两种是上位目标。只有先将前面的内容做好了，后面的才能落到实处。

49.仰望星空与脚踏实地

有人说，世界是“懒人”推动的。“懒人”因为畏惧过于繁重的体力劳动，便想方设法地发明一些机器，用来代替自己的劳作；因为渴望看到外面世界的精彩，便致力于汽车、火车、飞机等各种运输工具的研制；因为缺乏足够精彩的生活来消磨时光，便捣腾出了电影、电视、电脑等信息化产品……

这样的“懒人”，当然不会是饱食终日、无所用心的庸才。这种“懒人”和庸才的最大区别，在于前者既敢于大胆想象，又敢于积极实践；而后者则只有虚妄的幻想，从无认真的行动。前者为了实践自己的大胆想象，不惜废寝忘食地学习、钻研；后者偶尔冒出了一个怪异的念头后，立刻便抛到了九霄云外，依旧无所事事地虚度每一个日子。

于是，这些推动着社会向前发展的“懒人”，便被我们称作科学家、发明家。我们将他们的大胆想象，称之为“仰望星空”；又将他们的认真实践，称之为“脚踏实地”。我们将既仰望星空、又脚踏实地当做做人和治学的最高境界，并以此作为自己的永恒追求。

处于知识经验积累期的中学生，绝大多数人当然还不具备成为科学家、发明家的实力。但这并不妨碍大家仰望星空，更不妨碍同学们脚踏实地。对于中学生而言，我们所需追求的仰望星空，并非指向抽象意义的人生理想，而是指向知识的探究。我们的星空，是浩瀚无垠的知识。

仅从丰富想象能力这一狭小的视角而言，中学生的仰望星空，重心应落在对未知知识领域的丰富想象力和强烈好奇心上。让自己成为敢想之人、能想之人、善想之人，是每一个中学生都应该具备的学习品质。常言说，不想当将军的士兵不是好士兵，同理，不想在学识上有所建树的学生，也算不得好学生。中学生的学识建树，当然不能只局限为考取名牌学校这一过分功利的目标，还应该能够依照自身的兴趣，为未来人生勾勒出一幅极具想象力的瑰丽画卷。历史上的很多伟大人物，其为之奋斗终生的那份事业，往往起始于中学阶段预设的人生蓝图。这样的蓝图，跟中学生的实际学习生活相比，肯定有很大一段距离。能够填补这段距离，并点亮人生的奋斗火炬的那份能量,就是建立在一定的想象能力基础上的责任意识。

有这样一些问题,需要中学生思考:

你有明晰的人生目标吗?你的目标,能够给社会带来什么样的进步?你为了这样的目标,已经做好了哪些准备?还将做哪些准备?

要回答这些问题,仅有过分现实的思考远远不够。因为,未来人生的种种规划,对世界观尚未完全形成的中学生来说,是一种需要很强的想象力做支撑的智力挑战。很多时候,敢于想象了,才会有随后的行动。心中无梦,又哪里会有圆梦的行动?

再谈一谈脚踏实地。丰富想象能力和脚踏实地之间,貌似“命中相克”。因为,很多人的意识中,想象是一种虚幻缥缈的事儿,脚踏实地则讲究落在实处。两者一虚一实,很难互通融合。

事实上,脚踏实地恰恰是丰富想象能力必不可少的思维基石。任何一种想象,如果没有了实实在在的知识作支撑,便无法转化为实实在在的探究,更无法催生出实实在在的成果。中学阶段,是人生知识积淀的黄金时间,要想在未来人生中取得杰出的成就,就必须打下坚实的学习基础。打一个并不特别妥当的比喻:中学生的想象能力,就如同高飞天空的风筝,而脚踏实地的学习,则是保证风筝能够放飞的那根线。没有了这根线,或者这根线不够结实,则风筝必然无法正常飞翔。

至于如何脚踏实地地学习,相信每一个中学生都有自己的方法。方法不同,效果会有一定的差异。具体到每一门学科中,其方法又会各具特色。有关具体各门学科的学习方法,后面的章节中将做具体探究,此处不作深究。

第十章　锻炼思辨能力

上古神话中，创造了汉字的仓颉有着四只眼睛，且每只眼睛里都有两个瞳孔。这么多的眼睛和瞳孔，使得仓颉能够以远超常人的不同视角观看天地万物，自然也就能够收获远超常人的远见卓识。

我们都是寻常之人，谁也无法长出四只眼睛八个瞳孔，但这并不妨碍我们多角度观察事物，亦不妨碍我们变换了角度和身份思考问题。高中阶段思想政治课程的哲学知识中，辩证思维属于一个必修的知识点。学习这样的知识，绝非只是为了应付考试，而是为了养成理性思考的能力。每一个中学生，都应该随着学习的逐渐深入，随着知识经验的日渐丰厚，逐步摆脱过分感性的思维质态，逐步走进理性思维的路径中。

50.用常识思考

老师在批阅学生作文时，最反对那种脱离实际胡编乱造的文字。相当一部分中学生，总以为生活中的琐屑之事不值得一写，写作文就是要编造一些“有意义”的“大事”。在这部分中学生的心目中，只有“大事”才能体现出宏大或深刻的主题意义，而来自生活的平凡之事，实在是难以挖掘出吸引读者眼球的故事。

这样的思考，从起点处便犯了错误。形成错误的根源，在于违背了写作常识和生活常识。因为，作文要表现的，就是现实生活。而现实生活，又正是由无数个平凡之事组合而成。所谓的“大事”，总带有鲜明的偶然性元素；真实的生活故事，才是实实在在的人生。

非独写作文如此，学习中的任何一件事，也都如此。任何一件事、一道题，都必然建立在固有的常识性知识的基础之上，唯有依循了这些常识，用常识去思考、发现，才能找寻到解决问题的正确方法。

任何一门学科的知识构成，都以常识为基础。

数学、物理、化学等自然科学类的学科知识，其定理、公理以及基本的运算方法等，均属常识。面对一道小学数学的综合运算题，如果不顾“先乘除后加减”、“先括号内后括号外”等运算常识，便无法将一道最简单的题目准确地计算出来。而要解决一道复杂的物理计算题，如果不懂得正确使用各种计算公式，也同样无法获取正确的答案。计算各种试题时，运用常识思考，就是选出最具价值的那些已知信息，使其很好地服务于未知知识。一旦常识运用错误，结果自然无法正确。

语文、英语、政治、历史等社会科学类的学科知识中，常识具有一定的相对性。一般情况下，能够为大多数人所认同的经验、结论，常常会被认定为常识性知识。如果换一个角度思考问题，我们还会发现，社会科学的学术价值，其实正在于为人类提供各种常识性的知识经验，并用这样的知识经验帮助人们分析判断生活中的各种事情。比如，中学阶段学习政治、历史，从课程本质属性看，跟考试并无关联。中学生之所以要学习这些内容，就是要借助这样的学习，积累一些常识性的知识经验，为未来的人生奠定理性思辨的能力基础。

需要强调的是，常识并非一种恒量。一部分人视为常识的内容，另一部分人对其或许一无所知。勾股定理是中学生人人皆知的常识，不识字的成年人，却并不了解这样的知识。同样，不识字的老农，或许深谙“清明前后，种瓜种豆”之类的生产常识，满肚皮学科知识的中学生，却可能对小麦何时成熟这样的简单知识也弄不清。由此可见，常识只存在于一定的文化氛围中，只有接触到了此种文化氛围，才能了解其中蕴含着的各种各样常识性知识，才能运用这些常识解决生活、生产、学习中的各种问题。

这便又回到了学习的意义与价值的思考上了。用常识思考的第一步，只能是学习、了解相关常识。中学生的最主要任务，是完成知识的积淀，养成科学思考、理性探究的能力。要达成这样的目标，就需要首先积累各门学科中的常识性知识。在具体的学习过程中，人们将这些常识性知识称为基础知识。老师和家长常说的夯实基础，其实就是要求中学生更好地积累各种常识性知识。

积累了众多的学科常识性知识后，如何运用便成了关键。用常识思考的过程，就是运用基础知识解决学习中遇到的各种难题的过程。在此过程中，既要具备熟练运用常识的能力，又要拥有借助常识性知识而发现新问题、探究新问题的能力，更要培养将新知识、新能力转化为常识的能力。从这一点而言，不断学习的过程，其实也就是不断丰富常识的过程。

用常识思考，还需要注意甄别常识的真伪。亚里士多德时代，大铁球比小铁球先落地，被视作一种天经地义的常识，伽利略却用实践证明它是错误的。即使是现代社会中，很多被视作常识的行为，也常常经受不住科学的检验。这些“常识”，如果用作思考问题的依据，得出的结论自然相反。比如，将“人不为己天诛地灭”视作处事常识的人，又怎么会以大爱之情，对待素不相识的人。

51.寻找巨人之肩

牛顿说：“如果说我比别人看得更远些，那是因为我站在了巨人的肩上。”在自然科学领域内，牛顿显然算得上顶天立地的巨人。这个巨人，尚且需要站在前辈巨人的肩膀上，才能看到他人未曾看到的精彩世界，成长中的中学生，自然更需要学会寻找巨人之肩。

一切已知的知识，都是前人提供给我们的肩膀。这些肩膀，在特定的时代中，或许能够称之为巨人之肩，而在高度信息化的当下文化氛围中，却难逃沦为常人之肩的命运。这里所说的寻找巨人之肩，自然不是指向对常识性知识的简单习得。因为掌握这些知识，原本就是中学生应该承担的任务和使命。

真正意义上的巨人之肩，只能来自同时代的巅峰性知识，当然也包含着前人大胆探究后依旧未能解决的那类知识。只有这样的知识，才能最大限度激活人类探究未来的欲望，才能帮助人类在一步步接近真相时，一点点地推动社会朝更为科学、更加合理的方向发展。

什么样的知识，可以成为扛起我们的理想，让我们更好地眺望远方的巨人之肩呢？

要探究这一问题，先要审视清楚自己想要看到的是什么样的风景。

巨人也如飞驰的列车，不同的班次，朝不同的目的地。只有乘对了列车，才能抵达理想的目标。

如果你的人生理想是拯救人类的肉体痛苦，成为杰出的医学工作者，那么，你所需要寻找的巨人之肩，只能存在于医学以及与医学相关的知识领域内。你需要从中学阶段开始，便有目的地积累这方面的前沿知识，了解现有科技在医疗工作中取得的成就。只有了解了这些，你才能客观而全面地审视未来的发展方向，并用当下的思考与发现，指导自己的学习。

如果你希望成为一位政治家，那么，你需要寻找的巨人之肩，便应当存在于历史学、哲学、社会学等思想体系中，你需要广泛阅读现代社会中的经典性历史学著作、哲学著作和社会学著作，需要深入社会，调查研究，发现问题，形成思考。如果没有足够的阅读作支撑，便无法从更高层面上把握社会发展规律，也就无法形成顺应社会发展规律的政治主张与政治实践。

明白了人生目标后，再来寻找巨人之肩，范围便缩小了很多。在我们愿意为之付出精力的学科领域内，一切前瞻性知识，以及在这方面取得杰出成就的科学家，都将成为我们的“巨人之肩”。

寻找到“巨人之肩”后，新的问题跟着便出现了：巨人的肩膀虽然宽厚，有足够的力量支撑我们的躯体，但是，我们怎么样才能登上“巨人之肩”？

这样思考时，便有了思辨。别说是登上“巨人之肩”，就算是一个正常的成年人的肩膀，我们也没办法抬脚登上。以吉尼斯纪录中的搭人塔为例，上一层的人塔表演者，要想登上底座的肩膀，必须在底座的腰部扎一个可以着力的宽腰带。有了这个腰带，手和腿才有了着力点，才能一路攀登上去。

中学生登上巨人之肩的这个宽腰带，便是当下学习中的知识与能力。没有了这样的知识积累和能力养成，便只能仰望巨人之肩而独自叹息。而只有有限的知识积累，或者只有有限的攀登能力，同样无法顺利攀上巨人的肩膀。唯有选准了着力点，并将足够结实的“宽腰带”恰到好处地扎在可供着力位置上，才能为自己打造出一架不断攀援高峰的“登天梯”。

寻找巨人之肩，锻炼思辨能力，二者间又存在何种联系呢？

寻找巨人之肩，是人生奋斗的一个目标；锻炼思辨能力，同样是人生奋斗的一个目标。两个目标间，思辨能力是客观存在的方法。也就是说，要准确寻找到支撑自己未来人生的巨人之肩，必然需要理性的思辨能力作支撑；而理性的思辨能力，又需要巨人之肩这样的目标来引领和激励。唯有二者有机结合，思与行、目标与过程，才都能结出丰硕的果实。

52.思维的发散与聚合

发散思维，又称辐射思维、放射思维、扩散思维或求异思维，是指大脑在思维时呈现的一种扩散状态的思维模式。它表现为思维视野广阔，思维呈现出多维发散状。不少心理学家认为，发散思维是创造性思维的最主要的特点，是测定创造力的主要标志之一。

聚合思维，又称为求同思维、集中思维、辐合思维和同一思维等，是把广阔的思路聚集成一个焦点的方法。它是一种有方向、有范围、有条理的收敛性思维方式。与发散思维相对应，聚合思维是从不同来源、不同材料、不同层次探求出正确答案的思维方法。因此，聚合思维对于从众多可能性的结果中迅速做出判断、得出结论是最重要的。

发散思维和聚合思维，是中学生日常学习中无法避开的两种思维方式。一般而言，常态性知识的获得，多通过聚合思维的路径。比如，从多种答案中选择出一个正确答案，从多种方案中选取一种最佳方案，依靠许多资料归纳出一个正确结论等，运用的都是聚合思维法。而解题或写作文时的一题多解、一事多写、一物多用等，运用的则是发散思维法。

中学生在学习相关科学文化知识时，发散思维和聚合思维常常相互配合，共同构成完整的思维探究过程。比如，学习一篇语文课文时，要想更全面地探究作品中的人物性格、主题意义，就必须先运用发散思维，从各种可能的角度大胆假设，然后运用聚合思维，进行小心求证。同样，解一道平面几何的证明题时，到底应该从哪个地方作一道辅助线，也需要先运用发散思维进行多方面的探究，再运用聚合思维进行科学的解答。

现实的学习环境下，大多数中学生聚合思维的能力得到了充分的重视。解题思路、解题技巧等原本应该具备一定的发散性的思维形式，却几乎被一次次考试训练成了只有唯一答案的思维定式。更有一些学校和老师，倡导通过大剂量的练习，让学生一看到题目便能立刻想到固定的思考路径，甚至想到固定的答案。这样的机械训练，显然是将聚合思维推向了极致。

最近几年，教育界有了一个著名的“钱学森之问”，这一困顿的核心，其实正在于日常教育中，过分注重了聚合思维能力的培养，漠视甚至扼杀了发散思维能力的养成。缺乏了发散性思维能力的人，便无法培养出多角度观察、多层面思考探究的习惯，也就难以透过事物的表象，发现新问题，提出新设想，形成新方法，并进而开启一份全新的研究领域。

理清了发散思维和聚合思维在学习中的不同功用，回过头来，再看两种思维能力的养成，便可以发现，两种能力的培养，无法通过统一的学校教育在同一学习时间内完成。因为，从教学内容看，很难设计出同时满足两方面需要的学习情境；从学生这一主体看，不同的学习者，有人需要进行发散思维的训练，有人则需要进行聚合思维的培养。

故而，中学生就要能够依据自身的思维实际状态，有目的地进行发散思维能力或聚合思维能力的自我培养。思维过于活跃，思考问题时总是习惯于由一个问题迅速跳往另一个问题的人，就需要加强聚合思维的综合性训练；而思维过于严谨，总是采用线性思维的方式对待发散性知识的学习的人，则需要强化发散思维的综合性训练。

有关发散思维训练的方法并不复杂，联想、想象、假设、变换角度、变换身份等，都可以让原本单一的答案，变得丰富多彩。语文学习中的多元解读，同一作文题的多种构思，数学习题的多种解法，都有利于训练发散思维能力。一个人走在路上时，看到对面走过来一个人，便以这个人为蓝本，对他的身份、性格等进行种种猜想，并在大脑中为这些猜想编织一定的故事，既是进行想象作文训练，也是进行发散思维的训练。

聚合思维的训练更为常见，思路归纳、技巧归纳、术语归纳、错题集等，都有利于聚合思维能力的养成和强化。很多学校倡导学生整理一本错题集，目的正在于借助各种各样的错误，将思考引导至正确的路径中。错题集的价值，不在于了解有多少种错误，而在于聚合到正确答案中。

53.暂停一分钟

十字路口处,常常会见到这样一个告示牌:宁停三分,不抢一秒。所以作这样的倡导,实在是因为抢了一秒钟,往往就会发生本不该发生的灾祸。而停下车来,仔细看看前后左右,等到该通行时再启动上路,不但从容得多,而且安全得多。

中学生的学习以及思维训练,同样如此。总是以争分夺秒的态势应对学习任务的人,往往绝非学业能力出类拔萃者。真正善于学习的人,更懂得及时停下脚步,让自己的思维暂停片刻,以便有时间抬起头来分辨一下前方的目标,审视一下自身的状态,然后继续前行。

哪些时候需要暂停一分钟呢?

(1)完成相关学习任务而思维受阻时,需要暂停一分钟。此时的暂停,是为了让沿着一条线飞速运行的思考停下来,然后重新选择出发点,换一条路走一走。相信很多中学生都有这样的学习体验:解一道几何证明题时,绞尽脑汁也无法完成试题。把这问题放一放,突然之间,灵光一闪,一下子就能想到解决问题的最佳方案了。这种顿悟的过程,其实就是讲聚合思维转移为发散思维的过程。学习中的暂停一分钟,本质上说,就是终止聚合思维,改用发散思维的方式,另找一条路,通向目标。

(2)完成相关学习任务且思维过于顺畅时,也需要暂停一分钟。在学习中,趁热打铁固然可以多完成一些任务,但也存在一些潜在的风险:过于顺畅,便往往削弱了有意注意的能力,一些本不该出现的失误,便会趁机袭来。平常做练习,或者考试时,不少学生难题上面没出现问题,反而是最容易的试题出现了失误,道理正在于此。故此,在感觉很顺畅时,暂停一分钟,让惯性消逝,回归到理性的思辨中,有意注意能力便得到了强化,小失误也就能够化解掉。

(3)对相关问题形成结论时,不妨暂停一分钟。课堂上,老师提出一个问题时,总会有人迅速接上话题,发表自己的看法。这些答案,有时正确,有时却惹得满堂哄笑。回答正确了,其实也不证明回答者思维敏捷,而是证明问题本身没有价值。真正有价值的问题,必然需要有一个思考的过程,然后才能形成个性化的认知。此时,暂停一分钟,就是给思维营造出一个空间,让它能够迅速调动并组织各种有效信息,然后形成自己的价值判断。这样的判断,较之以缺乏思考的感性经验,总要客观、严谨得多。

(4)需要表达观点时,也要暂停一分钟。从学习的角度看,此时的暂停一分钟,是为了更好地整理自己的思维,让自己的观点更加客观、公正、全面;从修身的角度看,这暂停的一分钟,也能够暂时性消解情绪的激动,让思维回归理性,防止情急之中的口不择言。在影视作品和日常生活中,我们常常看到这样的镜头:辩论的双方,一方气急败坏,越说越乱了方寸,另一方却平心静气,半天抛出一句话。这一招,在辩论中,便属于以慢打快。放慢了节奏,思维的空间便增大了,也就能够发现对方的失误。

(5)写作文时,完成了最初的构思立意后,也应该暂停一分钟,然后决定取舍。很多人写作文,总是从好写这个角度审题立意,却不知,好写的内容,大家都写,反而变得难写了。因为,很难创新,很难吸引人。因而,选择好写作材料,构思出写作框架后,不要急着动手写作,暂停一分钟,思考一下,还有没有更巧的切入点,还有没有更理想的故事……这样琢磨时,思维便打开了,可供选择的写作余地也就大了。

学习和生活中,还有很多方面需要学会暂停一分钟。比如,准备做练习之前,暂停一分钟,思考一下相关的知识;完成练习后,暂停一分钟,总结一下练习中的得与失;宣泄情绪前,暂停一分钟,让心境平和下来……一分钟的时间消耗,并不会影响到完成任务的速度,如果利用好了,效率反而会得到一定程度的提升。欲速则不达的道理,人人都懂,重要的是在学习实践中学会运用。

怎么样,读完了这篇文字,你是否也应该暂停一分钟,对自己的学习状态略作盘点呢?

学习环节篇

第十一章　订一份科学的学习计划

“凡事预则立，不预则废。言前定，则不跲；事前定，则不困；行前定，则不疚；道前定，则不穷。”这段文字，出自《礼记·中庸》，意思是说，任何事情，事前有准备就可以成功，没有准备就要失败。说话先有准备，就不会辞穷理屈站不住脚；做事先有准备，就不会遇到困难挫折；行事前计划先有定夺，就不会发生错误后悔的事；提前规划好行走的路线，就不会迷失方向无路可走。

将这种意义纳入我们的学习中，就要求我们在学习的各个阶段，都必须制订出一份科学的学习计划，用来规划该阶段学习的详细进程。这样的学习计划，将是我们走向成功的重要前提条件。

一份科学的学习计划应该如何制订呢？本章的四节内容，将从四个不同的侧面，为您提供必要的帮助。

54.适合的才是最好的

一位中学特级教师的朋友的孩子升入初三时，朋友对这位特级教师说：“你是名师，有多年的教学工作经验，请你帮我家孩子订一份初三学习计划吧，越详细越好，要把各门功课都包含进去。孩子的成绩中上等，也不贪玩，除了上学，其余时间都在家读书写作业。”

订一份中学生的学习计划，对特级教师而言，当然没有太大的难度。但这位老师无法答应朋友的请求。他对他的朋友说：“所有的学习计划，都必须建立在已有的学习状态的前提下。每个人的学习状态都是不同的，同一个人不同学科中的学习状态也存在着很大的差异，同一个人同一学科的不同知识点的学习上也存在着一定程度的区别。一份好的学习计划，就是要合理安排好学习的时间和进度，用来修补自身的学习短板。您孩子的学习状态，我缺乏足够充分的了解。如此，我制订出的学习计划中，认为是重点难点的那些东西，不见得就是您孩子学习中的重点难点。孩子如果不顾自己的学习实际，盲目依照我制订的计划安排自己的学习，效果必然会打折扣，甚至适得其反。”

朋友认为这位老师的话有道理，便打消了这个念头，转而要求孩子从自身实际出发，去制订一份完全属于他个人的学习计划。

几天后，朋友给了这位老师这样的一份“学习计划”：

每天早上6:20起床，用10分钟将头天要背的课文温习1～2遍，6:40从家出发。

上课认真听讲，积极发言，做好笔记。

认真仔细写作业，不对答案，认真对待每一门课。

写完作业后，复习当天的内容并预习第二天上课的内容。

对于副课如历史、地理、生物，每学完一课后，要用心去做自己买的课外习题书，做的时候要做到不抄答案，不看书，凭借自己所学的去做。如果遇到不会的题，也不能马上看答案或看书，要等到全部做完后，再去找答案，并及时背过。

对于主课如数学（代数、几何）、语文、英语、物理和政治，每学完一单元或一课时，要对比《优化设计》的讲解部分进行进一步的加深理解和巩固，并要做练习题，写时仍不能抄答案，写完后可交老师批改或对照答案，找出错误及时纠正。

遇到不懂的要及时问老师或问同学，弄明白。

每天晚上听30分钟英语，训练自己的听力。

面对这样的“学习计划”，这位特级教师不禁笑了起来。因为这不像是学习计划，而像是一份表态式的决心书。学习计划虽不能形成统一的内容安排，但还是有一些共性的东西需要注意的。

于是，这位特级教师为他朋友归纳了这样几条“注意事项”：

（1）合理分配时间，统筹安排任务。学习需要时间的保障，而一天中的学习时间总是固定的。这就要求在计划中把各门学科的学习时间落实到位。此外,除了有学习的时间安排外,还应当有休息、娱乐、课外阅读、了解社会等时间的科学安排。计划里不能只有三件事:吃饭、睡觉和学习。如果计划真是这样,那么这个计划就是片面的、不科学的。

(2)安排好常规学习时间和自由学习时间。常规学习时间就是学校规定的学习时间,主要用来完成老师当天布置的学习任务,"消化"当天所学的知识。自由学习时间则是指完成了老师布置的学习任务以后所剩下的归自己支配的学习时间。在自由支配的时间内,一般可做两件事:补课和提高。补课,是指弥补自己学习中的欠缺;提高,是指深入钻研,开展自己的优势和特长。两种时间中,自由学习时间应当成为制订学习计划的重点部分。

(3)长计划和短安排。在一个比较长的时间内,究竟干些什么,应当有个大致计划。例如,一个学期、一个学年应该有个长计划,规划好本学期、本学年要解决的几个重点问题。但这样的计划不宜太详细,因为实际学习生活千变万化,很多东西无法预测。如何弥补长计划过于宏观的欠缺,保证计划能得到切实的落实呢?这就需要有短安排作为必要的辅助。要把长计划中的重点问题,分解成若干个小问题,落实到具体的每一周、每一天中,这就能够保证长计划的全面贯彻。可以说,长计划是明确学习目标,大致安排;短安排是具体的行动计划。

(4)要突出重点,不要平均使用力量。学习时间是有限的,学习内容是无限的,所以计划必须有重点。要保证重点,兼顾一般。所谓重点:一是指自己学习中的弱科,二是指知识体系中的重点内容。订计划时,一定要集中时间,集中精力来攻下重点。

(5)不脱离学习的实际。这里的"实际",包括知识能力的实际状况、时间使用的实际状况、学习短板的实际状况和学习进度的实际状况四个部分。只有将这四点全部纳入计划中,才能制订出针对性强、富有实效的学习计划。

(6)注意效果,及时调整。每一个计划执行结束或执行到一个阶段,就应当检查一下效果如何。如果效果不好,就要找找原因,进行必要的调整。如何检查呢?主要从下面几方面考量:计划提出的学习任务是否完成？是不是基本按计划去做？学习效果如何？没有完成计划的原因？什么地方安排太紧？什么地方安排太松？

(7)计划要留有余地。计划不要太满、太死、太紧，要留出机动时间，使计划有一定的机动性，这样完成计划的可能性就增加了。

(8)脑体结合，文理交替。安排计划时，不要长时间地从事单一活动。学习和体育活动要交替安排。比如：学习了一下午，就应当去锻炼一会儿。再回来学习。锻炼时运动中枢兴奋，而其他区域的脑细胞就得到了休息。安排科目时，文科、理科要交替安排，相近的学习内容不要集中在一起学习。

(9)提高学习时间的利用率。早晨或晚上，或一天学习的开头和结尾的时间，可以安排着重记忆的科目，如外语。心情比较愉快，注意力比较集中，时间较完整时，可以安排比较枯燥，或自己不太喜欢的科目。零星的、注意力不易集中的时间，可以安排做习题和自己最感兴趣的学科。这样可以提高时间利用率。

朋友听完这九条"注意事项"，笑着说："没想到一个看似简单的学习计划中，竟然还隐藏着这么多的讲究。我这就回去跟孩子一起研究制订一份符合这九个注意事项的学习计划去。"

55.把小事情做好

制订学习计划时，需要特别关注哪些小事情呢？

首先，绝大多数学生在新接触的知识的学习和复习上，都比较乐意于投入大量时间和精力。对于以往所学，则关注度明显不够。很多学生，只在考试前的短暂时间内，会想起复习既往的学习内容。这样的复习，显然缺乏科学性。

其次，绝大多数学生，乐意于通过试卷和练习题来复习巩固新接触的知识，却轻视静思冥想。在各种学习计划中，我们很少能看到有学生每天都留下足够的时间，用来静思一天中的得与失。此种"学而少思"甚至"学而不思"，也是影响学习效率的重要因素。

再者，合理的阅读，是成就人生的财富。许多的阅读，表面看来，和考试并无直接关联，故而，家长和部分老师都会想出不少的招数来控制学生的课外阅读。其实，这是典型的急功近利。人在成长的过程中，需要不断地汲取前人的思想智慧，用来拓展自身的知识面，丰富自身的情感世界，充实自己的人生。

此外，学习计划是为了保证学习的条理性，让单位时间内的学习活动更具效率，不是将学习变成一种自我虐待。因而，制订学习计划时，要充分考虑到娱乐休闲的需求，要将娱乐活动的安排，也纳入学习计划之中，使之成为学习的一个组成部分。这样的计划，表面上看似乎多余，实际上，合理的娱乐和合理的学习一样，都必须用科学的计划引领。否则，不恰当的娱乐活动，就会影响到其他计划的有效进行。

这四个方面的问题，都是常规的学习计划中容易忽略的“小事”。归结起来看，前三者强调的都是积累，最后一点强调的是计划间的相互影响。看到这几条，有些同学或许会认为：我在日常的学习中也没有考虑到这些啊，不是照样成绩很好吗？那么，我们可以说，你如果能够考虑到这些，并在学习活动中贯彻落实这些，你不但学习成绩会更优秀，而且德智体美各个方面都会有好的成就。

回到学习计划这个话题中。既然上述四方面问题能够在一定程度上影响我们的学习，那么，制订学习计划时，如何才能让这些问题都在计划中得到必要的体现呢？

（1）要了解遗忘的规律，根据遗忘规律安排旧知识的系统化复习计划。本书第八章第40节中，曾列举过德国心理学家艾宾浩斯的研究成果。以此成果的数据为参照，每天的学习计划中，就应该对当天所学的复习分几个时段进行，不能全部等到晚间才集中起来复习。比如，中午时间，就不能全部用来做某一学科的作业，而应该安排一点时间，对上午学习的几门功课进行提纲挈领式的归纳总结。

（2）每天留下一段时间来思考。这样的时间，可以是晚饭前后，也可以是睡觉前的一个时间段，但不宜安排在早晨。因为，这类静思冥想主要是用作对当日的所学所见所感所悟进行梳理，不是用来构想今天该做点什么样的活动。一般而言，有二十分钟到半个小时的时间，就够用了。

（3）每天安排一段阅读时间。在阅读上，不要害怕占用了做作业的时间。学习中的作业，尤其是自己主动加班加点完成的课外作业，绝不比阅读更有价值。学习需要作业，但作业不是越多越好。作业过多，原本的智力活动便变成了体力活动，反而失去了举一反三、分析归纳的机会。阅读以关注时事为主，辅之以必要的文学作品的鉴赏。阅读不在多，而在精。读了就要思考，有时还要写作，要把自己的阅读感悟写下来。

(4)娱乐活动的安排，要注意区分学习日和休息日。学习日的娱乐活动，比较适宜于安排在下午放学后，也可以安排在晚间某个时段。以轻微活动为主，比如散步，慢跑，打乒乓球、羽毛球等。休息日的娱乐活动，可以多安排点时间，也可以多安排点强度较大的活动，如打篮球，踢足球等。活动以不过分疲劳为标准。

学习计划中能够考虑到这些内容时，计划的制订者就不再会是一个只会死读书的人，而是一位会学习、会思考、有情趣、爱生活的人。

56.不妨有点弹性

一位中学教师曾经用几年的时间，跟踪研究过一种类型的学生。

这类学生，多是常规意义上的好孩子。他们每天用在学习上的时间，都远大于班级里的其他同学。在他们那儿，不但大块的学习时间全部得到了充分的利用，就连每节课的课间几分钟，也全部被安排得满满当当。往往上课的老师刚出教室，他们便立刻拿出一本练习册，开始争分夺秒地解题。下一节课的老师走进教室了，才恋恋不舍地将练习册收到课桌肚里。

他们中半数以上的人，都有一个完整的学习计划。很多人的计划，从早晨起床开始，至晚间休息为止，几乎能安排的时间全部被各种各样的学习任务占领了。但他们的计划中，根本找不到上节文字中倡导的那些“小事情”，只有无止无休的各类作业安排。

另一小半的人，只对时间有苛刻的要求，却没有具体的学习计划。他们只追求用作业把所有的空闲时间填满，却不追求“应该做什么”和“怎么样做这些”。

这种类型的学生，极少有学业成绩出类拔萃者。他们中的大多数人，都是“比上不足比下有余”的中等生。从和他们的交流中能发现，他们对自己的学习状况也很少满意，但他们把成绩不理想的原因，多归结为基础薄弱、还不够努力等。他们很少有人能意识到，是自己的学习方法出了问题。

学习不是苦修行，不要想方设法把自己折腾得身心俱疲。如果能在制订学习计划时，给自己的学习生活留下一定的空间。即使在具体到某个时间完成某项学习任务时，也能够考虑到各种因素对学习任务有效完成的影响，从而设置好必要的弹性尺度，则执行计划时便能够有一个从容不迫的心境，也能有更多的空隙，用来填充课业任务之外的其他精彩。

当然，讲究学习计划中的弹性，也容易导致另一种不良习性的形成。那就是以弹性为借口，当日事不能当日毕。但这是对弹性的曲解。我们所倡导的学习计划中的弹性，指的是计划任务的容量应小于单位时间内的实际工作容量。比如，要完成某一学科的全天学习任务，包括复习、预习、作业巩固、静思、阅读等，其实际需要的时间总量是两个小时，则制订计划时的预设学习时间至少不少于两个半小时。如此，就会有半个小时的机动时间，可以用来强化短板，也可以用来跟老师聊天。即使依旧用在完成学习任务上，也能使学习变得从容不迫，不至于手忙脚乱，顾此失彼。

学习计划以及学习活动中的弹性，可以从如下三方面考虑：

(1)学习时间上的弹性。制订和执行计划时，要留下适宜的弹性时间。预定两小时的任务，实际上一个小时就轻松完成，就会形成一定程度上的时间浪费；预定一小时完成的任务，马不停蹄地忙活一小时，正好能够完成，就会形成不必要的紧张和疲乏。适宜的弹性时间，应以常量之上添加半小时为好。

(2)学习内容上的弹性。不同的学习内容，理解起来的难度也不同。同样是三个课时所学，有的知识点，两个小时就消化吸收了；有的知识点，二十个小时也未能完全理解。因而，制订和执行计划时，不能将所有知识点的复习设定为同样的时间，应充分考虑知识点间的差异，灵活安排学习进度。

(3)课后练习上的弹性。练习的价值，在于巩固知识，形成能力。如果一个知识点，用三道练习题便实现了该知识的融会贯通，那么，计划中安排完成的十道题目，便没有了意义，成了无用功。反之，计划用一张试卷完成的知识点，结果发现错误率很高，就需要有针对性的再次强化训练。这样的弹性，也需要在学习计划和学习活动中予以充分考虑。

弹性的价值，在于增强学习中的韧性，使学习不至于成为一种过于劳累的体力活。只要把握好弹性的尺度，保证其张弛有度，就能有效提升学习效率，让学习者在相对轻松愉快的情境中完成学习任务。

57.寻找监督者

俗话说，无志之人常立志，有志之人立长志。制订学习计划也是如此。有的学生，每个学期开学时都要制订各门学科的学习计划，而几个学习的计划放在一起后，却很难发现其中的一以贯之的方法。有的学生，却能以一个计划为总纲，结合每学期的具体内容适当调整完善，使所有的计划形成一个完整的体系。

计划制订上的此种差异，其实和计划的落实密切相关。可以随时弄出一个新计划的人，绝不是忠实的计划执行者。真正以计划来指导学习的学生，对计划本身会有一种足够的敬畏。这样的敬畏，不但会促使他以严肃认真的态度对待计划，而且会监督他尽可能完善地践行计划中的各项任务。

事实是，大多数学生并不是学习计划的忠实执行者。一方面是因为很多人的计划本身就缺乏具体的操作性，另一方面是由于缺乏足够的恒心和有力的监督，听任惰性作祟，在放任自流中任凭学习计划自生自灭。

鉴于此种情况的普遍性，就有必要为所有这种类型的学生寻找到强有力的监督者。

常规意义上的监督者，以科任教师为理想人选。科任教师对该学科的知识结构和该学生的学习状态比较熟悉，能够从学习计划的制订、落实以及效果三个方面监督并帮助学生。此外，科任教师还能够根据该学生在课堂上呈现出的学习质态，判定其课前预习、课后复习等环节上可能存在的问题。这样就能帮助该学生及时修改完善学习计划，督促他在计划的引导下科学合理地学习。

这样的监督者,也存在着一些缺陷。一是科任教师面对的多是两个班百余名学生,很难将注意力集中到某一个人身上,监督容易出现时松时紧的现象;二是科任教师监督的尺度难以把握。太紧则容易形成师生间的矛盾,让被监督者有一种时刻被老师看管着的感觉;太松又难以取得预期的效果,不能保证学习计划的高效落实。

以父母为监督者,是另一种选择。请父母参与到学习计划的制订过程中,对于有效利用课余时间、合理安排学习任务,是很好的办法。父母在监督学习计划的落实时,可以清楚地了解孩子的各方面的活动安排,就不会对孩子的阅读、静思、娱乐等横加干涉,更不会没完没了地唠叨学习上的事情。只是,受专业素养和工作性质的制约,父母往往无法对具体的学业问题执行有效监督,且父母的监督时间只能局限在课余。

比较理想的监督者,是要好的同学,尤其是自律能力较强的同学。同学间朝夕相处,又在同一年龄段和同一学习环境中,彼此间的思想比较接近,容易把握被监督者的内心真实想法。而且,接受他人的邀请,承担起监督者的重任,本身也是一种激励。不足之处是同龄人间容易形成共同的认知误区,在某些需要监督的地方,监督者和被监督者都会犯相同的错误。

既然一个同学的监督容易出现盲区,那么,组建互助小组,就是一种很好的选择了。即使在成年人的世界中,寻找到几个"尺码相同的人",组建成共同进退的学习小组,也是保持成长动力的最佳方案。

互助小组的优势,在于形成一种交叉的监督关系。每一个被监督者,本身又是监督者。这样一来,要求别人做到的,自己就应该尽力做到。如此,人人都想方设法地完善自身,也就形成了一种良性的促进力,推动着互助小组的全体成员共同发展。

比互助小组更具监督力的,是监督者自身的自我成长期盼。只有形成了发自内心的成长愿望,外在的监督力才能发挥作用。从这点而言,学会自我监督,才是寻找监督者的最高级形式。鲁迅先生刻在桌子上的那个"早"字,就是一种自我监督。周恩来立下的"为中华之崛起而读书"的理想,也是一种自我监督。

但人终究是有惰性的。无论多么伟大的灵魂,在日复一日的重复性工作状态中，都会滋生出一种倦怠感，何况十几岁的学生。所以，最理想的自我监督模式，真正实施时，便困难重重了。受到某种力量的外部刺激时，三分钟热度内，往往确实能够收到很好的效果。三分钟之后，就有可能被惰性抢了上风。

因此，要想真正高效地执行学习计划，就需要综合多方面的力量，形成一种监督合力，让教师、家长、同学和自身都成为分工有序的监督者。只有置身在这样的立体化监督网络中，惰性才会无处藏身。

此种立体化的监督网络的另一个优点，是可以预防学习中的低效蛮干。当被监督者迫于某些压力而试图打破既有的学习计划，用大量的时间消耗来换取考试成绩时，这个监督网络就应该能够及时发现问题，帮助被监督者分析原因，找寻解决问题的方法，督促其回归正常的学习状态中。

第三个优点，是可以促进监督者反思自身的教育理念。在此立体化监督网络中，如果父母的监督方法和另外几种监督方法形成了冲突，就可以借助另几种力量来修正父母的监督方法。同理，当老师对被监督者提出了有违教育规律的要求时，另几种力量也能帮老师修正教学理念。

第十二章　预习是和教材的亲切对话

有关预习的重要性问题，本无需多言。从小学到中学，几乎每一个老师在新学年的第一节课，都会从预习、上课、复习三个方面，对学习全过程中应该注意的问题进行强调。然而，强调的次数多，并不意味着方法得当。在知道预习的重要性与掌握预习的科学方法之间，还有一个十分开阔的空白地带，需要同学们用有效的行动填充。

如何预习才最科学最高效呢？最高明也最朴实的方法，是带着目标反复阅读。预习之初，首先要搞清楚为什么要预习，想要通过预习解决什么样的问题。然后才进入预习状态，依照目标在预习中解决问题。预习无法在一次阅读中解决所有问题，而是需要多次阅读。第一次阅读，侧重解决“是什么”；第二次阅读，突出研究“怎么样”；此后的阅读，集中探究“为什么”。这三个问题研读清楚了，或者研读出了很多困惑点，预习就有了实效。

58.紧扣学习目标进行预习

预习不是猎奇，不是茫无目的地浏览，而是一种带有明确目标指向的自主性学习行为。预习的这种特性，决定了预习者必须要对学习目标有一个相对清晰的认识，能够依照已经学习过的知识，推定将要预习的教材内容中的学习目标。只有学习目标定位准确，预习才能收到实效。倘若预习内容偏离教材的学习目标，预习中获取的信息，便无法在课堂学习中得到有效的验证。而预习中形成的困惑，也很难在课堂中获得解答。

在中小学开设的各门学科中，难以确立预习目标的科目，主要是语文。数学、物理、化学等自然知识的学科，每一章每一节的学习任务都十分明确，同学们在预习时，只要结合例题，对相关定理定义展开推演论证，便扣住了学习目标。因为，老师针对这些章节内容进行教学时，其讲析的重点，依旧会是这些定理定义和例题。

政治、历史、地理、英语等社会科学知识的学科，每一课时的学习内容也很明确。预习这些科目时，能从众多信息中筛选出纲领性的内容，搭建起大脑中的知识框架，理顺框架间各个知识点间的逻辑关联，便有效完成了预习任务。

语文学科的预习比较麻烦。语文教材是由一篇篇原本单独存在的作品组合而成的。这些作品，每一个都是一个独立的小天地。每一篇课文的预习，似乎都可以包含了字音、字形、词汇、语法、写作技巧、主题探究等知识点。但这样的预习，难免因头绪太多而形成主次不分、重点难以突出的弊端。

实际学习过程中，相当数量的学生，在预习语文课文时，其实并未养成对所有知识点逐一研讨的学习习惯。为数不少的学生，预习语文课文，只停留在把课文读一两遍，大体知道课文说了些什么样的内容的层面上。这样的预习，问题当然更严重。因为，只了解课文写了什么，却不知道它怎么样写、为什么写，便算不得进入了真正的学习状态。

语文学科比较理想的预习方法，是“三步阅读法”。“三步”中的第一步，为初读。这一次的阅读，侧重于文字的疏通。比如，遇到不认识的字、不会解释的词语等，便借助相关工具书查阅清楚。当然，一遍课文读完了，至少还应该大体了解了课文的主要观点、主要故事等。

“三步”中的第二步，为细读。这一次，就要带着目标阅读课文了。目标从哪儿来呢？一是要关注课文的单元提示，二是要关注课文前的提示语，三是要留心课后的思考题。这三方面的内容，往往对这篇课文的学习目标有着较为清晰的定位。根据这样的定位，就能有效把握细读时应该注意的重点问题了。

比如，预习鲁迅先生的小说《孔乙己》时，那么长的一篇课文，该把重点放在哪些地方呢？首先就需要研究单元提示。九年级下册第二单元的单元提示，由这样的两段话构成：

文学作品是社会生活的反映。其中人物的悲欢离合、喜怒哀乐和兴衰荣辱，往往折射出时代和社会的世态人情和精神风貌。从中，我们不仅可以获得教益和启示，而且能得到艺术的享受。

学习本单元，要在把握情节的前提下，着重欣赏人物形象，把握人物的性格特点，了解刻画人物性格的多种艺术手法。

由这个单元提示可以发现，《孔乙己》这样的长文章中涉及的诸多知识，并非都要求学生作为学习任务来完成。在九年级下学期，学生只要能把握情节，学会鉴赏人物形象，了解作品塑造人物形象时采用的多种艺术手法，就算完成了学习任务。单元提示中的这个要求，其实就是这篇课文的学习目标，当然也就应该成为预习这篇课文时应该把握的要点内容。

而在《孔乙己》这篇课文的正文前，教材编写者也设计了一段短小的文字：

一个像孔乙己这样的读书人，一个"苦人"和弱者，在当时的社会有怎样的命运？这篇小说透过一个少年的眼光，给我们展示了晚清世风图的一角。在不动声色的叙述中蕴涵着深沉的批判力量。

这段文字有什么样的价值呢？它其实是对单元提示中提出的学习重点进行解答。它先是对孔乙己的形象进行了定位，确立了孔乙己"苦人"和弱者的身份。接着强调了这篇小说刻画人物形象的方法，点明其"透过一个少年的眼光"、"展示晚清世风图的一角"的写作特色。课前预习时，抓住了这两点，就是抓住了这篇课文中最重要的知识点。

至于课文后面设置的四道思考题，同样对课前预习目标的确立有重要价值。因为，课后练习要巩固复习的内容，当然就是教学的重难点之处，也是预习时应该重点突破的地方。

"三步"中的最后一步，为研读。研读可以是对学习目标内的重点问题进行的深入探究，也可以是对预习中产生困惑的某一两个问题进行较为详细的钻研。研读不能面面俱到，且应该尽可能和前一阶段学习的内容建立起联系。研读更不能钻牛角尖儿，无关紧要的问题，或者暂时无法理解的问题，就无需花费时间和精力去琢磨。

有了这样的“三步阅读法”，课前预习便有了明确的目标。每天的早读课，就不会拿着课本却不知道该做什么事儿了。

“三步阅读法”同样适宜于其他学科，任何一门学科的知识，都需要在预习时搞清楚“是什么”、“怎么样”和“为什么”。

59.重点内容随时点评批注

预习的过程，既是了解和接受教材相关知识的过程，也是和教材内容以及教材编写者对话的过程。在此过程中，同学们不但需要紧扣学习目标，正确运用“三步阅读法”把握教材中的重要知识信息，而且需要养成边预习边思考的良好习惯，需要学会在教材上随时点评批注，将自己在预习中获得的感悟、生成的问题、形成的困惑等标注清楚，为将要进行的课堂学习和课后复习服务。

预习时，应该在教材上点评批注些什么样的内容呢？

要解释清楚这个问题，需要对点评批注做一个整体性的了解。什么是点评批注呢？从字面上看，“点”就是圈点，即对文章精彩的地方加上圈点。“评”就是评论，即对作品的思想或艺术等内容写出自己的意见观点。“批注”就是阅读的时候把读书感想、疑难问题，随手批写在书中的空白地方，以帮助理解，深入思考。评点批注原本是我国文学鉴赏和批评的重要形式和传统，是阅读者自身感受的笔录，体现着阅读者别样的眼光和情怀。

点评批注通常以直入文本为主，少有迂回，多是些切中肯綮的短词断句。我国古典文学史上，最著名的点评批注当属金圣叹点评批注《水浒》，寥寥数语，或画龙点睛，或剔肉见骨，无不独有新见，写尽文字风流，成为研究古典小说的重要资料。

课前预习中的点评批注，当然不要求达到金圣叹的那种水平。预习中的点评批注，只需和预习时的“三步阅读法”相对应，正确处理好不同阅读过程中的重难点即可。一般而言，初读教材时，点评和批注均应突出最初的阅读印象。这种阅读印象，首先应该指向由当下的阅读而勾连起的相关旧知识，其次应该指向由当下的阅读而生发出的新感悟，第三应该指向对某些疑难问题的困惑和思考。当然，遇到了不认识的字词、已经忘却的定理定义等，也可以通过查字典和相关资料，将获取的信息在教材上注释出来。

细读教材时，点评和批注就应以紧扣学习目标的相关问题的理解、分析、鉴赏、探究为重点。对于学习目标突出强调的内容，要字斟句酌，并把这斟酌过程中的思路，用成串的问句体现出来。这时，写在教材中的点评与批注，应以问题呈现的方式为主，对涉及学习重难点的重要信息，要从各个角度追问一些“为什么”和“怎么样”，要能够从宏观层面上，将眼下探究的这个内容，放到这个学科的知识体系中进行探究。

研读教材时，点评与批注又要在上一次阅读的基础上，朝更细致的方向深刻挖掘下去。这时，大脑中应该不停地思考一个新的问题：教材中为什么要这样表述呢？这样的表述，是否最科学最合理？会不会还有其他的路径可走？如果在这样的苦思冥想中，突然间，大脑中灵光一闪，冒出了一个全新的方法。那么，将这方法立刻批注在教材上，就是最好的预习收获。

明白了点评批注的内容，再看点评批注的部分专用符号和点评批注的形式。

遇到重要的句子或者精彩的语段时，要用波浪线“～～～”把这些内容标注清楚；遇到关键性词语，要用着重号“·”圈点；需要着重领会加深记忆、理解的内容，用直线“——”标注在下面。阅读中有困惑的地方，画一个大大的疑问号“?”；需要区分段落层次的，用“／”、“‖”分开号进行区分。这些符号的价值，并不直接作用于点评批注的那个时间段，而是在若干时间后的复习中发挥效益。

符号之外，点评批注中更多的内容，来自预习时的思考感悟。这些心得体会，无法用专用符号表达，必须用文字陈述。从点评批注的形式上看，这些心得体会，可以零散地写在被点评批注的语句旁，成为“旁批”；也可以相对集中地写在每一页教材的顶部空白处，成为“眉批”；还可以写在一篇课文或一节内容的结尾处,成为“尾批”。三种点评批注形式中,旁批侧重于具体语句的感悟,眉批突出较长篇幅的语段内容的赏析或质疑,尾批偏重于整篇作品的内容与形式的综合性评价和探究。

点评批注的方法,有分析式、概括式、评价式、感悟式、质疑式五种类型。预习时,针对学习内容中的思维困惑处、有所感悟处、环节要害处、求异创新处,灵活运用上述五种方法进行或零散、或整体性的点评批注,对于把握学习目标,突出学习重难点,培养良好的学习思维能力和学习习惯,都有十分重要的意义与价值。同学们在预习教材时,如果能养成随时点评批注的好习惯,将自己在预习中思考与发现的问题如实记录下来,日积月累,就不但能以多快好省的方式学习相关知识,而且能让自己的思想在不断探究中得到长足的提升,使自身拥有远超出同龄人的思维力和远见卓识。

实际运用点评批注的方法预习教材内容时,同学们需要警惕一种不好的现象:只从同一个角度对教材内容进行点评批注。比如,有些同学,无论什么样的文章,都只对作品中的字音、字形、成语等最基本的内容进行解释,很少对作品中的形象、主题、艺术特色等进行鉴赏探究。这样的点评批注,价值便打了很大的折扣。点评批注必须注意“三步阅读法”在每一环节中的侧重点,从内容、形式等多方面对学习内容进行全方位点评批注。这样,才能真正落实学习目标。

60.发现学习的重难点

一所高中教学楼外的显示屏上,有这样一条信息:“70%的知识来自自学,20%的知识来自合作,10%的知识来自讲授。”这里的数据是否科学,无从考证,但其对学习过程中知识信息获取的三条路径的区分,却不无道理。

一个人,从小学到大学,十几年的读书生涯中,所有知识的获得,都离不开这三条路径。只是,受生理年龄和心理年龄的影响,处在不同的学段,自学能力和合作能力差异较大。小学低学段时,自学和合作在学习活动中所占有的比例或许小于10%,超过90%的知识信息,要依靠教师的言传身教。而随着年龄的增长,学习能力的提升,自学与合作能力将不断增强,来自教师讲授的信息逐步减弱。如此,发展至高中阶段时,7:2:1的比例,或许恰如其分。至于初中阶段,自学中能够获取的知识比例应为50%~60%,来自教师讲授的知识比例占20%~30%。

常规学习状况下,预习时能够遇到的疑难问题,大多不存在于50%~70%可以通过自学获取的知识中。真正能够激发出深度的思考,能够促使同学们想方设法寻求答案的那部分知识,必然来自剩余的那30%~50%的内容。而在这部分知识中,超出学习目标的,还将被剔除在外。余下的符合学习目标要求的重难点内容,又多不会隐藏在“是什么”和简单化的“怎么样”背后,只有深入到“为什么”和“好不好”的层面,通过层层递进的追问,才能发现它的身影。

这便要求同学们在预习教材时,心中要随时装着若干个“为什么”、“好不好”。这些“为什么”、“好不好”,既可以从基础知识、基本原理等微观层面上思考追问,也可以立足整体进行探究。

比如,预习理科类学科的某一节教材时,对于定理公理等内容,并不需要花费过多精力去琢磨它“为什么”、“好不好”,而对于教材中列举的例子,就需要多问几个“为什么”、“好不好”。要在预习中学会变换角度思考问题,多想一想还有没有更好的方法可以解决这个问题。有时,即使找不到更好的方法,也要想一想,是否还有其他的路径,也能抵达最终的结果。

文科类教材的预习中,“为什么”、“好不好”的多层追问,对于由浅入深、由表及里地分析理解相关知识信息有着举足轻重的作用。只有这样的不断追问,才能从司空见惯的语言文字中捕捉到不同寻常的意义与价值。

为了更直观地解说问题,我们以耳熟能详的诗歌《望庐山瀑布》为例,探究一下如何在预习中发现学习的重难点。“日照香炉生紫烟,遥看瀑布挂前川。飞流直下三千尺,疑是银河落九天。”

这首只有二十八个字的古典诗歌,就其字面意义而言,稍通文字的人,都能大体了解。预习这样的一首诗歌,如何才能发现学习中的重难点呢?或者说,如何才能从这样一首貌似过于简单的诗歌中,读出并不简单的意义呢?

借助相关工具书，了解诗歌中的“日照”、“香炉”、“紫烟”、“前川”等词语的语境意义，把握诗人创作这首诗歌时的背景材料等，属于50%~70%可以通过自学获取的知识，不在我们的探究内容之列。

需要合作探究的那20%的知识，主要来自于阅读中的审美感受。下面这些问题，可以借助同学间的相互合作而达成共识：

（1）这首诗歌，如果翻译成现代汉语，你还会觉得它很美吗，为什么？

（2）在诗歌的二十八个字之外，我们还能想象出哪些景物？

（3）诗人置身庐山之中，遥望瀑布奇观时，心中会产生一些什么样的情感与想法？

（4）是什么样的因素，使得这样一首几乎类似于大白话的诗歌成为千古流传的精品？

这四个问题中，最后一个问题可浅可深，最见阅读的功力。而对这一问题的思考，也正构成了这首诗歌的鉴赏重点与难点。可以说，千百年来所有关于《望庐山瀑布》的鉴赏文字，都是在回答这一问题。

余下的那10%~30%必须借助教师的引领点析才能掌握的知识，往往隐藏在文字的最深处。一般情况下，预习时的个体理解力投射不到那个层面，合作探究时，也很少能想到这一角度。这一类的问题，就需要借助教师的引导，需要将作品和作者结合起来进行立体化的探究。就《望庐山瀑布》而言，如何读出文字背后站立着的作者形象，就是教师教学时应该倾力引导分析的难点问题。只有将庐山的云蒸霞蔚、秀绝天下、庐山瀑布的雄奇壮阔等元素，和诗人本身的超凡脱俗、才绝天下、胸藏天宇、气冠古今的个性特征相结合，才能读出瀑布中挺立着的那个不怕任何艰难险阻，为了目标而勇往直前的诗仙形象。

此外，在阅读《望庐山瀑布》时，引入作者同一时期描绘庐山的其他诗歌，再引入不同时期不同诗人描绘庐山的诗歌，在对比中感悟《望庐山瀑布》的独特魅力，也只有借助教师的引导才能完成。能将一首诗歌的学习，拓展至比较阅读的高度，这样的学习，就上升到了学术研究的层面。如果能在预习中学会这一方法，对作品的理解，自然就会进入到一个全新的境界中。

由《望庐山瀑布》而设计的上述各类思考探究题，其实，都是预习时应该思考到的内容。思考到了这样的层面,才算得上和教材进行了亲切的对话。如果进入不了这样的深度,只在最表层的水面上做几下狗刨式的活动,便以为完成了在教材中的游泳,那样的预习,就和盲人摸象没有多大的差别。错读了教材的现象,也就难以避免了。

61.用新知识带动旧知识

关注预习中必须借助合作和教师讲授才能获取的那部分知识信息,并非是说通过自学便可以解决的那些内容没有价值。无论我们将学科中的知识体系比作链条还是同心圆,预习中的重难点知识,都不过是这链条或同心圆中的最新增长的那一部分。这个整体的更大部分,只能属于已有的内容,属于旧知识。

大脑中的知识结构的这种特性,决定了预习教材时,必然存在着一个用新知识带动旧知识、再用旧知识推动新知识的理解的过程。预习中,不但要对新知识中涉及的新定理、新概念、新方法、新模式等进行识记、分析、鉴赏、探究,而且要对教材中提及的那些已经学习过的定理、概念、方法、模式等进行复习。这样的复习,在某些学习内容上,其价值甚至超过对新知识的学习。

当然,这里所强调的新知识,也绝非“天外来客”,往往也不过是旧知识的拓展与演变。新旧知识之间,旧知识是基础,新知识是建立在此基础之上的楼房。如此,新知识不断以旧知识为基础,楼房也就越盖越高。

理清了新旧知识间的关系,课前预习时,也就应该对新旧两方面的知识全面兼顾,形成用新知识带动旧知识,用旧知识阐释新知识的能力。

要养成这样的能力,有哪些具体的方法可以借鉴呢?

(1)以新知识所呈现出的意义和原理,带动旧知识的系统性复习。比如,学习一篇文言作品时,在借助相关工具书完成作品通译的任务后,需要对课文中的重点虚实词进行归类整理。要想更好地完成此项工作,就要将以往所学的相关词句整合至新知识框架内,在比较分析中既加深新知识的理解,也巩固旧知识的复习。此时的旧知识复习,将不再只是局限于某一篇具体的课文,而是对学习过的所有文言作品进行专题性质的整合。整合的结果,反过来又促进了对预习中的新知识的理解,让原本相对孤立的虚实词,成为了文言词汇大家族中的一员。

这样的方法,同样适用于数理化等其他学科。例如,预习二元一次方程组这一新知识时,在借助相关原理和典型例题的引导,大体理解了该知识点的构成以及运用方法后,不妨对这新知识中涉及的一元一次方程、二元一次方程等知识进行相对系统的复习。这样的复习,同样能够使原本单一的知识点,成长为一株枝繁叶茂的知识树。

(2)用新知识所提供的方法,重新梳理旧知识,让旧知识产生出新意义。比如,结合具体的单元目标和课时目标预习中学高年级的某篇文学作品时,经过思考探究,掌握了景物描写对于表现人物心情的作用。这时再回头去读低年级时的那些课文,便能够对原先并不关注的那些写景内容生成出新的理解。

事实上,几乎所有的学科、所有的知识,都存在着一个回望中的新发现的问题。学习了高年级的设未知数解方程后,小学阶段的一些复杂运算便几乎丧失了意义;学习了复杂记叙文的写作后,二三年级时的片段训练和简单叙事便幼稚得可笑。用更高层面上的新知识去回溯原本奉为经典的旧知识,就能够发现旧知识中存在的片面和狭隘。如此,旧知识也才能在大脑的知识库中得到及时的更新,成为能够滋养新知识的源头活水。

(3)用新知识作纽带,将原本无关联的旧知识串联起来,形成跨学科的知识立交桥。预习新知识时,为了更好地理解这些知识,有时需要综合运用多学科知识对教材进行解读,这样,比同一学科中的知识树要大得多的知识立交桥,便形成于预习者的头脑中。

比如,预习语文教材中的相关科普说明文时,除了可以对来自语文本身的相关知识进行知识树的建构外,还可以对课文中涉及的相关科学知识进行整合归纳,以此复习其他学科中的相关原理、相关方法。当然,这样的复习,以不影响正常的学习为前提。倘若由语文教材中涉及的某一科学知识,激发出了对该科学知识中的新知识新方法的探究热情,并进而将语文彻底扔到一边,只专注于该科学知识本身。则这样的预习,不在课前预习所需探究的方法之内。

(4)在未知中寻找已知,探求释疑解惑的有效路径。前面的三种方法，都是建立在通过预习能够充分了解并掌握新知识的前提之下，这第四种方法，则是指向自学中无法独立解决的那部分疑难问题。面对预习中暂时想不明白的这类问题，与其紧盯目标咬住不放，不如迂回包抄从问题中寻找各种已知条件，再用这些已知条件来推测探究未知的成分。

比如，预习一篇比较冷僻的文言文时，很多句子根本无法读懂。这时，如果硬性翻译全文，形成的译文很有可能和本义毫不相干。面对这样的疑难点，就需要从那些已知的字词入手，充分激活已知文言虚实词和文言语法的知识库存，再根据具体语境分析判断具体字词在文段中的可能意义。如此，便能大体理顺文章的意义。

当然，这里的四种方法，都必须建立在真正静下心来和教材亲切对话的基础之上。只有在预习中乐意于发现问题、思考问题、探究问题，才能沉浸到教材的知识体系中，以相对宏阔的视野，串联起相关知识，让所有的知识活起来、实起来、丰富起来。实现了这样的目标，预习才称得上富有实践价值，才能为学习实践中的健康成长服务，为终身发展需要服务。

第十三章　听课是一门学问

一节完整的课，大多包括导入、衔接、演示、练习、拓展、总结等教学环节。这些环节，承担着课堂的起承转合的重任，使教学内容和教学重难点在张弛有度的教学节奏中，获得理想的呈现。

通常，教学环节不同，承载的教学任务也就不同。一节课的起始阶段，教师往往侧重于上一课时所学内容的回顾。而进入新授内容的学习阶段，则多依托典型例题的分析解剖，帮助同学们直观地获得新知识，养成新能力。练习阶段的教学，目的在于强化所学，培养实际动手的能力。拓展阶段的教学，则是为了养成灵活运用知识的技能。至于课堂总结，更是为了对本课时的学习内容进行提纲挈领的归纳与提炼，将来自例题、练习和拓展的感性知识，提升到理性归纳的高度。

不同教学环节在学习过程的不同功用，使得听课也成了一门学问。会听课的人，必然能够依照教学流程中的内容侧重点，及时把握教师授课中的主要信息。不会听课的人，便眉毛胡子一把抓，分不清轻重主次。要么各环节平均着力，把听课演变成一种高度紧张的脑力和体力劳动；要么把握不住重点，该全神贯注时却跑了神，让至关重要的内容，轻易地从耳畔滑过。

本章将针对教学各环节中的听课注意事项展开探究，希望能对同学们有所启迪。

62.关注前三分钟的衔接

尽管不同的教师在教学不同的内容时，会使用不同的教法，组织起不同的教学流程，但是，多数情况下，最基本的教学环节，还是会清晰地呈现在不同学科的不同课堂上。这其中,课堂前三分钟的新旧知识衔接,便是一个常态化的教学步骤。相当数量的教师,要借助这三分钟时间,既对上一课时所学内容中最能体现教学目标的相关知识进行强化复习,又对课后练习中存在的共性化问题进行解析,还要引出本节课的学习任务、学习目标,为紧跟着就要进行的课堂教学活动确立方向。

鉴于这三分钟教学内容的重要价值,同学们在听课时,就需要迅速集中注意力,将学习关注点从十分钟前的学习内容转移到本节课的学习任务中。为了让这三分钟的学习更加有效,还应该在正式上课之前,利用两三分钟时间,先进行一次自主复习。可以采用冥想的方式,静静地坐在座位上,把本学科在上一节课时学习的重难点内容在大脑中"过电影"一次;也可以采用阅读法,将上一节课所学的教科书内容和课堂笔记提纲挈领地读一读,想一想。这样,既让自己的心境由下课时的休闲状态转入听课的紧张状态,又为更好地感悟老师在前三分钟强调的内容作了情绪铺垫。

为了更直观地说明问题,下面,我们从名师授课实录中,节录一节数学课和一节语文课的前三分钟课堂活动,看看其中有些什么样的信息需要同学们领悟掌握。

师:请同学们自己找出一条理由,将 -4, +3, +4, -3 分成两组。

生1:我将 -4、-3 分在一组,将 +4、+3 分为另一组,就是将负数分为一组,正数分为另一组。

师:简单地说,就是将符号相同的放在一组。

生2:我将 -4, +4 分在一组,将 -3, +3 分为另一组,就是把数是否相同作为分组的依据。

师:你的意思是 -4 与 +4 相同,所以把它们放在一组?

生2:不是那个意思,我指的是 -4 与 +4 中都有4这个数,也就是符号后面的数相同,所以把它们放在一组。

师:什么数相同一定要说明,否则容易引起误会。(板书:符号后面的数)

生3:我把 -4 与 +3 分在一组,把 +4 与 -3 分在另一组。

理由是两个数的符号不同,符号后面的数也不相同。

师:一般地,一个数由两部分构成,即符号和刚才提到的"符号后面的数",考虑这两个方面,大家也就采用了三种不同的分法。两个方面都不相同是一种分法,把"符号"是否相同作为分组的依据,得到的是已经学过的一组正数和一组负数;把"符号后面的数"是否相同作为分组的依据,得到了-4与$+4$、$+3$与-3这样成对的数,那么它们又应该叫什么数呢?

生4:相反数。

师:你是怎样想到把它们叫相反数的呢?

生4:看书知道的。(众笑)

师:你先预习了今天的内容,知道了像$+4$与-4这样一对数是相反数(板书课题),不知是否想过,为什么叫相反数而不叫别的数呢?

生4:没有想过。

师:现在请大家思考一下。

这节数学课的前三分钟,师生间进行了哪些有效活动呢?首先,教师提出一个能够激发学习情趣的问题,同学们用学习过的知识完成这个问题,并陈述理由。这个环节,属于复习旧知识。教师对生2的追问,是对生2表述中的错误的纠正,也是对全体同学的提醒。在生3回答后,教师的讲解,既对问题中包含着的旧知识进行归纳,又引出了本课时要学习的新知识,实现了课堂的有效衔接。与生4的对话,则进一步明确了课时的学习内容,也对课前预习进行了必要的指导。

这个环节,在整节课的学习中绝非可有可无。它的价值,在于用新颖有趣的数学活动,迅速将学生拉入课堂教学情境中来,而且,活动还对旧知识进行了复习,并由旧知识牵出了新知识。此外,活动中,教师还对学生的部分错误进行了纠正,规范了预习和学习中的言行。

如果因为在课堂上未能迅速进入角色,浪费了这前三分钟,会有什么样的影响呢?一是不能快速进入学习情境中,思维跟不上节拍;二是未能对旧知识进行必要的复习,无法建立起新旧知识间的有效链接;三是把握不住本课时的学习目标和学习重点，容易导致课堂上的无所作为。

师：同学们，在王安石的眼中啊，乡愁是那一片吹绿了家乡的徐徐春风。而到了张籍的笔下，乡愁又成了那一封写了又拆，拆了又写的家书。那么在纳兰性德的眼中，乡愁又是什么呢？请大家打开课本，自由朗读《长相思》这首词。注意，仔仔细细地读上四遍。读前两遍的时候注意词当中的生字和多音字，争取把它念得字正腔圆。读后两遍的时候，争取把它念通顺，注意词句内部的停顿，明白吗？好，自由读《长相思》，开始。

（学生齐读）

师：按自己的速度和节奏读。

（学生放声自由朗读，教师在一旁巡视，了解学生的读书情况）

（师出示课件《长相思》）

师：好，谁来读一读《长相思》。来，孩子。其他同学注意听，这首词当中的一个生字和一个多音字，听他有没有念错。

（学生朗读）

师：读得字正腔圆，真好。"风一更"这个"更"字是个多音字。"聒碎乡心"的"聒"是个生字，他都念准了。来！我们一起读一读"风一更，雪一更，聒碎乡心梦不成。"预备起！

（学生跟着读一遍，教师又读一遍，带一点感情，学生跟着又读一遍）

师：真好，谁再来读一读《长相思》。其他同学听，特别注意听词句的中间，她是怎么停顿的，读得是不是有板有眼，听得清楚吗？好，开始。

（学生朗读）

师：真好，你们有没有注意到这位同学在读"身向榆关那畔行"的时候，哪个地方停顿了一下？

生：她在"身向榆关"的后面停顿了。

师：你还有没有注意到她在读"夜升千帐灯"的时候哪个地

方又停顿了一下？

生：她在“夜升”后面停顿了一下。

师：真好，你们都听出来了吗？对！这叫读得有板有眼。我们读这两句词“身向榆关那畔行，夜升千帐灯”。预备起！

（学生齐读）

师：再来一遍：“身向榆关那畔行，夜升千帐灯”（有感情地读），读。

（学生齐读）

师：真好！同学们，读古代的诗词，我们不但要把它读正确，读得有节奏，而且还要尽可能读出它的味道来。比如《长相思》这个题目我们可以有许多读法。有的读“长相思”（语调平平）。有“长”的味道吗？有“相思”的感觉吗？比如你这样念“长——相——思”（充满感情）有感觉吗？有味道吗？

这节语文课的前三分钟，老师先用两句话对上两节课学习的诗歌进行了高度的概括，然后引出了本节课将要学习的诗歌。这样的概括，其实是为同学们提供了一个用概括性语言归纳课文内容的示例，暗示着学习完一篇课文后，就应该进行一下这样的归纳。随后，老师提出了这节课开始阶段应该完成的学习目标，并借助精心预设的活动，落实了这几个目标。在落实过程中，又及时纠正了部分同学的错误，教给了正确的方法。

比较这一理一文两个课案的前三分钟教学安排，可以发现，虽然学科属性存在很大差异，但教学目标的指向却基本相同。两位名师都希望在学习开始的前三分钟时间内，迅速完成新旧课的衔接，让同学们对新课的教学内容形成清晰的目标，同时注意纠正运用旧知识过程中出现的一些错误。这三方面的学习任务，和本节文字第一段中的归纳完全一致。

由这两个案例片段以及比较中形成的结论可见，前三分钟的学习中，知识信息的密度总体上高于此后的几十分钟的学习内容。也正因为如此，这三分钟便必须引起高度重视。同学们务必养成良好的学习习惯，让每一节课的开场三分钟，都成为一出精彩的学习活动的最佳开场节目。

63.精心研习老师讲析的例题

时常会有一些学生诉苦说:"老师,我上课时都能听懂,课后也做了大量的练习,为什么每次考试时,一些老师在黑板上讲过的重点例题,我都无法保证完全正确地做出来呢?我是否应该花时间将老师说过的重点例题全部背下来?"

这样的困惑,当然多存在于一些考试成绩中下等的同学身上。导致失败的原因,其实很简单:这些同学在听课时,并未能够精心研习老师讲析的例题。课堂上煮了夹生饭,课后想把这饭加工得松软可口,当然难以做到。

我们知道,完成了新旧知识的衔接后,课堂教学便进入了新知识的传授环节。这一环节的知识构成,在数理化等学科上,大体体现为原理和例证两大部分,在政史地等学科上,则多呈现为观点和材料两大部分。只有语文学科比较特殊。在语文学科中,需要借助反复的阅读和对话,层层深入地剖析文本,并在这样的剖析中,一点点培养阅读鉴赏能力。

课堂内在知识结构的差异性,作用到同学们的听课活动中,便形成了几种不同类型的学习方式。一部分同学,对纲领性质的原理、观点十分关注,不但在书本上勾画圈点,而且在笔记本上重点摘抄。课后复习时,也乐意于投入时间和精力背诵这些内容。在这部分同学的观念中,抓住了这些问题,就是抓住了课堂中最重要的信息点。

另一部分同学,非常重视教师在黑板上演算的经典例题。他们认为,任何一种原理和观点,如果没有足够的例题支撑,便只能是毫无意义的理论说教,无法转化为具体的操作技能。学习的核心,不在于记忆多少原理和观点,而在于在实践中灵活运用这些原理和观点,解决各类问题。而要达成灵活运用这类原理和观点的学习目标,就必须借助经典例题的示范,获取直观的、感性的第一手经验。有了这样的经验做基础,才能为解决类似问题开辟通道。

当然还会有一些同学,既重视原理、观点的积累,也重视例题的示范。另有少量同学,则两方面都不重视。两者都能予以足够的重视,当然是会学习的一种标志。两者都不重视的,则算不得会学习的人。现实中,几乎每一个班级内,都会存在着一些听课时把握不住要点,只依靠课后没完没了的作业来强化课堂所学的学生,这样的学习,事倍功半已是最好的效果。更多的时候,是课后花费了十倍的功夫,也没收到一份应有的回报。

如果硬要将注重原理、观点的一类同学,和注重例题的一类同学进行对比,则注重例题的同学相对占有优势。毕竟,原理、观点只是一些虚空的词汇,和实践有很遥远的一段路程。而例题则是实实在在的示范,照葫芦画瓢,总能画出一个大致轮廓。用一个并不十分妥帖的比喻来解说,似乎更容易把道理说明白:原理、观点犹如武术书上的招数名称和要领解读,经典例题等于手把手地传授,要学会武术,当然需用后者的方法。

那么,听课时应该如何精心研习老师讲解的例题呢?

(1)不能只看皮毛,不看内涵。我们看例题,就是要真正掌握其方法,建立起更宽的解题思路。因而,当教师在介绍完相关原理和观点,开始运用这些原理和观点讲析例题时,需要认真揣摩教师的解题思路,并将这样的揣摩,跟培养自身的思维习惯结合起来。当自身思路和教师的思路出现分岔时,更要仔细推敲教师提供的例题中的细节性内容,要在分析比较中发现自身的思维缺陷和知识缺陷。如此,学习了一道例题,其实也就是进行了一次思维训练,再遇到类似的题目或同类型的题目,心中有了大概的印象,做起来也就容易了。反之,如果看一道就是一道,只记题目不记方法,看例题也就失去了它本来的意义。

(2)要把想和看结合起来。研究老师解析的经典例题时,不妨有个提前量。也就是说,在老师呈现了题目,尚未开始讲解前,先对这例题进行分析。读了题目以后,可以自己先大概想一下如何做。这样,当老师开始讲解时,就可以对照解答,看自己的思路有哪点比解答更好,促使自己有所提高,或者自己的思路和解答不同,也要找出原因,总结经验。

(3)学会随时质疑。老师选择的例题,当然很有代表性。但这并不意味着,所有同学在研究例题时,都能和教师的思维形成共振。对于某些暂时没有想明白的问题,要及时在教材上,或者笔记本上写下来,作为疑难点，留待稍后的练习时间作进一步的探究。另外，一道例题讲析完成后，也要想一想，还有没有其他的方法，能够解决例题上的问题。

(4)举一反三，形成能力。跟着老师的思路研习例题时，大脑应时刻处于高速运转的状态，要时刻能够将例题中的内容拓展开去，既联系起以前学习的旧知识，也拓展推演出一些新知识。当一道例题学习完成后，要多琢磨琢磨，看看这道例题还可以分解成哪些相关题目，可以带动哪些知识点的复习和练习。这样研究例题时，例题便不再只是孤立的一道题目，而是多种知识的集合与操练。

64.随时记录灵感的火花

当下，为数众多的同学不会记笔记。相当数量的同学，热衷于“复制”老师写在黑板上的一切话语，对于教师在课堂上临时生成出的一些重要信息，却不著一字。这样的笔记，对于学习没有太大的价值。

听课时，应该以一种什么样的状态做笔记？又应该在笔记本上记录一些什么样的内容，才能对当时的学习和后面的复习形成积极的价值呢？我们认为，最好的笔记，应该是随时记录下思维的灵感火花。

什么是思维的灵感火花呢？

我们知道，受诸多因素的制约，同学们在日常学习活动中表现出来的状态是有很大差别的。一部分同学的学习，始终停留在“懂”的层面上，以听懂老师讲解的内容或看懂书上的有关内容为学习目标。这样的同学，多不乐意于对问题进行深度思考，学习也很难进入高境界中。另一部分同学的学习，追求的是“懂”的基础上的“会”。这类同学，听得懂上课的重难点，也能够解得好大多数的课后练习题，考试成绩也不差。但缺乏主动探究的精神，有“小富即安”的心态。还有一部分同学的学习，以融会贯通为目标。他们的学习，侧重一个“悟”字，就是对所学知识一定要悟出道理来，要把书本和教师告知的内容消化吸收后，形成自己的个性化的果实。这类同学，注重知识经验中的规律，善于从本质上进行把握，体现出良好的学习素养。

第三类同学所追求的“悟”，便是思维的灵感火花。很多时候，“悟”是一种突然间的发现,是触类旁通,举一反三。同学们在听课时,如果真的做到了全身心的投入,便会发现自己的思维其实很活跃,能够随时生成出一些精彩的念头和奇妙的构想。这样的念头和构想,往往就如一座座立交桥,可以将纵横交错的信息路有机统一起来,形成四通八达的知识网络,让学习呈现出云开日出、长烟一空的功效。

当然,这样的笔记,也有一定的局限。灵光一闪中形成的思考,往往不具备条理性,很难和其他知识贯穿起来。当时能看明白自己想的是什么,过一阶段后再看,便很难理清其中的意义。

为了避免这样的尴尬,就需要将这灵感火花纳入规范的课堂笔记中。

那么,什么样的课堂笔记才算是规范的课堂笔记呢?它应该记录些什么内容,又如何记录这些内容呢?下面这几点,应该引起足够的重视:

(1)归纳提炼,形成提纲。很多时候,课堂上记笔记,常有“听了来不及记,记了来不及听”的现象。其实,任何一节课上教师讲授的内容,都绝非百分百有价值。很多时候,45分钟的一节课中,真正有价值的信息不超过10分钟。如此,笔记就应该详略得当,提纲挈领。记好了提纲,就是整理好了知识信息的脉络,课下,再根据提纲进行回忆补充,添加上必要的个性化的理解,也就能够加深对相关内容的认识和把握。

(2)把握思路,理清头绪。记思路是切实有效的方法,有了思路,就像航海时有了航标灯,自然就有了前进的路线和方向。记思路的方法,特别适用于有固定思维模式的那些知识。很多时候,把握了分析鉴赏这类知识的正确思路,也就理顺了解决所有同类型知识的总纲。当然,记思路也要因地制宜,如果对于一个困难题,听了或看了仍头绪不清,难以理解,比较茫然,这时,记思路就应该详细些,并记好结论,方便复习和思考。

(3)突出重点,有的放矢。教学中,课的起始阶段和结束阶段往往特别重要。这两个环节中教师说的一些话,板书的一些内容,往往就是这节课学习的最重要内容。记笔记时,要能够有效把握这两个环节。新课开始时的笔记,要侧重记录学习目标和学习重难点;新课结束时的笔记,则要突出这节课内容的精彩提炼和复习巩固的提示。另外,中间部分的教学过程中,教师必然会对某些重点内容进行反复的强调,有时甚至会把有关内容框出、划出，或者用彩色笔写出以求引人注目。这些当然都是记笔记时应该关注的重点。只要突出了这些重点、难点，我们的记录就能详略得当，泾渭分明。在记录重点时，也要不失时机记下有关解析内容的经典范例和突破重点的巧思妙解。

(4)关注拓展，强化积累。在教学过程中，老师经常会跳出教材举例设喻，利用补充一个经典的例题或恰当的比喻来引入概念、突破难点、强化重点、说明方法或优化思维。这样的拓展，有的会让我们恍然大悟，有的会让我们回味无穷。及时记下这些补充的内容，对于开启我们的思维大有裨益。日积月累中，我们的思维会更加开阔，对知识的理解更加深刻，对方法的掌握也更加牢固。

(5)重视总结，消化吸收。每节课听下来，老师都会归纳总结一节课所学知识的精髓，这是一节课的核心。记录好这些总结的内容，能够使所学的相关内容一目了然。如果自己能在总结中形成完全个性化的总结，就更能促进对这部分知识的深刻理解，也有利于在未来的复习中消化吸收。

上述五方面的内容，其实都需要以听课过程中的“悟”做基础。没有“悟”，便无法概括，无法将来自教材和教师的信息转化为自己的信息。这样看时，在笔记上记录下这五方面的内容，依旧属于随时记录灵感的火花。

65.在他人的错误中修正自己的思考

很多老师上课时，很多问题自己发现不了，而看其他老师上课，同样的问题，便能够轻易地发现。这些问题中，比较突出的一个，是提问和板演。很多时候，提出了一个问题，只提名一两位同学回答，其他同学是否也处于同步思维状态，无法检测。板演也是如此，在黑板上书写的几个同学很忙碌，下面的同学，有的忙有的闲，甚至有人完全抱着看热闹的心态，专门等着欣赏别人的错误。

从教师的教的角度看，这样的教学安排当然存在着一些缺憾。从学生的自主学习的角度来看，其中又包含了另外一些缺憾。这些缺憾，一方面体现为学习活动中的主动思维精神的丧失，另一方面又体现为学习视野的狭窄和探究能力的弱化。为数不少的同学，似乎总是忽视了几个应该思考的问题：为什么我们的思维不能跟上回答问题的同学的思路？为什么我们会在别人板演题目时无所事事？别人的回答如果是正确的，对我们的思维会形成什么样的影响？别人的回答如果是错误的，又能够给我们带来哪些值得警惕的问题？凡此种种，倘若仔细琢磨下去，便能够发现，别人对问题的回答无论是否正确，都有利于检验并校正我们的思维路径。遗憾的是，很多时候，有些同学并不热衷于这样去思索，宁愿让时间空耗在他人的积极思考中。

其实，在学习中，能够听到或看到他人的思维呈现过程，较之一个人的冥思苦想，是一件十分益智的事。因为，他人，尤其是和自己的思维能力、知识结构、价值认知等基本相同的同学在某一问题上的思考，往往能够体现出很强烈的共性特征。他的错，很大程度上，就是我的错。不同只在于，他有机会把自己的错误暴露出来，我的错误却始终被隐藏在暗处。

听课时，遇到有同学被提问，或者有同学被提名板演时，应该以一种什么样的心态对待他人的回答或解答呢？

（1）应该以一种积极的心态，立刻投入到对相关问题的思考状态中。教师提出问题后，往往会留下一段短暂的时间供同学们思考。在思考相对成熟后，才会提名回答，或提名板演。在这段思考时间中，无论老师是否会提问到我，我都应该开动脑筋，积极投入思考活动中。如此，当有人回答，或有人板演时，我就能够有机会从别人的思维中观察自身的优点与不足。

（2）在他人回答问题时，应该全神贯注地静听他人的答案。一边听，一边还要形成判断。既要善于发现他人思维的严谨细密之处，也要能够发现他人的疏漏缺失之处。在他人发言结束后，要能够在心中对他人的发言进行归纳概括，迅速提炼出他人发言的要点，并对这要点中的得与失形成自己的评价。

（3）观赏几位同学的板演时，要善于从不同的思维状态中找寻共同点和不同点。要养成分析比较的习惯，能从不同的解答中区分出优劣。在此基础上，如果时间允许，还要能从具体的解题思路中推测答题者的思维过程，并思考这过程中可能存在的欠缺，探究形成欠缺的原因。

(4)不要以嘲讽的心态对待同学出现的错误。要把每一个错误，当成一个难得的病例进行解析。要善于分析把握造成错误的原因，并将这原因和自身的知识结构联系起来，以此来检测自己的知识储备是否也存有类似的问题。

(5)再往深处思考时，还应该认真琢磨这样一个问题：暴露出的错误中，是否存在着一些积极的元素？比如对新方法的探究，对常规思维模式的有意突破等。文科类的学科中，更应该考虑这些看似错误的答案中，是否存在着一些现实的合理成分。在一些原本应该具备很强的开放性的问题中，千万不要把一种观念看做绝对真理，将其他的观念都视作谬论。

(6)在相对开放的问题上，要尝试着变换角度思考。自己已经有了一个角度，受到其他同学的启发，或许又会发现新的角度。而以这新的角度去探究问题时，会发现原先的答案又有了值得修订完善的地方。而当自己对同一个问题已经形成了几个观察角度后，面对别人的答案，就不要轻易用对或者错进行简单评判，而要尝试着用对方的角度去观察和思考，并比较两者在观察和思考中形成的结论中的差异。如此，才能最终评价对方的思考是否真的存在偏差。

上述六点，归结起来，其实就是一个问题：用研究的心态对待他人的答案。每一个答案，都是一种思维的产物。这样的思维，只要形成，就必然有其形成的原因。研究这些答案的过程，就是研究他人思维的过程。而他人的思维，对自身的思维总有一定程度的启迪价值。所以，听课时，千万不要以为老师的注意力放在被提问的同学身上了，自己便可以偷偷懒，开开小差。要知道，在你偷懒、开小差的时候，你的思维能力便失去了一次锻炼的机会。

66.争取每一次表达的机会

20世纪30年代，在英国一个名不见经传的小镇里，有一个叫玛格丽特的小姑娘，从小受到严格的家庭教育。父亲经常向她灌输这样的观点：

无论做什么事情都要力争一流，永远走在别人前头，而不能落后于人，“即使坐公共汽车，你也要永远坐在前排。”父亲从来不允许她说“我不能”或者“太难了”之类的话。

对于孩子来说，这个要求可能太高了，但她所受到的教育在以后的年代里被证明是非常宝贵的。正是因为从小就受到父亲的“残酷教育”，才培养了玛格丽特积极向上的决心和信心。在以后的学习、生活和工作中，她时时牢记父亲的教导，总是抱着一往无前的精神和必胜的信念，尽自己最大努力克服一切困难，做好每一件事情，事事必争一流，以自己的行动实践着“永远坐在前排”的誓言。

玛格丽特上大学时，学校要求每个学生要用5年时间来学习拉丁文课程。她凭着自己顽强的毅力和拼搏精神，硬是在一年内全部学完了。令人难以置信的是，她的考试成绩竟然名列前茅。玛格丽特不单是学业上出类拔萃，在体育、音乐、演讲及学校的其他活动方面也都一直走在前列，是学生中的佼佼者之一。当年她所在学校的校长评价她说：“她无疑是建校以来最优秀的学生，她总是雄心勃勃，每件事情都做得很出色。”

正因为如此，40多年后，英国乃至整个欧洲政坛上才出现了一颗耀眼的明星，她就是连续四届当选为英国保守党领袖，并于1979年成为英国第一位女首相，雄踞政坛长达11年之久，被世界政坛誉为“铁娘子”的玛格丽特·撒切尔夫人。

将这个故事移植到课堂学习中，便会发现，学习中的“永远坐前排”，其实就是要努力争取每一次表达的机会。听课时，不但要思维积极，而且要争取机会发表观点。要知道，每一次机会，都是一次难得的自我挑战。

学习中，存在着哪些主动表达的机会呢？

最常见的机会，是回答问题。当老师提出了一个问题，且这个问题具有一定的思维挑战性，而自己又对这个问题形成了一定的思考后，就应该主动示意老师，申请回答这个问题。上课时回答老师的问题，绝不是为了出风头，而是为了检验自己的思维，训练口头表达能力。进入高年级后，很多同学担心回答问题出现错误会招致同学们的嘲笑，这样的顾虑，其实毫无价值。因为，习惯于嘲笑积极思考问题的人，他自己必然不会是一个主动思考者。

争取板演的机会，是学习中的另一个主动行为。和口头回答相比，板演因为时间长，思考的空间大，思维便更加严谨。板演时不要畏惧错误，有了错误，才会有对错误的纠正。

在教师巡视课堂时，将自己对教材中相关问题的深刻思考以及疑难困惑提出来，请老师指点，也是一种主动表达。不要担心老师怕麻烦，更不要担心老师不会解答。任何一个热爱教育的教师，都会由衷地欣赏热爱学习、勤于思考的学生。万一遇到短时间内解决不了的问题，老师也会坦然地承认自己的知识欠缺，并承诺回去查找资料，解决问题。

在学习小组间合作探究相关问题时，同样应该争取发言的机会。要善于将自己的思考告知小组内的其他同学。而对于其他同学的发言，也要在充分肯定他人思考成果的前提下，就一些值得深入探究的问题展开多角度的分析。如此，才能保证在课堂上始终处于思维的活跃状态。

除了上述的说与写的表达机会之外，学习活动中，有时还会有一些对思维训练和能力培养颇有益处的临时性的安排，值得主动争取。比如，英语课上的情景短剧表演，语文课上的朗诵、演讲、课本剧演出，物理课上的实验操作等。这些活动，需要多方面的知识和技能做支撑，有利于将课堂中学习的静态知识转化为动态知识的能力养成。

当然，争取每一个表达的机会，并不是说一定要抢第一。无论是面对老师，还是面对讨论小组内的同学，发表观点时，都应该尽量做到思考成熟，切不可不经大脑思考便信口开河地乱说。人人都知道的问题，应该不说；缺乏思维挑战性的问题，可以不说；没有理出一点头绪的问题，想想再说；形成了与众不同的见解的问题，一定要说。要注意：我说，是因为我在思考！

另外，应该在什么样的时候表达自己的观点，也有讲究。比如，老师在课堂上提出的思考题，总要照顾到大多数同学的理解能力。如果自己的学习基础很好，就应该意识到，这样的问题，并非是为自己这样的学生而设计。如果不顾其他同学，抢着将答案说了出来，则会剥夺其他同学思考的机会，对自己的成长也不构成有益的促进。如果自己的基础一般，甚至不理想，则应该尽量多地争取机会发表观点。

跟老师或同学探究问题时，也要注意方式方法。一般情况下，如果面对的是一个难度系数较大的问题，则向别人表达时，要先将自己对这个问题的想法清楚地告诉对方，然后再征询对方的意见。毕竟，这个问题自己已经思考了很长时间，别人则是第一次接触，短时间内不一定就有自己想得周全。把自己已经进行的思考和探究告诉别人，既是对对方的尊重，也是为了更好地探讨问题。

如果你对上面这些方面的问题都已经了然于胸，那么，听课过程中，就放开胆量，根据具体情况大胆地争取每一次的表达机会吧。

67.坐稳课堂总结的三分钟

本书的第八章第40节中，介绍过德国心理学家艾宾浩斯关于遗忘规律的研究成果。在艾宾浩斯的结论中，遗忘速度最快的一段时间，是接受新知识后的20分钟内。原本100%掌握的内容，20分钟后能够清晰记住的，便只剩下58.2%。

一节课的时长通常为40分钟，前3分钟用于新旧知识的衔接，然后进入新课。一般情况下，一节课中最重要的知识，往往出现在授课10~25分钟这段时间内。这段时间内接受的信息，至授课37分钟时，至少也存在着12分钟的时间间隔。这12~27分钟，将近一半的信息，已开始淡忘。

因此，在新课临近结束前，用3分钟的时间，对本课时学习的主要内容进行归纳总结，便显得十分重要。这样的总结，既是对课时学习目标和学习重难点的有效回顾，也是对相关学习方法的归纳与提炼，还能够重新唤醒记忆中开始沉睡的那部分信息，加深对课堂学习内容的有效记忆。基于此，任何一节精心准备的课，都会对本课时所学内容进行简明扼要的归纳总结。

然而，经历了近40分钟的学习，临近下课时，同学们的心态难免会放松下来。尤其是置身于下一节是体育课、音乐课、微机课的课堂，或者上下午的最后一节课时，更会有一种迫切离开教室的愿望。这时，要想全神贯注地凝听教师的课堂总结，便成了一件很需要定力和耐心的事。

这便要求同学们能够坐稳课堂总结的最后3分钟。坐稳的方法，其实很简单：把思维集中到课堂的学习内容中。同学们的思维，要跟得上老师的授课节拍，能够在老师的课堂总结活动中，理清学习内容的主次，抓住学习环节的关键、突出问题的重难点。

传统型的授课模式中，受教师教学方法运用和教学环节设计的制约，最后3分钟的课堂总结活动中，多数情况下，同学们处于被动接受的学习状态。教师往往会依照自己的板书设计，将一节课中的思维活动过程粗线条梳理一遍，在形成结论的若干要害处，还会突出强调。这时，同学们的大脑必须高速运转起来，要让这节课的若干片段在大脑中形成回放。如此，便能把这节课的学习目标、学习重难点、主要技法等进行系统的梳理和归类，为课后的笔记整理、作业训练和强化复习奠定基础。

在具有课改精神的授课模式中，最后3分钟的课堂总结，主动权通常交还给了同学们。这时，学会科学合理的自主总结，便显得格外重要。在这3分钟时间内，不但要从宏观上明确提炼出“学了什么”，更要能立足微观，对“怎么样”和“为什么”进行高效整合。

比如，这节课学习的内容是朱自清的《春》，最后3分钟的自我总结时，同学们就应该思考这样几个问题：《春》的学习目标有哪些？这节课完成了这些学习目标吗？《春》的重难点是什么？它们为什么是重难点呢？朱自清描绘的五幅春景图各有什么样的特点？作者又是如何表现这些特点的？从写作学角度看，我们可以从《春》中学习到哪些写作技法？朱自清先生为什么要写作《春》？这些问题，不一定都能在最后的3分钟内一一解答清楚，未能解决的部分，可以留作课后复习时再做进一步探究。

数理化等理科学科的最后3分钟自我总结，除了要能够对本课时学习内容进行精要归纳之外，还要能够将本课时的学习内容，和这一阶段学习的相关知识进行整合，构建起该学科在该知识点上的“知识树”。要完成知识树的绘制，3分钟时间当然不够。3分钟内，勾画的是蓝图。具体的落实，留待课后复习时完成。

如果将各种不同类型的学科、甚至不同类型的教学方法下的课堂最后3分钟进行汇总归纳，则大体可以发现，这3分钟的课堂总结中，有如下几方面的内容需要格外关注：

(1)对课时学习目标的回顾和提炼。无论是由教师归纳，还是提名同学归纳，回顾教学目标时，必然会结合一定的定理定义、典型例题。这时，不能只满足于对目标框架的整体性记忆，而是要能够对目标内的具体知识信息进行较为完整的反思。要在“学了什么”的基础上，对“为什么”和“怎么样”投注更多的精力。

(2)对由具体例题中提炼出的解题方法、解题技巧的强化性记忆和理解。一节课中涉及的例题或许很多，但很多例题，在反反复复的训练中，不过是为了归纳出具有共性特征的解题方法和解题技巧。抓住了最后3分钟总结中提炼出的这种共性方法，则同类型的众多问题，都有了解决的抓手。

(3)对拓展延伸内容的再思考和深加工。只关注来自教材中的要点知识，还不能培养出举一反三的习惯和能力。最后3分钟的总结时，还要对本课时后半部分展开的延伸训练的内容予以必要的关注。这些内容，往往是课堂学习重点的适当延展，能够体现出该知识在整个学科中的发展状况，对于从更高层面把握该知识有引领提升的作用。

(4)对易错点的强化和对共性化错误的诊疗。对于具有一定难度的新授知识，很多同学会形成“误读”。这样的“误读”，在课堂活动中，或许已经暴露出了一定的问题。而这些问题，虽然在授课时已经得到了纠正，但不见得所有人都真的理解了它。如此，在最后3分钟的总结时，对此类错误进行必要的回顾，同样是巩固课堂所学的一种好方法。

除此共性问题值得关注之外，每一学科的知识结构不同，教学流程不同，每一位教师的教学风格不同，其最后3分钟的总结内容也注定存在着差异。比如，有的教师在最后3分钟的总结中，偏好于形成固定的结论；有的教师喜欢由本课时中已经得到解决的问题，引出新的问题；有的教师热衷于解题方法的积累，每一节课都试图提炼出一种适应于中高考的解题技巧……凡此种种，同学们都要以积极的心态对待它，切不可小觑了这3分钟的总结。

第十四章 重复是知识之父

从没有一种知识，一经了解，便永不遗忘；从没有一种能力，一旦形成，便永不消失。知识的积累和能力的提升，总是如同雪地中滚动的那个雪球，静止不动时，不但无法壮大自身，连原有的那个身躯，也会随着时间的流逝而逐渐化为尘与水；一旦滚动起来，则既能守住原先的自我，又能不断吸纳更多的新成分，扩充自身的储备，最终成为无比强大的力量。

这个滚雪球的过程，就是学习中的复习巩固的过程。复习，让要点不断强化，让难点依次攻克，让目标更加清晰，让记忆更加牢固。

但这不等于说，滚雪球没有技巧。事实上，任何一门学科的复习，都需要有一定的方法引导。好的方法，总是事半功倍；坏的方法，则往往事倍功半。也正因为如此，在现实的学习生活中，我们才会发现，总有很多特别刻苦的同学，每天都在做各种各样的题目，却因为缺乏科学合理的复习方法的引领，总难获得令人满意的成绩。

本章中，我们将一同走进学习中的自主复习环节，探究复习中的方法和技巧。

68.复习是一种提炼

人类从事任何工作，都存在着一个效率问题。一个晚自习，3个多小时的时间，有同学做了20道题目，有同学只做了10道题目。是不是做了20道题目的同学的学习效率就高了呢？这个答案应该是不确定的。因为在完成这些题目的过程中，还存在着一个提炼与再创造的过程。做了20道题目的同学，若只是为了做题而做题，做之前没有复习相关知识，做的过程中没有举一反三的思考，做之后也没有进行认真的归纳提炼，那他这一个晚上的收获也就是这20道题目的工作量的完成。而做了10道题目的同学,如果做之前先复习了相关知识,做的过程中又不断地思考着题目可以牵连起来的旧有知识,做完之后还进行了系统的知识归类。那么,他的这10道题目就可以演化成一种技能。这种技能的力量,可能相当于100道1000道题目。两者这么一比较,就可以发现,数量的多少在学习中并不是提高效率的关键。

通俗地说,人的大脑可以演变成两样器物:一是杂乱的贮藏室;一是有序的加工厂。对于相当多的学生而言,每天重复的仅仅是一件简单的事情,那就是尽最大可能地把老师布置的任务通过练习的形式存放到贮藏室里去。这个贮藏室,可以说到高中时早已经是包罗万象了。各种知识凌乱而无规则地散放着,相当部分由于年久而未能整理,已经风化变质,更有些早已经霉烂,化作了粪土。这种学习方式,应该说是早该淘汰的,但却偏偏被大多数学生所认同。这样的学生占学生总量的7成以上。而与此相比,少数善于学习的同学,则是把自己的大脑当作了一个可以不断创造出财富的加工厂。在他的加工厂中,任何知识存放进来后,便立刻面临了一个整合的问题。在整合中,重复累赘处首先被积极地剔除,仅仅留下了有价值的部分。然后,大脑开始对这个部分进行二次的创造,把刚进来时属于知识层面的内容,转化为一种能力性的富于创造性的东西。在这种内化的过程中,我们的知识不断被丰富,能力不断被提升,也就不断地在所学知识的基础上,通过自己的归纳总结而生发出新的属于自己的知识体系。

这两种不同的学习方式中,储藏室型的学习者就像俄国作家果戈理笔下的土财主泼留希金,只要是物品,不管是否有用,都要网罗来然后把它堆放到自家的角落里去。这种拥有,不是为了用它来实现什么,更不是为了创造出什么,最主要的应该只是为了获取一种心理安慰,或者说是通过这种看似主动实则机械的努力来构建一种自慰情结。与此相比,加工厂型的学习则是一种心理满足,是一种审美愉悦。因为后者在主动创造中获取的,是超出了投入的新的愉快心理。

我们的同学,从进入中学起,最大的困惑就是付出与回报间的失衡。相当多的同学,面对自己每天12小时以上的付出,一方面是心中获取了劳动的充实感,另一方面却是内心颇不平衡。因为相当时候,付出和收益间的差距总是很大。这种差距,体现在单纯的名次变更上,就是常常有同学惊讶地发现,有些看起来并不努力的同学,偏偏总是成绩远远好于自己。那么,是什么原因导致的这种现象呢?

首先,在学习的计划性上,90%以上的同学并不明确地知晓自己每天的自主复习时间应该处理什么问题。他们所乐意做的,往往就是老师布置的或者发下来的练习。相当多的人,把机械地完成练习当做自主复习的最主要任务。根本上就忽视了整个学习体系中的分段性和计划性。

我们所学习的知识,就如同自行车上的链条。每一个环节的紧密联系,才能构成合理有序的运行规律。而相当多的时候,我们的自主复习都只是一味地在眼下所学的知识上拼命努力,却几乎不再顾及先前也曾经努力过的旧知识。这就像给链条上油一样。当我们学习到这节链条时,就拼命地给他上润滑油,让他异常的滋润。但当这节链条从我们的视野中走过后,我们就再不顾及他了。原先上的油,慢慢被风吹干,然后这链条就开始上锈,开始腐蚀。这时,我们又在给另外一节拼命上油了。而正在接受我们润滑油滋润的,一个阶段后又会被冷落,再重复他前面所有链条的命运。如此,我们的学习怎么能够提高呢?看起来我们每天的复习都很努力,但实际上除了每天做大量题目,并必须坚持到12点以后休息外,却没有完成应该有的预期学习目标。我们通常所追求的,就是是否达到了12点以后休息这么个外显的可操作的硬性计划。因为很多人总是认为,当大家都是很晚才休息时,早睡就是一种堕落。这里,恰恰忽略了最为根本的一个宗旨,那就是完成既定任务。这样的方法,长期坚持的结果,就是知识的非计划性非系列性。每天重复的,可能只是在永远也无法完成的题海中挣扎,没有希望,没有未来,有的仅仅是自己知道自己在努力。

其次,在学习的生成性上,绝大多数同学对于知识的认知,仅停留在僵化理解的基础上。一个知识作用于我们的大脑,往往仅外显为一道具体可解的试题。通常我们最乐意的,就是花费时间去战胜这些试题。因为在这种战胜中,我们可以获取一种成功的愉悦感和收获感。却不知这种愉快,早在很久前我们就已经体验过。现在的体验,不过是因为对过去的忘却，是把重复过去当作了开辟新纪元来误判。

我们每天用在数学这一门学科上的时间应该不少于2个小时，每天做的题目平均也应该在10题左右，这样，仅只高中阶段，到高三毕业时，我们用在数学这一门学科上的时间应该就达到将近2000小时，完成的题目至少也在8000题以上。用8000道题目做坚强后盾，来应付高考的20~30道题目，按理说应该是太简单的事情了吧。想想看，用一支8000人的军队，来对付一支只有20多人的队伍，焉有不胜之理？可惜的是，我们很多同学高考时偏偏就考不好数学，总是在数学上摔跟头。这是什么原因呢？其实很简单的道理，因为我们8000人的队伍，有7900多都在那睡大觉啦。我们用来作战的，仅仅是我们最后复习时操练的那有限的力量。以往认真训练的队伍，后来都被我们忘却了，任他们躺在了我们的大脑中我们自己都找不到的角落中去了。

数学是这样，其他科目也同样是如此。我们在学习中总存在着重视新知识轻视旧知识的弊端。虽然我们都能背诵出“温故而知新”、“学而时习之，不亦说乎”等名句，但真正到实践中，我们都忘却了这些宝贵的经验。

69.先回顾后练习

研究发现，绝大多数高三同学在长达四个小时的晚自修时间里，多满足于沉浸在无边题海中，轻视对教材的回顾。大多数人只是在解题遇到困难时，才把教材翻出来，找到跟题目有关的那部分，搜索出答案后，便立刻将教材塞回桌肚中，继续攻克剩余的试题。只有为数很小的一部分同学，能够在晚自修时安排一定的时间，将当天学习过的教材内容认真回顾一遍，此后才开始做相关练习。

其实，并非只有高三同学存在着对教材回顾不足的问题，在日常学习中，几乎所有人都会有这样的经历：有时见到一道题目一时找不到思路，就迫不及待去翻看答案，看答案时往往觉得答案的每一步都顺理成章，该用哪个定理，该用什么方法，非常简单，就自认为把题目已经理解透了。过几天再做这道题，还是无从下手。

出现这种情况。主要是因为我们从这道题目中获取的，只是静态的、缺乏生成能力的答案，并非解决该类问题时应有的体系化知识和相关解题技能。在这个过程中，我们关注的重点是这道题的解答结果。我们只是机械地认识了这道题的解题过程，并没有真正理解每一个过程中运用到的各种知识，没有能将众多知识串联起来，形成一种创造性的思维加工厂。

要改变此种状况，就必须在复习中学会化被动为主动。拥有复习中的主动性的方法并不复杂，只需做到“先回顾后练习”。也就是说，在需要解决某类型的试题时，不要急于直接从试题本身入手解答问题，而要学会迂回包抄，先回顾教材，再进行练习。

需要注意的是，对教材的回顾，跟课前预习以及课堂学习时对教材的学习有很大的差异。自主复习中回顾教材，必须做到以下三点：

(1)读思结合，提炼升华。复习中的回顾教材，目的不在于认知教材，了解基本原理，形成基本技能，而在于对教材中零散的、非体系化的知识进行整合，使其形成体系化的知识链。要实现这样的目标，就需要突出一个“思”字。要能够在读书的过程中，大脑中始终装着“为什么”。

一位在高考中取得优异成绩的考生在总结自己的经验时，强调说：“我学高中数理化的时候，经常会想一个为什么？比如一个数学公式，它为什么是这个样子的？化学方程式，为什么会是这个结果？然后就按照自己学过的东西去推导。等到把这个公式或者数学方程式推导出来之后，以后考试的时候需要用到这个东西时，就会在脑子里第一时间蹦出来，那个时候解题就简单化了。”

这位考生的经验，值得所有同学学习。

(2)突出重点，注重迁移。复习中的回顾教材，不能满足于将教材内容从头到尾地读一遍，而是要有重点地细读和思考。对于已经记住和理解的部分可以不必再花费很多时间，而把时间集中在回忆不起来和印象模糊的内容上面。

比如，复习数学中的对数函数这节内容时，如何回顾教材，才能使复习更有实效呢？多数同学会将教材中有关对数函数的性质、公式等文字当做复习的重点，最多再推导一下对数函数的几个公式，便完成了对教材的回顾。这样的复习，距离真正的回顾教材，就存在着一段距离。

怎么样回顾教材才有价值呢？大脑中要思考这样几个问题：对数函数是怎么来的？原来它起源于指数。那么指数又是如何来的？它的性质是什么？图像是什么？只有经过这样的层层追问，先将此前学习过的指数函数彻底弄懂了，然后才能理解对数函数的性质为什么是这样的，它的图像为什么是这样的。而彻底弄懂了这些，也就弄懂了反函数的性质。当我们将若干知识串联起来复习回顾时，很多原本看似很难解决的问题，都会变得容易起来。

(3)以思领练，以练促思。在对教材内容进行了深入细致的复习回顾后，完成练习所需要的诸多知识技能便得到了"激活"，这时再完成练习，便容易理顺知识点间的关系，把握住重难点。倘若在具体解答某道题目时，依旧还有某一板块的知识未能理解透彻，那么，也不要边翻教材边做题目，而是应该先静下心来把这道题目中的相关问题再梳理一遍，看看是否在某个地方遗漏了一些重要信息，是否在某一环节上思维出现了误差。如果在静思中还是不能解决问题，那就将练习停下来，重新回到对教材的复习回顾中，再找题目和教材间的关联点，再理教材的知识链。如此，每做一道题目，就是对某段知识链进行整体的加固和润滑。长期坚持，综合能力必定会有很大的提高。

当然，这三点并非万能良药，可以包医各学科复习中存在的疑难杂症。在具体的复习环节，每位同学都需要根据自身的知识储备情况，灵活处理复习中的回归教材和强化练习间的关系。而在回归教材中，又要能够针对不同学科学习内容的差异，有选择地构建复习中的知识体系。切不可生搬硬套某种方法，做出邯郸学步的事儿。

70.不可不做的"过电影"

复习，是重温已学过的知识。学新课的时候，我们是一课一课地学，知识是分散的。复习时，应该将分散的知识聚拢起来，使其有序化、系统化。要达到这个目的，有一个不可不做的方法，就是"过电影"。

什么是"过电影"呢？大家在看完一部自己喜欢的电影后，一幕幕镜头都会印在脑子里,什么时候想“重放”,“调”出来就行了。这个“重放”的过程,就是“过电影”。

学习知识,也是一样。知识如同电影镜头一样,存储在脑子里。应该时不时地“调看”一下,才不会生疏。电影是有自身的逻辑的,否则东一个镜头,西一个镜头,观众会不知所云。知识也是有系统的,我们在“过电影”时,应该按照知识的系统来“过”。

常规状态下,“过电影”可以在这样一些时间段内完成(具体方法在本书第73节介绍):

(1)在一节课上完后,从遗忘规律出发,在课间休息的十分钟时间内,以两三分钟的时间,对本节课的学习重难点进行提纲挈领的回顾。

(2)在一节课开始前,用两三分钟时间,对该学科在上一课时学习的内容进行必要的回顾,在回顾中完成新旧知识的有效衔接。

(3)在中午放学后,或者午间休息时,对一个上午的学习内容“过电影”。可以依照几节课的学习顺序,分学科整理上午所学的内容,并将这样的内容,纳入学科知识体系中进行思考。同样,下午放学后,或者晚饭前后休息时,也要对下午所学进行同样的回顾。

(4)晚自修或临睡前,要将当日学习的所有内容“过电影”。和课间、中午、晚间的“过电影”不同的是,这一次“过电影”要更多关注细节,尤其是要对课堂上重点分析的典型例题进行回顾。最好能够将每一节课中的一些重要教学流程都回想出来,把听课时捕捉到的精彩亮点都重新唤醒。

(5)每隔一定的时间,比如一周,或者一个月,要安排一个时间,将该阶段中某一学科的知识进行一次系统性的回顾和整理。这样的整理,应该先集中一两个小时回顾教材、笔记和练习,当晚再在大脑中“回放”一次。

五个时间段的“过电影”中,最重要的当属每天晚自修或睡觉前的这一次。著名化学家、教育家唐敖庆先生曾专门论述过晚自修或临睡前的“过电影”。唐先生说:“听了一天课,复习的时候,不要忙于对笔记、翻课本,最好集中精力在脑子里先‘放电影’,把老师讲的内容先回忆一遍,看看记住了哪些,还有哪些不理解、没记住,然后再去看笔记和课本。接着就总结一下,什么是重点,抓住重点再问问自己懂没懂,通过做作业,再进行检验和巩固。”

“过电影”是一种积极状态的自主复习。“过电影”的过程中，不可能每一学科的知识，都能够准确无误地“回放”出来。遇到“卡带”时，就需要打开教材，找寻连接点。这时的看书，因为目标指向明确，效率就会特别高，而且，往往还会有一种“一通百通”的美好感觉。

需要强调的是，“过电影”并非想象中的那么简单，似乎不经训练，立刻可以完成。其实，当同学们刚开始学习使用“过电影”方法时，会发现自己能够整理出的内容很有限，似乎只能对每一节课“学了什么”形成一个大框架的认知。其中的众多细节，往往难以回想起来。于是，在刚开始“过电影”时，多数人离不开课本，“过”一节课的内容要翻若干次书。花费的时间也很长。只有当这样的活动进行的次数多了，熟练了，掌握了其中的技巧后，“过电影”才能成为一种随时随地都可以进行的复习活动。

过电影应该遵循怎样的步骤呢？

第一步，明确目标。复习应该依照计划有条不紊地进行，什么时间该复习什么学科的内容，要有明确的目标。没有目标的“过电影”，不利于知识体系的有效建立。

第二步，激活知识。“过电影”重在“过”的过程。在此过程中，要善于调动储存在脑中的知识，要在关注“是什么”的基础上，将更多精力投入到“为什么”和“怎么样”这两个环节中。比如，要对语文课的学习内容“过电影”，除了要把文章内容重新梳理一遍，还要能针对学习目标，理清课时学习的重难点。在此基础上，再思考探究作者为什么要创作这篇文章，有没有更深层次的隐含意义。然后，还要将这篇课文和写作结合起来，琢磨琢磨这篇课文中有哪些值得积累的写作素材，可以跟这篇课文学习什么样的写作技法。最后，还需要将课文和自己的生活建立联系，从课文中找寻到解决自己生活困惑的良方。这样一条线“过”下来，各种知识才能“活”起来，才能转化为能力。

第三步，回望教材。每“过”完一个知识点或者一个单元后，需要打开书看看，看自己什么地方没“过”到，什么地方“过”错了。把这些地方都记下来，下一次改正。

“过电影”的复习方法，最大的优势，在于不受时间、地点、材料等资源的限制，随时随地都可以进行。而其能够实现的，是把原来分散的“镜头”都连在了一起，使原本零碎的、独立的知识形成了体系。这，对于构建学科知识框架，宏观把握一门学科的内在知识结构，有十分重要的价值。

71.作业并非越多越好

这一节的内容，原本没有探究的价值。因为，谁都知道“作业并非越多越好”这个道理。

只是，众人皆知的道理，在当下的学习环境中，却成了一个“剪不断，理还乱”的悖论。一方面，校长、教师、家长、学生自身，全都明白这个道理；另一方面，却又大多热衷于用无边无际的作业来填充学生的所有空闲时间。校长和老师看着学生在写作业，便心安；家长看着孩子在写作业，便高兴；学生能够数小时沉浸到作业里，便踏实。似乎只有处在写作业的状态下，才是真正的学习。

在此悖论中，还有一个很有意思的内容，那就是“作业”的定义。大多数人热衷的“作业”，其实往往只限于必须用书面形式完成的练习题。阅读和思考之类原本也属于作业的内容，早已被排斥在“作业”的概念之外。语文学科的随笔、日记、摘抄等，同样不被家长和学生视为作业。

“作业”的狭隘化，使得课后的复习成了练习题的一统天下。几乎每一个晚上，从小学一年级到高中三年级的学生，都会数小时置身题海之中，做完了老师布置的练习，再做辅导资料上的练习。

不可否认，完成作业是系统学习的一个重要环节。一定量的课后练习，对于巩固和消化课堂学习成果，培养和锻炼分析问题和解决问题的能力都十分重要。然而，完成作业的目的，在于更好地掌握题目涉及的相关知识，并对自己思维能力进行锻炼。倘若忽视了这一点，只满足于“有事可做”的充实感，则过于本末倒置了。

可惜的是，很多时候，人们追求的恰恰是“有事可做”。老师们用作业来抢占闲暇时间，防止学生做一些“非学习”的事情；家长们用作业来束缚孩子的手脚，防止孩子外出闯祸；学生们用作业来填充心灵，获得一种精神上的满足。正是由于这样的心态，作业才总是越做越多。

理想的学习状态下，作业当然应该有一定的限度，而且，作业的表现形式也应该多元化。

从作业量的控制上看，理想的作业，应该以不影响正常的阅读、思考、娱乐和休息为前提。具体到每一门学科上，即使是占用时间最多的数学，也应控制在两个小时之内。其他学科，每门课有半个小时的巩固练习时间，基本可以达成有效复习的学习目标。

从作业内容安排上看，理想的作业，应该体现出三方面的知识：一是当天所学的内容，二是前阶段学习过的相关内容，三是融合了前阶段所学和当天所学的整合性内容。超越了三者之外的作业，往往没有价值。比如，有些学校从高一年级开始便把大量的高三模拟试题作为作业布置给学生，还规定每天必须完成多少题量的内容。这样的作业，超出了学生的理解能力和实际知识水平，能够起到的效益可想而知。

从完成作业的质态上看，理想的作业，也有一些值得注意的要求：

(1)做好前期准备。做作业的过程是运用知识的过程，通过这个过程可以达到彻底掌握知识的目的，因此做题之前必须要有相关知识的准备。很多同学基本概念不清楚，公式不熟悉，在做简单题、基本题时如果需要用到基本概念和公式，就去翻书本，遇到一些和书上例题有些相似的难题时，由于记不清楚例题的解题思路又去翻书本……在这样毫无准备的情况下做题是没有任何积极意义的，因为做题对于掌握知识来说是一个螺旋式上升的过程，是在掌握基本知识和归纳总结解题的基础上继续查漏补缺、继续归纳总结的过程，对知识的掌握是个前进、上升的过程，但是很多同学由于前期准备不足就开始做题，把做题变成了“原地踏步”的过程。

(2)注重选题。除了老师布置的那些题目之外，自主复习时主动完成的作业中，必须要有选择。首先，同学们要选择涉及关键知识、重点知识的典型题目。选择的方法，可以参考历年的中高考真题。如果对中高考真题非常熟悉，只要看一下就能够判断出来哪些题目适合自己来做。

其次，每个人对知识掌握的情况不一样。有些题目对别人来说是难题，但是自己已经掌握了；有些题目对别人来说是简单题，但是自己还没有掌握。所以选题时，就要偏向于自己的薄弱环节，精力用在需要重点提高的地方。

再者,试卷结构是30%的简单题、50%的中等题、20%的难题,只要同学们能够把简单题和中等题做出来,分数就不会低。而且难题一般都是由几个有内在联系的基础题通过一定形式组合形成的,基础题掌握好了就为解决难题打好了坚实的基础,因此在选题时要注重基础题,少做些难题、偏题和怪题,否则就是浪费时间,而且对成绩的提高也没有显著效果。

最后,保持质和量的平衡。我们不是为做题而做题,是为了更好地掌握知识而做题,只要达到彻底掌握知识这个目的就可以了。其最有效的办法就是多思考、多归纳总结,盲目做题会浪费很多时间。须知,题目是永远做不完的,每个人的时间又非常有限,只有精选好的题目,才能用有限的时间,取得最大的效益。

(3)注重思考。既然做题的目的在于强化知识积累,形成必要能力。那么,每做完一道题目,就应该从这道题目中收获一些知识经验和技能。要实现这一目标,就要花费时间对完成后的作业进行反思,要从解题所遇到的各种问题中提炼出具有共性特征的方法与路径,为构建学科知识体系夯实基础。

72.错题集很重要

一位高考物理只丢1分的考生在总结自己的学习经验时,将成功的秘诀归结为“巧用错题集,注意从失败和错误中吸取营养”。他说:

其实,我在读高一和高二时,物理成绩只能说属于中等,在平时作业和测验时经常会做错题。以前,老师每发回作业和考卷,我只关心分数,得了高分,自然高兴;得了低分,丧气地往书包里一塞了事。高中两年我的物理成绩始终没有什么大的起色。

进入高三后,针对物理学科我开始郑重其事地编写“错题集”,我把作业或考试中做错的题都收集在这本子里了。我先把做错的解答原封不动地抄下来，用铅笔标出错的地方，然后认真做一遍，把正确的解答写在错的下面，最后用简明的语言归纳出错误的类型和失败的原因（这里特别用红笔书写），为的是提醒自己注意。这样坚持了三个月，我的物理成绩有了很大的提高。

我做了活页型错题集，主要做法是：

第一步做好分类整理。也就是将所有的错题分类整理，分清错误的原因：概念模糊类、粗心大意类、顾此失彼类、图形类、技巧类、新概念类、物理思想类等，并将各题注明属于某一章某一节，这样分类的优点在于既能按错因查找，又能按各章节易错知识点查找，给今后的复习带来便利，另外也简化了“错题集”，整理同一类型问题时可只记录典型问题，不一定每个错题都记。

第二步做好解题方法的记录。课堂上老师讲评试卷时，要注意老师对错题的分析讲解，该题的引入语、解题的切入口、思路突破方法、解题的技巧、规范步骤及小结等，并在该错题的一边注释，写出自己解题时的思维过程，暴露出自己思维障碍产生的原因。这一步刚开始时感到比较困难，但坚持下来，总结得多了，收获确实很大。

第三步是对错题，找出与之相同或相关的题型，并做出解答。如果没有困难，说明这一知识点，已经掌握得不错；如果还是不能解决，则对于这一问题还要进一步分析。

最后一个月的高三物理冲刺复习时，“错题集”就是我最重要的复习资料。高考前学校举行的最后一次模拟考试我的物理竟考了全年级第一。

（节选自2009年3月25日《北京考试报》）

这位同学介绍的经验，具有很强的可操作性和可复制性。他所倡导的“错题集”，除了适用于物理学科外，同样适用于数学、化学、英语等学科。事实上，几乎所有学科的老师，在指导同学们应对中高考时，都会要求编制一本学科错题集。

有关错题集的制作方法，这位同学的经验介绍中，已进行了一定量的阐释。应该说，这些方法，具有很强的共性化特征。运用此法制作出的错题集，大体上能够满足不同类型的同学在不同学科上的复习需求。

但这不等于说，同学们可以不区分自己的实际学习状态，便直接将别人的错题集复印一份，作为自己的复习资料保存起来。错题集的最大价值，在于将错误暴露出来，以此发现自身学习中的短板。知识结构不同，形成错误的原因不同，归结到错题集上的内容也就不同。可以这样说，制作错题集可以用一样的方法进行，但每一本错题集的内容都应该是完全个性化的。如果两本错题集一模一样，则必然有一本错题集缺乏足够的应用价值。

除了作业和考试中的错题需要编写到错题集之外，日常学习中的随堂检测、板演、口头叙述等形式作业中出现的错误，也应该纳入错题集中。这些知识，通常更贴近基本知识、基本原理，但由于其内容琐碎，真要进入试卷中，分值也很小，往往不被重视。

值得进一步强调的是，制作错题集是为了避免发生同类型的错误而进行的主动纠错行为，其存在的前提，必然是自己已经做错，且在该知识点的理解上确实存在一定的缺陷。制作完成了错题集，更不代表已经完成了该错题的纠正、该知识点的消化与吸收。应该说，错题集的制作，只是走出了科学化复习的第一步，迈出这一步后，还要遵循遗忘规律，安排好时间不停地复习回顾，并在复习回顾中与近期学习的新知识融会贯通，这样，错题集才能真正发挥作用。

从运用错题集复习相关知识的角度看，错题集中的题目，也存在着一个不断更替的现象。学习了后面一个知识点后，认知能力有了明显提高，已能够对前一个知识点的内容做到触类旁通。这时，收入错题集中的该知识的题目，便应该失去了作为典型错题的价值。而因为遗忘规律的制约，原本掌握得很好的内容，经过一段时间后出现了遗忘，做练习时形成了错误，则又需要将这一错误及时补充进错题集中。如果不顾遗忘规律的影响，只凭借错题集中的题目来判断自己对某个知识点的掌握情况，也会形成某些误判，影响到系统性的复习。

73.考前复习有讲究

考试前的复习，尤其是中高考前的复习，跟日常状态下的复习，存在着很大的差别。因为，进入冲刺阶段后，分分秒秒都成了宝贵的财富，容不得丝毫的浪费。然而，现实的学习中，却有很多同学由于缺乏科学合理的时间观念，在处理课堂以外的零散时间时，要么是花费了时间而没有获得应有的效果，要么是无端浪费虚掷光阴。

哪些时间属于零散时间呢？简而言之，就是“两前两后两中”的时间，即上课前、睡觉前、下课后、晚饭后、家中、上学途中。

(1)及时巩固的课后三分钟。任何一节课中，真正属于记忆的内容，总是有限的。所以，任何一节课下课后，无论是静坐教室，还是上厕所，或者到外面轻微活动。我们的大脑中都应该立刻回顾刚刚上过的课中需要记忆积累的知识。依照老师上课的习惯，重要的知识一般都是在课堂开始后的15~20分钟时讲授的，下课时，这个知识已经被遗忘了很多。因此，用个三分钟的时间来回顾一下，是最科学的。这种回顾，无须动手去做，只是在大脑中思考总结。做这个总结时，不耽误你放松视力、活动身体的。

有人做过一个实验，两组学生学习一段课文，甲组在学习后不久进行一次复习，乙组不予复习，一天后甲组保持98%，乙组保持56%；一周后甲组保持83%，乙组保持33%。乙组的遗忘平均值比甲组高得多。从这个实验中，我们不是可以获取很多有价值的学习方法吗？可见，这下课后的三分钟零散时间，对于积累知识十分重要。

(2)承上启下的课前三分钟。一般而言，考前的课业负担总是比较重，有些人便喜欢抓紧点滴时间来完成老师布置的作业。课间十分钟，也会被相当数量的同学用来处理上一节课老师布置的作业，或研究上一节课没有来得及做完的题目。常常是下一节课的老师已经走进教室了，这边还有人沉浸在题目的思考中。这种见缝插针似的学习，效果绝对不是很好。因为，课前这宝贵的承上启下的三分钟被他浪费了。

还是依照遗忘规律来研究一下：在经过一天的遗忘后，昨天老师讲授的知识,已经有相当部分忘却了。而很多学科,课与课间的知识衔接是十分紧密的。要想让昨天的知识能够为今天的新课做好最扎实的铺垫,就必须在课前将昨天的知识要点巩固一下。这个巩固的重担,就落在课前的三分钟小预备时间内了。在这个时间中,要静思一下昨天课中的主要内容,记忆模糊处,还应该翻阅一下课本,或是查看一下笔记。如此,才能让旧知识服务于新知识,才能做到知识衔接的最有效化。事实上,这个时间的三分钟回顾,除了连贯起了新旧知识,也让自己的注意力集中到了即将开始的课堂上,使得自己从一开始上课,就进入注意力高度集中的状态。这样,对于捕捉课堂有效信息很有好处。千万不要小看了这三分钟,它比晚自修时的二十分钟都有效果。

(3)总结归纳的睡前十分钟。一天的忙碌之后,无论是否疲劳是否瞌睡,作为学生的你,都应该在躺到床上之后,用十分钟的时间,把今天学习的所有科目、记忆的所有知识,进行一个简单的回顾。这个回顾,如果没有上面的两个三分钟做铺垫,那么难度要大一些。但即使有难度,也还是要坚持进行的。这个回顾就像"放电影",你可以闭着眼睛,依照今天的科目顺序,想着第一节课老师讲了些什么,做了些什么样的例题;再想第二节讲了什么,强调了什么。如此,按顺序整理下去,哪怕大脑越来越模糊了,也这么想下去,直到睡着。如此坚持下去,对于知识的巩固,会有很大的帮助。

当然,如果你遇到有些课堂已经什么也想不起来了的情况,那不妨拿出书和笔记简单翻阅一下。虽然你已很疲乏,但今日事还是应该今日毕的。何况,到明天还有明天的知识要学习和积累,也许会因为学习太忙,就把今天的这个未明了的知识给忽略了。其实,这种躺在床上的反思,并不浪费你的休息时间。即使你不回顾今天的课程,你也不会上床便睡着的,总还会思考琢磨些其他的事情。

(4)接触社会的路上十分钟。现在的语文试卷越来越贴近社会生活了,除了试卷上会出现许多和时代紧密联系的语句外,有时还出现一些紧扣生活的语言类题目。譬如要求写句广告词、描绘某种场面等。这些知识,有些能够在课堂上学到,更多的,则是课堂无法涵盖全面的。这就要我们对生活多加留心了。

更让同学们为难的作文，也同样需要厚重的生活积累做支撑。而生活积累从哪里来呢，每天路上的见闻，就是最好的生活素材库了。

所以，每天骑自行车走在路上时，完全可以放慢点速度，在自行车道上边行边观察，何时柳梢发芽了，何时鲜花开放了；对面过来的这个人肖像有什么特点，擦肩而过的这个人，会有什么样的故事在他身上发生呢；路上横挂的售房广告是如何撰写的广告词，树荫留在地下的斑点是圆还是方呢。如此众多的人物和风景，只要多加关注，多多积累，多加想象训练，又怎么会拿起笔来脑袋却空空荡荡呢？当这样的积累到达一定程度后，面对语文试卷上的生活化试题和作文，你也许就能下笔如有神，洋洋洒洒一气呵成了吧。

(5)捕捉信息的吃饭二十分钟。别小看了饭桌上的二十分钟，它对你的文科知识积累同样很重要。在饭桌上，你的父母总会有意无意地谈论起他们的工作、他们的朋友，同时也会发表他们对当下社会生活的各样的见解，有时也不排除和你一起探讨一些生活中的小问题。这些看起来拉家常的话语，其中却包含着父母的人生经验和生活故事，包含着他们的喜怒哀乐。一个大作家说，每一个人都是一部长篇小说，你的父母同样也是。你每天面对着这两部长篇作品，用这二十分钟的时间仔细地阅读，便会发现许多平日里忽略掉的东西。只要倾注了情感，这二十分钟，不但会为你带来浓浓的亲情和上进的动力，还可化解你沉重课业负担下的压抑，更重要的，它可以和你路上的十分钟结合起来，让你更为全面地了解这个社会。这些了解，放到你最后的冲刺学习中，就是可以让你不要另外花费时间去攻克作文无话可说的难题。同时，或许对你的时事政治、历史等学科知识的巩固和应用也有帮助。

(6)两不耽搁的休息二十分钟。晚饭之后，为学习而劳累了一天的你，需要有一个短暂的休息时间，来放松你的神经，消除你的疲劳，以利于你晚上的继续奋战。这时，最好的休息方式是走出家门，在附近散步二十分钟。

这二十分钟是属于发散性思维的。在这个时间段内，你可以上至天文下至地理地放飞你的思绪。如果你愿意，可以用这个时间思考一下这个阶段中学习上和生活上的一些事情。古人说要每天“三省吾身”，说明这种思考,对于归结成功的经验、汲取失败的教训是很有用处的。你还可以用这个时间,规划一下最后的这几个月的总体复习打算,安排你每周的复习计划。当然,如果你不愿意做这些,那就彻底放松神经,什么也不要去想,让大脑处于空明状态中,这也是一种很好的休息。

需要注意的是,这二十分钟是不应该省略的,不要因为作业多任务重,吃完了晚饭就立刻去做作业。那样,反而不利于提高成绩。劳逸结合,才是成功的关键。

六个零散时间,看起来不起眼,相当多的人每天都轻易地浪费了过去。如果能把握住它们,对于我们的学习,会起到事半功倍的效果的。

第十五章　应试的技巧

学习不是为了考试,却又绕不过考试这道坎儿。理论上看,考试的价值,正是为了检验学习的效果,总结经验,查缺补漏。

现实生活中,为数众多的同学,往往错解了考试的意义,只把关注的重点,放在考试的结果——分数上。此种功利心态,对于享受学习的过程当然难以形成积极的影响,却对研究应试的技巧很有帮助。

不可否认,应试存在着技巧。应试的技巧,贯穿于从学到考的全过程。此过程中的每一步,都存在着效益的高低差异。拥有一定的技巧,便能够事半功倍;缺乏必要的技巧,则事倍功半。

本章探究的内容,主要针对大型考试而言。日常练习之类的小考,不在探究之列。小考的目标,是检测;大考的目标,是选拔。在知识储备、知识结构等应试元素大体相当的情况下,凭借出色的应试技巧而获得理想的成绩,当然值得褒扬。毕竟,应试的技能也是学习活动中应该掌握的技能之一。

74.技巧之中有规则

任何一门学科的考试,无论题型如何变化,试卷中包含的基础知识、基本技能都不应该脱离学生的学习实际而独立存在。而那些貌似难度很大的综合性试题,其实也不过是基础知识、基本技能的综合性运用,是基础知识、基本技能的叠加和变型。此种建立在基础知识、基本技能之上的考试试题,在知识信息的运用、解题思维的培养以及答题语言的组织等方面,都无法摆脱人类思考和认识事物的基本规则的制约。可以说,普天之下的每一道试题,从哲学的层面上看,无外乎“是什么”、“为什么”、“怎么样”三个组成部分。审题、解题中的技巧，其实就是解答这三个问题的技巧。

数理化等学科的试题中，所有的计算题，自然少不了“是什么”、“为什么”、“怎么样”。无法正确完成此类题型的最重要原因，在于对试题内容中的“为什么”和“怎么样”缺乏足够深刻与清晰的了解。同学们因为不知道这道题应该“怎么样”运用各种已知的条件来解开思维的死结，不清楚这道题目中需要运用的那些定理原理“为什么”能够成立，自然也就无法完成这道题目。

此类试题的应试技巧，在于准确把握解题时需要运用的定理、定义、原理等知识信息，将看似庞杂无序的一个大题目，分解成若干个具有层进关系的小的知识点。这份化繁为简的能力，就是最好的应试技巧。

更能说明应试技巧中的规则性的学科，是语文。很多时候，一道语文阅读分析题，常给人无从下手的感觉，不知道这样的题目如何回答，才能和命题人的命题意图相切近，更不知道绞尽脑汁想出来的答案，和阅卷人手中的“参考答案”有多大的差距。所以，很多同学在面对语文阅读题时，往往只是“跟着感觉走”。

语文试卷的命制者设计出的“参考答案”，在大型升学考试中，并不一定只起“参考”作用，更多的时候，会变身为“标准答案”。“参考”也好，“标准”也罢，重要的是这些答案中是否有某些规则可循。如果做个有心人，将历年升学考试中的所有简答题归结起来，从中提炼出最具概括性的几个关键性词汇，便能够发现，依旧是“是什么”、“为什么”、“怎么样”三个组成部分。

举例来看，要比较“推”和“敲”的精妙，自然首先要解释清楚“推”与“敲”这两个动作“是什么”；跟着要分析阐释这两个动作分别能够营造一种什么样的意境氛围，又是“怎么样”来营造这样的意境氛围；最后要解释清楚“为什么”这一个字比那一个字好的根本原因。只有将这三方面都兼顾到，用字的精妙才能阐释清楚。

又如，要分析文本中某个画线句的含义，依旧要从这三个方面入手。答题时，首先还是要解释清楚这个画线句“是什么”，既说出它的字面意义，又说出它隐藏着的实际意义。接着，要分析一下这个句子中使用的修辞手法、表现手法,探究这个句子是“怎么样”来完成双关意义的。最后,同样要解释清楚作者“为什么”要这样表达,通过这样的表达,能够表达出作者什么样的思想情感。

再如,语文试卷中难度系数最大的探究题型,也还是遵循这样的思维规则。当同学们需要对文本中的某种说法发表观点时,首先要思考的,依旧是这个观点的本质“是什么”。在此基础上,当然要思考作者“为什么”要这样说,这样说的依据是什么。同时,对“怎么样”说也要进行深入的探究。三者都考虑到,思考才全面。

语文之外,政治、历史两门学科中的综合论述题,同样由这三个部分组成。比如要求运用某种哲学原理阐述某种社会现象时,自然先要解释该哲学原理“是什么”,社会现象又“是什么”。接着,就要分析两个“是什么”间具有“怎么样”的逻辑关联。最后,要阐述清楚他们“为什么”会有这样的联系,又该“怎么样”对待这样的联系等。

当我们从总体上抓住了“是什么”、“为什么”、“怎么样”这三个核心问题后,就会发现,几乎所有的“参考答案”,也正是从这三个方面来组织答案内容。

为什么我们在应试时写出来的答案有时难以获得理想的分数呢？多年的阅卷经验告诉我,并非“参考答案”过于刁钻(当然也不排除有些时候确有过于刁钻的现象),而是许多同学解题时未能从全面认知事物的规则出发,从“是什么”、“为什么”、“怎么样”三个方面,对相关问题进行综合性阐述。相当数量的同学,在应试时只抓住一点竭尽全力地深挖下去,把这一个方面的问题确实说得十分透彻、十分详尽。对另外两方面,却要么根本没有涉及,要么蜻蜓点水,一带而过。如此,便只能拿到这一个点的分数。另两个点的分数,便丢失了。

所以,同学们在应试时,应该牢记一个宗旨:考试不是写论文,不需要在某一问题上穷追不舍,拼命深挖;而是要注意思考的角度,要立足“是什么”、“为什么”、“怎么样”三方面立体化思考。这样的应试规则,用形象的语言表述即是:“不要深挖洞,而要广积粮”。

75.不可忽视的题干信息

文科类的简答题,通常具有命题范围宽泛、命题形式灵活等特点。从近两年的数十套中高考试卷看,这些简答题,在立足于检测学生的理解、分析、鉴赏评价以及探究能力的总目标下,其具体题型已然呈现出一种“乱花渐欲迷人眼”的纷繁景象。各路命题精英,挖空心思地创造出许多新颖别致的题目来。面对这种日趋复杂的检测形式,如何才能在简答题的解答过程中,保持一份清醒的头脑呢?首先应该学会一种“以不变应万变”的方法,那就是牢牢把握题干内容,合理利用题干信息完成解题任务。

(1)精确把握题干信息,明了命题目的。无论选文简单还是复杂,最终需要同学们来完成的,是命题人设置的那几道题目。因此,在初步阅读完相关材料之后,我们的主要精力,就应该花费在研究题干上,要善于精确把握题干的相关信息,准确捕捉命题人的命题目的,这样,我们的答题才能具有针对性。

比如这样一道语文简答题:“根据文意,说说古阳关为什么闻名遐迩。”

该命题的侧重点落在“古阳关为什么闻名遐迩”这一问题的概括上,而这一概括,其所需答案,又不由读者的个性化解读来决定,答题人只能依照文章本身提供的相关信息,从中筛选出可以作为答案的那些语句。也就是说,该题的设置,目的就是要考查答题人利用作品相关信息精确筛选答案要点的能力。因而,稍微用点心的答题人,就知晓了此题考查的是信息筛选能力,同样也就知晓了该题的答案,基本上可以从原文中找寻出来。

将此问题回归到原文中,可以发现原文在陈述古阳关“闻名遐迩”的原因时,采用了“之所以闻名遐迩,并不……而是因为……是……”这么一组复句。很显然,“因为”后面介入的内容,便是古阳关“闻名遐迩”的主要原因。答题时,只要能将这几个句子依照内在逻辑关系分好类,筛选出既相互独立,又有着紧密联系的若干要点,该题也就大体完成。

当然,要知道自己的概括是否完整,还要看后文中的内容,是否还有涉及这一信息的要点。比如这一道题目,在此后的倒数第二段中,又从名言民谚的角度再次强调。因此，就需要将这一点也纳入答案中，才算完成了该题的全部信息筛选。请看参考答案：①是通往西域边防的关隘；②是古丝绸之路的必经关口；③王维《渭城曲》诗中对古阳关的咏叹；④有关“阳关道”的民谚广为流传。很明显，答案前三点来自“并不……而是因为……是……”这几个句子，最后一点来自倒数第二段。

(2)充分利用题干划定的答题范围，有的放矢地完成解答。简答题中，什么样的题目可以从文段中找答案，什么样的题目必须运用分析概括能力来完成呢？

如这样一道高考题：本文着意勾勒了乌米的形象，请从两个方面概括乌米的主要性格特征。(各不超过两个词)该题题干中明确要求解题人“从两个方面概括”出答案来，因而，该题的答案，只需要在原文中描绘乌米形象的段落中进行筛选归纳即可完成，根本无须立足全文的阅读分析。

再如这一道试题：“本文生动地刻画了一个‘书虫’形象。你认为第一段和第二段对‘书虫’的描写各有什么侧重？这两段的内容有什么关系？”题干将答题范围明确规定在了第一、第二两个段落中，解题时，就必须严格依照题干限定的范围去筛选信息、组织语言、形成答案。

(3)让题干内容本身，成为简答题的答案。简答题中，时常会在题干里隐含了答题所需要的相关信息。这就需要解题者在完成试题时，不能轻易放弃题目中的那些看起来好像游离在文章与题目之外的内容。须知，命题人所以要“节外生枝”在题干中插入这些表面不相干的内容，其实，正是为了帮助你解题。命题人是在送你一把解题的钥匙。

例如这一道题目：浙江绍兴，古称山阴。《世说新语》曾载：“从山阴道上行，山川自相映发，使人应接不暇。”通观全文，请回答作者为什么将这篇散文题为“在山阴道上”。这个题干中，前半部分的内容，并没有在阅读材料中出现，到了命题时，命题人特意添加上了这个介绍。想一想，如果不要这个介绍，直接命题为“通观全文，请回答作者为什么将这篇散文题为‘在山阴道上’”，似乎也完全可以，那么，增加部分的内容，有什么价值呢？很显然，这是命题人的一个花招，他将这个原本很难回答的问题，通过添加相关信息的方式，隐晦地将答案告诉了解题者。

简要分析一下添加部分的内容，可以发现这样几个信息点：第一，山阴,即绍兴。第二,山阴道上,具有“山川自相映发,使人应接不暇”的特色,也就是说,山阴道上的美景太多。把这两点放到整体题干中去分析,由此可推知,以“在山阴道上”为题,自然是隐含着“美不胜收”的意义。该题的参考答案是:与作者游历鲁迅故乡的旅程相吻合。暗喻旅程中的所见所闻、所感所思的“美不胜收”。

由此题可知,题干中的内容,有时是可以成为答案的。所以必须学会利用题干中的附加信息点。

(4)参照题干分值,确定简答要点。面对不同分值的一个个简答题目,答题者如何才能做到尽可能地把问题回答得完整全面呢?这就需要养成一种依照题干后的赋分来推知答案要点的能力。当然,这是一种雕虫小技,但对于获取分数却很有价值。

比如2008年高考安徽卷《我与地坛(节选)》阅读的最后一题:“综观全文,作者对生命的感悟是什么?请简要概括。(6分)”

该题的分值为六分,又是四道阅读题中的压轴题,于是我们可以推测,此题在概括作者的感悟时,大体应该是两个要点或者三个要点。这并没有必然的理由,完全是一种命题习惯。因为一个要点太少,四个或五个要点,则分值不好分配,而六个要点又太多太零碎。阅读中,往往一个答题点的赋分习惯是两分。由此,我们在回答这个六分分值的题目时,就不妨从三个不同的角度来回答问题。这样,阅卷人在采用数点判分时,我们才不会丢分。

该题的答案是:作为个体,生命是有限的;但从人类和宇宙的整体来看,生命是生生不息的,是永恒的。这里,个体、人类、宇宙三者构成了答题的三个要点,每点两分。事实上的阅卷标准,就是依照题干后的分值来确定的。

76.考场上如何利用时间

考试的成功,扎实的知识与能力是基础,而应试技巧则是其重要的技术保障。一些考生平时成绩相当不错,复习也十分到位,偏偏在大型考试中成绩不尽如人意,原因就在于应试技巧方面的缺失。其中考试时间分配安排也是至关重要的一环。在考试时科学合理地分配安排时间，有以下几方面的要素：

(1)会“挤”。通常情况下，教师会建议同学们利用提前发卷的四五分钟看试卷，看题型。其实，这样的时间还不如用来解决前面几道基础题，理由有如下三点：其一，浏览试卷，会对心理产生极大影响，很可能造成紧张情绪，思绪会较长时间地停留在后面的大题目或作文等，从而影响到前几道题目的正确率，有调查显示，重大考试(期中、期末等)前三道基础题丢分率偏高，这里面心理的因素居多；其二，前几道题目相对而言比较容易，如果在拿到试卷的时候集中注意力在前几道题目上，有利于平复或紧张或激动的心情，从而以更佳的状态投入到考试之中；其三，这也是比较实惠的时间利用方法。

(2)会“排”。考试时间为定值，要想在如此有限的时间内取得好成绩，必须合理安排时间。①根据分值配置恰当的时间比例。②根据难易安排答题的顺序。基本原则是按“先易后难，先熟后生，先高分后低分”的原则依次答题，各部分试题总会有1~2道难题，千万不要让个别难题纠缠住。

(3)会“省”。考场上，“一寸光阴一寸金”，巧用时间、节省时间无异于在挣分。可从以下几个方面入手。

讲速度：答题速度宜求快，无疑是节省时间最有效的途径。解题时一定要有的放矢，简明扼要，切忌画蛇添足，空谈泛谈。做前面的容易题不要拖拉，做后面的难题也不要在一道题上用过多的时间。答卷时，必须在严把审题关的前提下“宁快勿慢”、“先快后慢”。题目说什么、要我做什么，都模糊不清，怎么能做好题目，不仅不能节约时间，反而徒劳无功。

讲准确：处理好准和快的辩证关系。从心理活动的倾向上讲，先前进行的心理活动影响后续的心理活动，习惯用自己已经形成的思路去思考问题。一旦出错，往往很难发现和纠正。所以，首先要求准，在准的基础上求快。一遍成功，好像是慢了一点，但在慢中却显快。不要过多地依赖还有检查这一关，如果草率从事，不但准确度难以保证，浪费时间，即使检查也难以发现错误。

讲方法:答题不仅要做到思路清晰,还要在推导、演算准确的前提下,做适当的选择,尽可能选择简便快捷的方法。但又要注意,若一时找不到理想的好方法,也不要花过多的时间刻意去求简,而要努力做到自然,得心应手。

讲对策:如果一上来就碰到难题,可以暂时放一放,用铅笔做好记号,免得把这道题给忘记了。如果做到一半遇到了难题,这时可以在座位上伸个小懒腰,闭上眼睛转一下脖子,平静自己的状态,回过头再来看这道题,说不定就有灵感了。如果遇到了解不开的难题,而交卷时间又快到了,千万不要盯住不放,告诉自己我已经尽力了,我觉得难,大家都会觉得难。然后以平静的心情,再去看看其他的题目,提高时间的利用率。

(4)会"挪"。考前经过多次摸底、模拟、考前适应等的大型考试,同学们对试卷试题分布都较为熟悉,考试的时间分配也有了一定方案。但这些毕竟不是正规考试,大型考试的试题总会有新材料、新情境、新设计,体现了课改、教程、方法与探究能力的考查,并体现情感态度与价值观。这些都决定了大型考试的试题会有一定的变数,故考场上不能按照自己的习惯,要有针对性地挪动时间,使之更加合理与完善。

总的来说,临场发挥,需要时间合理安排与统筹兼顾的策略。只要不倒扣分,尝试回答所有问题,不留空白。

(5)会"查"。只要是考试一定要复查,从时间的利用上来讲,与其把时间放在复杂的运算上,不如用来复查试卷,但是考场的时间有限,不可能复查所有的题目,所以在做题的过程中,你就要做好复查的准备。对于一些你有九成乃至十成把握的题目就不需要复查,对于你有七八成把握的题目在时间允许的条件下复查,对于一些你经常做错的题目你一定要复查,对于一些你没什么把握或者根本是瞎猜的题目你可以在交卷前进行检查,所以,你就要做上不同的标志,比如打钩,标问号,画圈等,当然,这些要在平时养成好的习惯。

(6)会"舍"。在时间比较紧张的情况下,要勇敢地舍弃那些需要复杂运算或者你根本没把握的题目,而把时间用来复查,确保得到应该得到的分数。我们必须认识到,难题对绝大多数同学来说,是一样难以得分的,所以,比的就是谁在基础题上犯的错误少,得分多。另一个就是要学会抢分。在做题的过程当中，选择题、填空题一定不要留空，因为只要你写了，就还有一定的机会。而大题目是讲究按步骤得分的，所以，一定要抓紧时间在试卷上写一些东西，即使你只知道公式，也要写上；而作文一定要写满字数，如果时间来不及思考，文章的最后一段不妨依照开头而略作修改。至于阅读题，在平时的学习过程中，要注意一些题目的答题特点，以防在时间不够用的情况下，可以略读文章，根据题目特点进行答题。

(7)会“守”。拿到考卷之后，各个人的习惯不尽相同，有些同学喜欢从选择题做起，有些同学喜欢从后面的大题目(作文)做起，有些同学喜欢挑题目做，有些同学喜欢按部就班……总之，不管怎样，你一定要按照自己的习惯，找准自己的节拍，特别是不能突然改变自己的节奏，有一些同学到了考场出现障碍性失忆甚至晕场，就是因为没有能遵照自己的学习、生活和考试习惯。所以时间利用上，尤其要注意这一点。例如，有同学有通篇检查的习惯，那么考试时就不能因为时间的紧张而放弃这种习惯，因为有这样习惯的同学通常会在做题时马虎，贪多求快，认为自己反正还会复查的，而如果一旦突然改变，就容易出现问题。

考场上总会有种种意外，但无论如何，你都要有充足的自信、坚决的勇气、打不垮的韧性，相信只要做到这些，谁都可以笑傲考场！

77.奇谋怪招迎考试

行囊里装满了学问，一路跋涉，你终于走到了这个名叫“高考”(或“中考”)的关隘。抬眼望去，成千上万和你一样年龄、一样神态、甚至一样举动的青少年，已经在这里汇聚成希望的海洋。人多，通向理想境界的“令牌”却有限，如何才能以最优秀的战绩破关夺牌，率先踏上希望的光明大道呢？这就需要你在步入高考考场时，除了拥有各种“常规武器装备”外，还拥有一些奇谋怪招。

(1)紧张之时吞月亮。进入考场后，不要东张西望，只需静坐在座位上，运用心理暗示法，自己给自己鼓劲。如果内心比较紧张，则可以多进行几次深呼吸。吸气时，想象着头顶上有一轮皎洁清凉的圆月，正从你的头顶百会穴一点点融入你的身体中。你整个的人，被这圆月抚照得清凉而透明。然后,呼出胸中的浊气,想象着自己已经把所有的不满意,都随着这二氧化碳一起排出了体外。于是,你就可以慢慢心平气和了。

记住,不要在考场里显得特别活跃。那样,还没开始考试,你就成了监考老师关注的重点了。老师的眼光总盯着你,肯定心情不愉快的。

(2)通览试卷随习惯。试卷发到手中后,通常有四五分钟的时间可以阅读整张试卷。许多老师都强调要利用好这段时间,把整张试卷通览一遍,好对试卷难易程度了然于胸。其实,这个环节,因人而异。有的考生习惯于按部就班地做题目,有的则喜欢选择容易解决的先做。相对来说,通览一遍是有好处的,因为你可以把一些记忆性的题目,在大脑清醒时率先完成。至少,你可以知道试卷有多少道题目,不至于在答卷过程中出现漏答。

无论你使用哪种方法,关键一条就是不要被试卷吓倒。

(3)遭遇冷题多迂回。解题时,如果遭遇了从来没有见过的新题型。第一步是保持冷静。须知,所有考生面对的是相同的试卷。对你而言是新题型,对其他考生来说,也不会有多少人熟悉它。第二步是认真审题,充分挖掘题干中提供的各种有效信息,同时仔细推敲命题人的命题目的、命题思路。第三步是搜索记忆中相近、相似知识,运用已有知识,为解决新问题服务。第四步,无论题目分值多高,3分钟以内梳理不出解题的突破口,就需要立刻放弃该题,转入下一题的研究。待试卷上其他会做的题目都完成之后,再集中精力研究该题。

再做这个题目时,如果依旧无从下手,那么,可以在草稿纸上把各种可能的情况尽量多的列举出来,同时仔细研究题干本身,推想命题人的思维方式。如果还是做不出来,那么,把相关的初始步骤写在答题卷上之后,及时放弃。

(4)提纲挈领突重点。历史、政治科的简答题、综合论述题,语文的阅读分析题,其答案大都不会只由一个小点来构成。解答这类主观题时,提纲挈领、分条列项十分重要。因为老师阅卷时是非常乏味、非常紧张的。你的试卷,黑压压一大片文字,老师看了心理就不舒服,分数就高不了。而你把自己的答案,用一、二、三的形式,条理分明地列举出来,让老师看上去就有一个良好的感觉。

有些题目，属于可列可不列的，你要做到不能列也列，让老师看起来比较清楚，这是答题的学问。

另外，文科类阅卷，喜欢采用数点给分的方法，你把要点列出来了，分数也就拿到了。至于具体论述，反而处于次要位置了。

（5）遇到问题大胆说。考场中的监考教师，是为考生服务的。如果你感觉自己的思路、心情、身体等受到了外界的某些因素的干扰，一定要敢于向监考老师说出来。比如，你觉得教室里的电扇有噪音，影响了你的心情。那么，你就一定要让老师将电扇关小或是关停。千万不能心中烦躁，却不表达出来，那样，肯定会影响你的发挥的。

（6）步骤规范守阵地。高考改卷是分步给分的，所以，你在完成所有题目时，都应该严格按照答题步骤一步步来。很多考生在做理科题目时，一上来就写公式，甚至一开始就代入数字计算。这种方法很不好，如果错了，一分也得不到。正确的解题步骤是：先写出简要的文字说明，再列公式，然后进行必要的文字运算，最后才往里代数字。此外，考生自己引入的符号应该加以必要的说明，要让阅卷老师看得懂。

（7）检查验算从头来。试卷完成后，如果时间允许，就要对题目进行检查验算。检查时，需要注意两个细节问题：①理科类的大计算题，最好是不看自己完成的答案，而是只看题目，并依照题目，重新演算。如果两边计算结果相同，则表明该题没有问题。此法的好处，是避免思路干扰。②对于少数无法确定的答案，要重视第一印象。没有十分的把握，不要轻易改动第一印象下完成的解答内容。

（8）时间不够方法凑。考生应学会依照试卷分值与考试时长，确定各类试题的解题时间。比如语文，150分钟的时间，完成150分值的试卷内容。那么，60分的作文，就至少应该留出一个小时的时间来写作。然而，实际考试时，有些考生可能因为解决少量“拦路虎”时耗费了过多的时间，结果导致最后无法按质按量完成考试任务。对此，有以下几点需要特别注意：

首先，保持冷静是至关重要的。急，则手忙脚乱，思路也无法展开。与其眉毛胡子一把抓，不如踏踏实实解决问题。

其次，讲究“抓分”方法，有限时间要用在获取尽可能多的分数上。比如数理化的大分值计算题，在实在没时间展开运算的情况下，不妨将这些题目的设未知数、列方程式等过程先写在答卷上。千万不要因为来不及做了，就彻底放弃。因为试卷批改是依照步骤计算分数的，多写了一个步骤，就可能多拿到一点分数。

再如语文的作文，倘若临近交卷时，才完成了一半左右的内容，这时，也有两种提高得分率的方法。一种方法是将正在写的内容用最简洁的语言强行收拢，然后另起一行，写出二三十字的或是总结点题、或是首尾呼应的结尾段。另一种方法，是在前一种方法的基础上，在结尾处缀上几句诗歌。这种诗歌，可以将节拍尽可能缩短，使其内容能延伸到规定字数的那一行。

应对作文的这两种方法，用与不用，可能会有近二十分的分差。因为前者文章没有结尾，属于“残篇”。依照相关规则，残篇作文得分通常只能是十几、二十几分。而经过特殊手段加工后的文章，就属于成篇。字数不够的，只会依照五十字一分而扣除字数不够的分数。而用诗歌结尾，因诗歌分行计算字数，则连字数分也保住了。此外，如果结尾的诗歌写得很出彩，或许还能达到画龙点睛的作用，为作文提高几个得分点呢。

(9)卷面清爽巧得分。曾有专家做过试验：一份已经完成的试卷，请不同的人重新抄写一遍后，在不同时间内，请同一个阅卷老师批阅。结果，无论是文科试卷，还是理科的大计算题，都出现了不同的分数。卷面整洁的试卷，普遍得分较高；而书写过于潦草，试卷涂改严重的，则得分较低。差别最大时，一篇一模一样的作文，竟然会产生出十分左右的差别。

形成这种状况，也很好理解。阅卷老师的工作量过大，不可能一字字地阅读你的答案，见到了你那乱草堆一样的文字，头立刻大了，印象分首先就减了下去。你那锦绣文章，他或许根本就没有阅读，就给你一个四十分上下的保险分。

所以，在考场上，无论你是否练习过书法，你都应该把字写工整。遇到写错的内容，也不要把试卷擦成大花脸。只要在错误内容上用尺子打上一道或两道横线，就足够了。

此外，有报道说，相同文字用黑色水笔写出来，得分就高点。这个消息，仅供你参考。

学习技巧篇

第十六章　“听、说、读、写”学语文

语文是什么？不同的人会有不同的回答。答案尽管可以五彩缤纷，最终的指向却绝不能只是考试。如果将语文只理解成中高考试卷中的那二十来道试题，或者某个具体的分数，那么，真正的语文便消失了。

一个不容乐观的事实是，大多数同学在中高考的指挥棒下，早已习惯了知识点的分解与剖析，习惯了将一个个文质兼美的文本宰割成与一道道试题、一个个分值对等的选择题、简答题。在这些同学的眼中、心中，语文就是获取分数的一个手段，是攀爬中高考这两座大山的一道台阶。

风姿绰约的语文就这样被屠戮了。与语文一起香销玉殒的，是与语文生死与共的思想、精神、智慧和激情。要想拯救语文，还语文以应有的学科属性，就必须从单纯应试的泥淖中走出，尊重语文学科的内在规律，注重“听、说、读、写”四项基本技能的培养，贯彻落实语文学科工具性和人文性的统一，这样，才是真正意义的语文学习。

78.用心，才能倾听

语文需要积累，语文的积累，不在于每天做多少道题目，而在于每天听了什么、说了什么、读了什么、写了什么，只有会听、会说、会读、会写的同学，才能拥有扎实的语文功底，也才能在面对任何一张试卷时，都成竹在胸。

会听，即听出语文课的门道，其实是很难的一件事儿。所谓“外行看热闹，内行看门道”，要听明白语文课的门道，就必须让自己成为语文学习的内行。怎样成为内行呢？下面几种方法，值得关注：

(1)“听”出学习目标。有些老师，能够在每一节课的起始阶段，将课时学习目标直接告知学生。有的老师,却没有养成这样的习惯。学习语文时,无论老师是否告知学习目标,都要养成准确捕捉目标的能力。只有在课堂上用心思考,“听”出了学习目标,才能在学习和其后的复习中做到有的放矢。时常有一些同学,一篇课文学完了,却不知道学了什么,也无法进行实质性的复习,就是因为未能了解学习目标的原因。

(2)“听”出学习重点。语文不像其他学科,原理以及例题是当然的重点。语文的重点由目标而确定。目标不同,重点也就不同。什么是一节语文课的重点呢?“写了什么”没资格充当,“怎么样写”、“为什么写”才是候选人。也就是说,学习语文时不要将关注点放在对课文“写了什么”的过分探究上面,而要时刻关注老师对“怎么样写”、“为什么写”所作的深刻分析。而这样的关注,又不是以关注老师表述出来的答案为侧重点,而是以形成结论的思维过程为核心。

(3)“听”出言外之意。语文课文往往具有多元解读性,在教辅资料上获得的信息,不见得和老师课堂上临时生成的感悟相一致。听课时,便需要善于捕捉老师解读文本时信口而说的一些观点,并迅速形成自己的价值判断和新的认知。相当数量的同学,以为老师写在黑板上的文字才有价值,便在记笔记时只抄黑板上的内容,不注意记录那些临时生成的见解,也不注意记录同学之间交流时形成的新见解。如此,课文便学得过死,无法培养多元思考的能力。

(4)“听”懂拓展意义。语文课离不开适当的拓展,只有借助拓展,才能将课文的内容和同学们的生活经验建立起关联,才能更好地理解课文。聆听老师的拓展内容时,不要误以为这些内容和课文无关,只将其当做闲话一听而过,而是要认真思考这些拓展的内容中隐含着哪些值得深刻思考的意义。要思索这样几个问题:老师为什么要在这儿拓展开来?拓展的内容和课文内容有什么样的联系?拓展是否有利于更好地理解课文?是否还有更好的拓展视角?当同学们能够在听课时“听”懂这些意义时,语文学习便由单一课文的认知,拓展到了社会生活的多角度认知的层面,各样语文能力也就慢慢形成。

(5)“听”懂思维逻辑。语文课中的思维逻辑,包含课文的思维逻辑、教师的思维逻辑和学习者的思维逻辑三大类。听课的过程,其实就是借助教师的讲解，理顺课文的思维逻辑，使其转化为学习者能够接受的思维逻辑的过程。在此过程中，教师的表述至关重要。教师富有逻辑的分析阐释，才能清晰表达出课文的思维逻辑。一旦教师备课准备不够充分，授课便会显得散乱，便难以理清其陈述的意义。同学们在听课时，除了要能“听”懂逻辑清晰的陈述，也要能“听”懂散乱的陈述。要能从散乱中捕捉重点，组合成合乎逻辑的意义。这样，便是创造性的听课，便能够超越于老师之上，形成自己的新思维。

(6)“听”出个性感悟。“听”是一种吸纳，还是一种生成。“听”来的一切信息，只有经过思想的加工，才能转化为能力。从这一点而言，每个同学在课堂上的“听”，其实都是一种完全个性化的活动。老师传递过来的信息，对所有人都是相同的，但作用于每个同学的大脑后，生成出的能力，却有很大的差异。有的人，听到的内容是一箩筐，能发生作用的却只有一小撮；有的人，听到的内容是十米长、两米高，经过大脑的接纳后，反馈出来的还是十米长、两米高；有的人，听到的是一条小溪，生成的却是一条江河。之所以有这样的差异，就在于“听”的过程中，大脑是否处于一种积极思维状态，是否不断生成出新的观点、新的困惑、新的思考。有了这些个性化的思考感悟，“听”才能让语文学习成为永不停歇的创造性实践活动。

79.口语表达很重要

很长时间以来，人们评价中国学生的英语学习时，常用的一个词汇是“哑巴英语”。因为，能够用书面形式熟练完成一份高难度英语试卷的同学，很多时候，却无法和英语国家的公民进行简单的对话交流。其实，不仅英语如此，以母语为依托的语文学科，同样存在着“哑巴语文”的病症，相当数量的同学，在语文学习中不能说，不会说，不敢说。这样的同学，就算语文考试能考到高分，也算不得会学语文。

语文学习中，有哪些环节需要“说”呢？

最重要的一种“说”，是课堂中的对话。语文学习中的对话，包括师生间的对话、生生间的对话以及学生与文本间的对话三种形式。前两种对话，都建立在口语表达的基础之上；后一种对话，则属于思维训练。

课堂上，为什么要进行师生对话、生生对话？答案很简单，为了更好地激活思维。只有对话，才能不断挖掘出大脑中尘封的那些知识，不断激活蛰伏的那些情感，才能相互启迪，将问题的思考探究引向深入。

要对话，就需要“说”。对话中的“说”，要求观点明晰，论据充足，论证过程严谨细致。这便对口语表达提出了很高的要求。词不达意，就无法形成真正的对话。

日常学习中，我们常常会见到这样的场景：老师提出某个问题后，有的同学能够用诗歌般的语言，准确、流畅、富有感染力地表达出自己的个性化理解；有的同学则拉拉杂杂说了很长时间，也表达不清自己的真实想法；有的同学回答问题的语言，总像兔子的尾巴——长不了，缺乏吸引人的地方。我们总是将那些肚子里明明有货，却偏偏笨口拙舌，表达不出来的人比作茶壶里的饺子。饺子虽美味可口，倒不出来，吃不上，跟没有这饺子，也没多大差异。

此外，所有的课堂活动，都离不开“说”，比如课前三分钟演讲，口语训练课，诵读文章，点评发言等。只有说得清晰，有条理，才能准确表达自己的思想和观点，并和他人形成良好的交流。

既然“说”的能力如此重要，日常学习活动中，我们应该采用什么样的方法来培养自己的口语表达能力呢？

(1)要突破害羞这道关，敢于开口说。人的羞涩心理，往往有一种自我暗示和自我放大的功能。害羞者总以为所有人都在关注着自己的一举一动，总认为别人都会笑话自己可能出现的各种错误，于是，每到需要在公众场合发言时，便神经高度紧张，唯恐别人耻笑自己。岂不知，人们在交流时关注的重点，其实是你说出来的内容。

(2)要学会打腹稿。敢说而不会说，也没有价值。会说，就要说到点子上，说出条理性。需要发表观点时，要在腹中先打一个腹稿，想一想依照什么样的顺序说，比如时间顺序、空间顺序、逻辑事理顺序、总分顺序等。理顺了口语表达的顺序，再表达时，便容易突出要点。听众也容易把握起承转合中的意义联系。

语文学习中，口语表达的机会比其他学科要多很多。比如阅读课学习，就需要借助不停歇的对话而层层深入地推进下去。当然，并非所有的问题，都有思维挑战性。有些问题，完全可以张口就说。对于富有思维挑战性的问题，则需要依照上述方法，先打腹稿，然后说。

语文课中的打腹稿，还要注意不同题型应有的解答思路。文学鉴赏中，很多活动有固定的章法可以遵循，要把自己对这类问题的理解说清楚，就要依照其应有的框架展开规范操作。这样的说，因为有章可循，也就容易组织语言，有利于养成严谨的口语表达能力。

(3)要关注详略，学会叙事和评述。口语表达中，最重要的两种能力，是叙事能力和评述能力。在生活中，遇到了一些让我们感动的人或事，需要转述给朋友们时，往往会发现，原本很生动很优美的内容，经我们的口一转述，就平淡无味了。同样，要跟别人说理时，明明自己很有理，却几句话一说，就落到别人的圈子里，将有理变成没理了。这便是这两种能力匮乏带来的后果。

这两种能力如何培养呢？叙事能力的培养，主要是抓纲带目，突出细节，把握语气语调。2012年暑假时，听十几位作家做报告，印象最深的是曹文轩先生。曹先生做报告，不谈高深理论，完全用故事说话，把深刻的道理蕴藏在生动感人的故事中，很能抓住听众的心。当然，叙述时的神态、语调，叙述中的细节渲染，也都有很多值得学习探究的地方。

评述能力的培养，又必须和上节文字中强调的“听”的能力结合起来。要评述某些内容，特别是听的过程中获得的信息，就要能在“听”的同时，准确把握要点。这样，评述才有目标。在把握住要点的基础上，又要能够依照一定的逻辑关联，组织好自己的话语。观点要鲜明、准确，论据要充分有力，论证过程要严谨细致。相当多的时候，为了让自己的评述更有价值，还要学会多向思维。

(4)要争取机会。语文学习活动中，老师总是要尽量多地兼顾全体同学。所以，发言不会只局限在几个人身上。然而，遇到一些富有挑战性的问题时，一般同学往往觉得自己的思考不够成熟，不愿意主动发表自己的观点。这就给善于争取发言机会的同学提供了一个训练口语表达能力的好时机。这时的发言，可以在理出腹稿的大框架后，就开始表达。不必等一切都想明白了，才站起来说。因为，在说的过程中，思维还会不断地向前推进，会形成新的观点。

其实，只要心中有了训练口语表达能力的目标，能够帮助我们培养过人的口语表达能力的方法和机会就会有很多。课堂之外，生活有多广阔，口语训练场也就有多广阔。

80.读是无法绕过的一段路

语文学习中的“读”，从阅读内容上看，可区分为读“有字书”和“无字书”两大类。其中，“有字书”又可区分为教材、课外读物两种类型。“无字书”则是社会和生活。读“无字书”所需要的能力，其实主要是听、看、说、思的能力。

从阅读方式看，“读”可区分为浏览、粗读、精读、研读等类型。对语文学习而言，这些类型的阅读，都需要兼顾。浏览可以增加大脑中库存的信息，粗读适用于一般性的文章，精读适宜于经典作品的研究，研读则是做学问。

从能力培养的角度看，阅读能力大致由四个方面构成：一是检索能力，即查阅工具书的能力；二是理解能力，即对文章从内容到形式以及语言的理解能力；三是分析能力，即对文章从内容到形式各个方面进行分析进而发现问题的能力；四是归纳能力。

没有阅读的语文是可悲的，不会读的语文，同样可悲。那么，如何“读”，才有价值呢？

(1)要讲究“读”的方法。语文学习中，最重要的“读”，当然是“读”课文。课文该如何“读”呢？常规状态下，一篇课文，至少应该读三遍，才能“读”明白。第一遍的“读”，主要是读出课文“写了什么”，同时梳理字词，扫清文字障碍，解决基本问题；第二遍的“读”，关注“怎么样”，研究作者是如何谋篇布局的，运用了哪些手法，传达了哪些情感等；第三遍的“读”，是针对重点内容，或者感兴趣的内容，进行细节研磨。这样的“读”，要逐句解析，大脑中要时刻装着一个“为什么”，要不停歇地跟作者对话，跟作品对话，要将作品和现实生活结合起来，要能从作品中读出自我。

有一些同学，热衷于“读”教辅资料。阅读课文时，不愿意动脑筋思考问题,直接从教辅资料上寻找答案。这样的“读”,只会使自己的思维能力日渐退化。教辅资料当然有一定的价值,但它的价值多限于百思不得其解时的点拨和参考,也适用于形成了个性化的认知后的比较与分析。也就是说,对于教辅资料的“读”,只能用作积极思维的一种验证,不能用它代替了自身在“读”的过程中形成的积极思考。

课外阅读的价值,其实远超于有限的几篇课文。课外阅读,是一种主动的积淀。没有这样的积淀,仅读几篇课文的同学,语文素养不会好到哪儿。一位高考状元在盘点自己的语文学习方法时,以“零存整取”形象化归纳了课外阅读对于语文成绩提升的重要价值。他说:

> 语文的学习,用一个成语来说,就是细水长流。语言的学习关键在于应用,只要你足够留心,其实语文的学习完全可以贯穿于生活中。我从小就有意识地注意语文知识的积累,平时可以试着多读一些作家的经典文章。这些看似和学习没有多大关系,但其实我们已在不知不觉中提升了自己的欣赏品位和鉴赏水平,打开了自己的思路。在考试时,他人的好语句、好事例我们都可以运用到自己的作文中。长期的积累,对于我们的语文考试是非常有帮助的,在考场上,我们就可以发现自己的思维很开阔,文思泉涌。

课外阅读对于语文能力的提升,无需列举太多的例子,因为,每个人都会有自己的切身感受。看看身边的同学,那些热爱阅读的人,作文总比不阅读的人要丰富一些、深刻一些,平日里的口头表达,也相对儒雅。这份修为,就是“腹有诗书气自华”的具体表现。

(2)要关注内容的选择。有些时候,开卷未必有益。作为一种具有明确目标指向的“读”,一般而言,主题应相对集中,内容也要有所挑选。低水准的文字,对认知生活、感悟人生,以及培养语感等,均没有多少价值,便无需纳入阅读范围中。即使是经典作品,如果确实没有阅读兴趣,也不必强迫自己阅读。比如,作为古典四大名著之首的《红楼梦》,有的人读得如醉如痴,有的人却始终读不进去。读不进去的人,就没必要强迫自己去读。因为，随着年龄和阅历的积累，总会有读进去的时候，那时再读，也并不晚。当然，作为不得不完成的学习任务的阅读除外。

有一些老师，出于应试作文的写作需要，要求学生大量阅读某些杂志上的心灵鸡汤类短文，这样的做法，其实并不可取。那类文章，为了唯美的价值追求，不惜虚构一些根本不可能体现生活本真意义的感人故事，文体也较为杂乱。该类型文章读多了，便会丧失理性思辨的能力，只学会了编造故事。

(3)要注重阅读的意义。本质上看，阅读不应该附加意义。阅读就是一个过程，一个不断为生命添砖加瓦的过程。然而，生活在日渐功利化的社会环境中，又受中高考等应试大环境的制约，中学生的阅读，必然要附加上应试的功利色彩。如此，中学生的“读”便有了一定的限制。

中学生的“读”，需要关注哪些意义呢？

首先，应该是视野的开阔和学养的提升。玄幻、穿越、武侠等作品，虽然也有一定的社会文化生活包含其中，但信息量相对较少，便属于可读可不读。挑选其中的精品，略作浏览，了解这一文学形式，就足够了。要留出时间，多阅读贴近社会生活的散文、时评、杂文、报告文学等，如果学有余力，还可以阅读一些通俗哲学著作和历史学著作。

其次，应该是知识的积累和能力的养成。文言阅读能力、古典诗歌鉴赏能力匮乏的同学，就需要阅读一定量的古典作品。只有读得多，才能从中发现一些规律性的问题。当然，在最初阅读时，自身理解不了作品的精妙之处，不妨借鉴他人的鉴赏文章。比如，可以阅读《唐诗鉴赏辞典》、《宋词鉴赏辞典》等工具书。这样，读一阶段后，自身的能力也就慢慢培养起来。

除了上述几方面内容外，中学生的“读”的能力的培养，还有一些需要在实践中慢慢摸索的经验。总之，只要用心去体验，就能“读”出深度，“读”出思想，“读”出能力。

81.写作是一种思维训练

相当一部分同学，面对一道作文题时，习惯于这样开始审题立意：看到材料或命题后，立刻从材料或命题的最显性意义入手展开构思。比如，写作的关键词是“家园”，就描绘生活中实实在在的家乡，抒发对家乡的各色情感；写作的关键词是“母亲”，就叙述生活中的母亲如何如何勤劳、如何如何关心“我”，借此体现母爱的无私与伟大。

这样的构思立意当然并没有什么违反写作知识的地方，然而，倘若此类文章的作者没有过人的语言运用能力，不具备将寻常素材经营得“色香味”俱佳的技能，那么，文章势必会因为素材的平常、构思的平淡、语言的平实而落入常规之作的行列。

会写作文的同学却不是这样。但凡拥有较为突出的写作能力的同学，每次面对一则写作材料或作文命题时，他们首先想到的自然也是材料或命题的最显性意义。然而，他们的这个“想到”，不是为了从这个角度展开作文，而是将其确立为自己的写作“雷区”，确保自己的文字尽量避开这众所周知的意义，去追寻多数人未曾发现或未曾深入思考的写作空间。

对比两类同学的写作思维习惯，可以发现一个极其简单的道理：每一个作文材料、作文命题，都不是有且仅有一个写作视角，而是可以对其从多角度立意，从多侧面选材，使用多种表达形式，写成多篇作文。

这种对于一则材料一个命题背后蕴含的众多写作视角的分析与把握，就是良好的写作思维。此种思维的价值，不在于针对一个命题写作数篇文章，而在于面对作文命题时，如何开动脑筋，构思出一篇最理想的作品。

写作教学中进行思维训练时，需要在“新奇巧”三方面多下功夫：

(1)摆脱常规思维模式的束缚，捕捉命题的隐性意义，以“新”取胜。写好作文的关键，是审题。审题时首先需要关注的，就是命题意义的多元性。

以《回家》这一命题为例，我们来共同捕捉“回家”这一题目中拥有的可以表达的多元意义。

第一，人或物的“回家”。这一主题下，可依照立意的深浅，将文章写成几种不同类型。最浅层次的立意，客观记述一次回家的经历。比如，住校生放月假的回家。稍高一个层次的立意，可以写某个物品的失而复得。这也是一种回家。再高一个层次，可以写漂泊游子的回家。这种立意，需要考生创设合理情境。

第二，某种思想、某种精神的回归。比如陶渊明不愿为五斗米折腰，毅然回归田园；比如李太白怀揣着“安能摧眉折腰事权贵，使我不得开心颜”的理想追求，对山水风光的回归；比如竹林七贤绝不与司马氏合作而隐逸山林的行为中对自由人性的追求与回归等。这样的立意，需要考生拥有相对宏阔的历史视野和人文思想。在这一层面上构思立意，容易将主题引向深入，但也存在着容易架空分析的不足，部分学生还会出现跑题现象。

第三，某种生活情状、某种人生境界的追求。比如对现实生活中文明行为的呼唤，对青山绿水的眷念向往等，都可以看成一种“回家”——返回和谐合理的社会。

第四，对曾经拥有的岁月的缅怀，对亲人的思念。比如对童年时生活过的故乡的思念，对已经故去的亲人的思念等，也都可以用“回家”这一主题表达。

第五，对祖国统一的期望。如果把祖国当做一个家，那么，台湾就是游荡在外的孩子，所以，把台湾当做一个游子来描述，从而表达出希望其回家的迫切愿望，也是很好的构思。

比照这五方面的审题立意，就可以发现，当大多数同学将着眼点锁定在真实意义的一次回家经历中时，另几种构思立意，就因为写作视角的新颖独到，使文章既具备了应有的思想深度，又拥有了内容的与众不同。如此，自然也就能获得阅读者的青睐。

(2)发挥个性特长，让自身的写作优势得到最大限度的呈现，出“奇”制胜。作文教学中的思维训练，除了表现在对题目、素材等外在写作元素的多元思考与合理使用上，也体现在对自身写作优势的合理认知上。从这一点上看，思维训练的过程，其实就是写作者整理自身的思路，使其更具科学性、艺术性、情感性的过程。在此过程中，出奇制胜，是值得追求的良好思维方式。

依旧以《回家》这一作文题为例，除了可以在“回家”这一词汇所隐含的多元意义上深入挖掘，找寻到新颖而深邃的主题意义外，我们也可以通过对文章体裁的灵活运用，实现“突破常规、出奇制胜”的目的。比如，当大多数同学都将《回家》写成记叙文时，就可以考虑将其用散文、议论文、故事新编、诗歌等文体来表达。

写作中的出“奇”制胜，需要以个性特长的发挥为基础。每一个学生，在数年的作文训练中，总会形成一种相对擅长的创作技法，养成对某种文体的偏好。因而，面对一个写作材料、写作命题时，在完成最初的审题立意后，就需要依照自身的个性特长构思文章谋篇布局了。

(3)追求细节的精巧，在情感渲染中实现文字的跨越，“巧”夺眼球。并非所有的学生，都拥有透过现象看本质的洞察力；也并非所有的学生，都有打破常规另辟蹊径的高超技艺。对于这两方面能力都有欠缺的学生，如何才能在写作时更好地拓宽自己的思维面，将思维训练融入自己的写作中呢？这就可以在细节的精巧上多下功夫，用细节表达的多元性质来实现文章的成功。

例如，当我们面对《让我感动的一个瞬间》这样一道作文命题时，我们既没有能力构思出具有特别意义的故事，也没有能力设计出特殊的表现形式，只会从生活中找寻一两则曾经发生的事情，平铺直叙地叙述出来。这时，我们该如何对既有的素材进行精加工，写出不同于常规的作文呢？于是，文章中细节的构思与设计，就成了特别重要的思维能力。

比如这样一段文字：

> 某年北京的一个桑拿天，地面温度估计40度左右。我在阳台上拍花，虽然早已习惯了旁边烂尾楼没日没夜、时有时无的轰鸣声，但在这样一个连知了都懒得冒音的闷热天，这些噪音无疑让我很心烦意乱。也不知怎么想的，换了长焦对着对面楼顶的施工队就拍了几张，连回放都没看。当我回到房间坐在电脑前看片子的时候，突然一阵久违的感动袭来……

这仅仅是一张摄影图片下附属的一段文字，倘若我们用它作为作文的开头，是不是也很能吸引人？这段文字中，有客观叙述，有形象描述，有心情抒写，有悬念置疑，它是不是要比那种开篇就是大段的抒情议论的文章要好很多？

这种看起来寻常随意的叙述，因为注重了细节的雕饰和情感的渲染而拥有了较强的可读性。这，也是一个命题背后呈现出的多种思维形式中较有价值的一种运用形式。这种运用形式，侧重细节设计、语言雕琢、情感渲染、文采呈现，往往能给文章带来意想不到的高分。

所以，面对一个写作材料、作文命题时，倘若编撰虚假故事也能算是一个写作侧面的话，那么，将生活中的真实故事叙述出来，把真实情感表达出来，自然就是另一个写作侧面。这后一种写作侧面，因为关注了生活与情感，体现了作者对社会生活以及人情世故的个性化思考，表现出了一种独特的思维力量，也就具备了走进读者心灵的冲击力。这样的作文，才能称得上好文章。

82.从教科书中发现写作素材

对绝大多数同学而言，作文中最头痛的问题，是“巧妇难为无米之炊”。试卷上的作文命题千奇百怪，自身的生活却永远机械循环于家庭与学校的生活间距中。要想凭借这有限的人生阅历，来应对无限广阔的作文命题空间，倘若没有一颗敏感的心，着实是一件难事儿。所以，每当老师将一个题目写在黑板上，教室里便常常是一片叹息：唉，又写作文啊！

其实，在写作素材的认知上，多数人都犯了错。相当一部分同学，将写作素材片面理解为生活中那些“有故事”的人和事。不但对寻常生活中的平凡小事不屑一顾，而且对前人心血凝聚而成的经典性文学作品漠然处之。这实在如身处宝山却一贫如洗的愚人。

且不论那些蕴藏着诸多生动细节的平凡生活，也不说那全方位展示社会生活画卷的经典作品，单是语文教科书上所学的那些长长短短的课文中，就有着无穷无尽的写作素材。这些课文，酸甜苦辣咸五味杂陈，柴米油盐酱醋茶七事齐备，喜怒哀乐怨恶惧七情充溢。可以说，每一篇课文，就是一个浓缩的社会。只要能够钻研进去多元解读，便能找寻到相当多的可适应多种主题需要、多种文体要求的写作素材。

(1)经典性教材可以满足多种主题的写作需求。任何一篇优秀的课文，都可以展示一种立体的而绝非平面化的生活。这种生活的“立体性”，具体到课文所反映的主题意义上，通常就是在占据主导性核心思想的内容之外，还广泛存在着其他一些“横看成岭侧成峰，远近高低各不同”的意义。正是这种意义的多元性，使得任何一篇课文都绝不会仅仅只适用于某个单一的写作主题。

例如高中教材起始阶段所学的毛泽东诗词《沁园春·长沙》，短短的114字中，主导性的核心思想显然是年轻人的社会使命感。除了这一核心意义外，至少还包括以下几点意义：面对破碎山河与动荡时局而生发出的忧患意识，青春的激情，读书人应有的人生追求方式，秋之豪情等。

从写作角度看，这些意义的提炼，自然不是为了完成一两个简答题。换个角度思考：当我们需要写作这几类主题的作文时，就完全可以将毛泽东以及《沁园春·长沙》中的相关诗句应用到我们的作文中，使教材中的内容，成为我们写作的必要素材。

面对《怀想天空》这个命题时，我们可以这样化用《沁园春·长沙》的内容：

> 透过课本上那些平平仄仄的文字，我依稀看见，84年前的岳麓山上，满眼的枫叶，将天地山川浸染得血一般鲜艳。年轻的毛泽东，就那样站立在辽阔苍茫的天穹下，他一手叉腰一手指向遥远的云际。从此，我们头顶的天空中，多了一颗耀眼的星；我们心灵的天空中，多了一尊不朽的雕塑。

如果是以“独处”为话题，写一篇作文，我们也可以这样化用《沁园春·长沙》的内容：

> 与惧怕孤独的古人不同，“独立寒秋”的年轻毛泽东，内心里全无半点陈子昂式的“怆然而泣下”的感慨，也无丝毫杜子美的“艰难苦恨”。毛泽东的眼中，是万山红遍的壮阔美景，是百舸争流的昂扬激情，是粪土当年万户侯的气概胸襟。这样的独处，因为淡化了个体生命的患得患失，因为将个体有限的生命融入了历史和社会的宏阔时空而焕发出灿烂光芒。

此外，如果写作“青春”、“理想”、“使命”、“人生”、“奋斗”等诸多主题的作文，同样可以将《沁园春·长沙》中的内容化用进去，限于篇幅，不再举例。

(2)经典性教材可以适应多种体裁的写作需要。经典性课文中蕴含的写作素材，不仅可以活用为议论文的论据，还可以根据写作的需要，化用为记叙类文字、抒情性文字中的有机构成内容。

《阿Q正传》是鲁迅先生的不朽名作。近十年的高考中，数不清的考生将阿Q拉进作文中，借助“精神胜利法”等极具阿Q特征的内容来充实自己的文章。这其中，同样诞生了一定数量的高考满分作文。最有代表性的是2001年“诚信”话题满分作文《阿Q办厂》。在这篇故事新编类的作文中，小作者从《阿Q正传》中提取出大量体现阿Q个性的内容，将其纳入现代社会生活背景下，如此，一个既新又旧的阿Q就复活了。

这种写法，属于经典课文的翻新，其文体为记叙文。除了这种翻新外，更多的考生是将阿Q或精神胜利法纳入议论文的框架内，用阿Q或精神胜利法充当议论文的论据，借此阐述相关事理。以《心灵的选择》为话题的议论文中，倘若我们需要从反面设例论证自己的观点，就完全可以这样说：

> 并非所有的选择都有价值。当洪承畴在清人屠刀下选择屈服时，一代名将霎时便成了千古罪人；当阿Q在“革命”的热情驱动下选择尼姑庵作为“首义”对象时，一场原本“气壮山河”的革命瞬间也就成了倚强凌弱的闹剧。只有那些建立在国家民族大业基础上的心灵的选择，才足以在历史长河中留下光辉灿烂的一笔；只为个体私利殚精竭虑的选择，注定会被其他杰出者的光芒击碎为瓦砾粪土。

近几年的高考满分作文中，一种被定性为“文化散文”的体裁受到越来越多的追捧。这类体裁的文章，其立意本无多少精深特别的地方，取胜的关键，全在于小作者对经典性课文或经典性课外阅读材料的有效利用上。比如2005年四川省五篇高考满分作文均为文化散文,其中《永远的谭嗣同》、《永远的苏武》两篇,单从作文题目就可以知晓,这两篇文章,一定是建立在经典基础上的再次创造。

(3)经典性教材可以为所有人提供写作的典型范例。除了充当作文素材资源外,经典性教材还可以担当典范性文体模式的功能。比如,当我们需要写作任何一篇记人的叙事性文章时,初中教材中魏巍先生的《我的老师》就可以当做范文,通过对它的模仿,就可以把握住通过众多有详有略的事例来全方位塑造人物这一写作技法;而当我们需要写作一篇叙事类文章时,朱自清先生的《背影》,鲁迅先生的《一件小事》就可以拿来做模仿的范文。如果需要写作一篇常规意义的议论文,吴晗先生的《谈骨气》就可以作为典范;如果要写论述类的杂文,《从三到万》就是一个很好的借鉴对象。

需要注意的是,这些经典课文呈现出的写作模式,绝不会只实用于某个单一作文题的写作,而是普适于该类文体的绝大多数文题,掌握了这些,就可以保证不至于把文章写成四不像。这方面能力,稍加注意便可获取,不再赘述。

第十七章　培养严谨的数学思维能力

中学阶段，数学是占用学习时间最多的一门学科，尤其是进入高中后，学科学习难度不断加大，同学们在数学学习上投入的时间也就相应增多，至高三时，很多同学每天用在解数学题上的时间超过四个小时。如此大的工作量，换来的学习效果却未必尽如人意。约半数的同学，面对一张难度适中的数学试卷，往往只能做好其中60%的题目，另外的40%，则由于多种因素的影响，无法理顺题目中所需各种知识间的关系，无力解答具体的问题。

数学学习要不要做这么多的练习题？每天用在数学学科上的学习时间，是否越多越好？如何才能“多快好省”地学习数学？这些问题，往往如一团解不开的乱麻，总是缠绕着数学学习上存在着一定的困难的同学。而解决这些问题的最根本要素，只在于培养严谨的数学思维能力。拥有这样的能力，辅之以适当的练习巩固，便能拥有一个理想的数学成绩。缺乏此种能力，终日深陷题海之中，还是难识数学的“庐山真面目”，无法真正了解数学的玄妙。本章中，我们将一同探究数学学习中的各种奥秘。

83.数学课如何做笔记

有这样几种状况，时常出现在数学学习的课堂上：

当老师在黑板上认真讲解某个题目的解题方法时，有些同学全神贯注于将黑板上的文字、数字、符号全部“复印”到自己的笔记本上，却对老师解题中阐释的原理缺乏必要的关注。

当老师对教材中没有的知识进行补充讲授时，很多同学却因为这样的知识未能在黑板上直接呈现出来，便“按兵不动”，不懂得应该记录下这些拓展迁移的知识。

当一道试题错误率很高,老师在讲台上认真分析订正时,很多同学因为该题目已经做过一次,觉得不再是新知识,便只出耳朵听一听,不去记录形成错误的原因以及解决问题的方法。下一次再考这个题目时,很多人还是继续错。

这三类学习问题,归结起来看,根源都在于不会记笔记,不知道数学学习中哪些内容该记,哪些无需记。

数学课到底应该如何记笔记呢?要搞清楚这个问题,先要看看现有的笔记中存在着哪些失误。

第一种失误,是将课堂笔记当成课堂实录来记。课堂上老师怎么讲,自己就怎么记,囫囵吞枣,难以消化。此类同学,过分依赖笔记,忽视老师的讲解,忽视思考,以为老师讲的没有听懂不要紧,只要课后认真看笔记就可以了。这样做往往会忽视老师的一些精彩分析,使自己对知识的理解肤浅,增加学习负担,学习效率反而降低,易形成恶性循环。

第二种失误,是将笔记本做成了习题集。做题是学习数学的基本途径,多积累一些习题也是必要的,但若一味做题抄录,不认真领悟其中蕴含的重要数学思想和方法,很少涉及知识点之间的联系、思想方法的提炼及解题策略的整理,没有自己的钻研体验,笔记本成了习题集,是学不好数学的。

第三种失误,是将笔记本当做过期"期刊",时间一长就弃于一旁,没有发挥它应有的作用。事实上,许多高考优胜者的经验之一就是使自己的笔记成为个人的"学习档案"和最重要的复习资料。

这三类失误,制约着听课效率的提高。要解决这些问题,就需要讲究笔记的科学性、高效性。那么,怎么样记笔记,才能做到既科学又高效呢?下面五方面的问题值得关注:

(1)记提纲。上课应以听讲和思考为主,并简明扼要地把教师讲的思路记下来,课本上叙述详细的地方可以不记或略记。同时,要记下自己的疑问或闪光的思想。如老师讲概念或公式时,主要记知识的发生背景、实例、分析思路、关键的推理步骤、重要结论和注意事项等;对复习讲评课,重点要记解题策略(如审题方法、思路分析、最优解法等)以及典型错误与原因剖析，总结思维过程，揭示解题规律。记笔记时，不要把笔记本记满，要留有余地，以便课后反思、整理，这样既可以提高听课效率，又有利于课后有针对性的复习，从而收到事半功倍的效果。

（2）记问题。教师在组织课堂教学时，不可能做到顾及每一位同学。相应的，一些问题对部分学生来说，是属于疑难问题，由于课堂上来不及思考成熟，就需要将课堂上未听懂的问题及时记下来，便于课后继续加以思考和探究，加以理解和掌握，不致出现知识的断层、方法的缺陷。

当然，这样的记录，有时只需一个“？”就行，有时用几个零散的词汇来表达。切不可将听课时的思维固定在这个未听懂的点上，耽搁了后面的听课。那样的话，不懂的问题就越来越多了。

（3）记拓展。现在的教材以照顾大多数学生为主，书中都是一些最基本最常用的知识，而解决有些题目还需教材中没有的知识，那么教师就要补充一些知识，比如在讲华师大版八年级上册的因式分解这一节，教师就必须另外补充“分组分解法”，因为教材中没有提到它，而我们做有些相关的题时又要用到它，此时学生就要适当做笔记。

（4）记疑点。对老师在课堂上讲的内容有疑问时，也应及时记下，这类疑点，有可能是自己理解错误造成的，也有可能是老师讲课疏忽造成的，记下来后，便于课后与老师商榷。记录的方法，也可以是一个简单的问号，或者在教材上做一个特殊的标记即可。记下后，就将这个疑点先放下，听后面的课，不能纠缠在疑点上。

（5）记方法。课堂上的典型例题，如果整个过程都记下来，可能就会没时间听课了；如果只听不记笔记的话，时间久了，又记不得，也不利于期末复习，怎么办呢？那么先抄好题目和提示的步骤，记录下老师讲解题目时突出强调的各种方法，其余的解答过程和自己认为暂时能记下的则留到课后整理。

记方法时，不能就题论题，而是要把重点放在习题价值的挖掘上，即注意写好解题评注。这就好比安装在高速公路两旁的路标，它们会提醒你何时减速，何时急转弯，何时遇到岔路口等。

（6）记总结。注意记住老师的课后总结，这对于浓缩一堂课的内容，找出重点及各部分之间的联系，掌握基本概念、公式、定理，寻找存在问题、找到规律,融会贯通课堂内容都很有作用。

(7)记体会感受。数学学习是智、情、意、行的综合。数学学习过程伴随着积极的情感体验、意志体验过程。记下自己学习过程的感受,可以用来更好地调控自己的学习行为。譬如,一道运算很繁杂的习题,依靠坚强的意志获得解题成功后,可在旁边写上“功夫不负有心人”等自勉的语句,用来激励自己。

(8)记错误反思。学习过程中不可避免地会犯这样或那样的错误,“聪明人不犯或少犯相同的错误”,记下自己所犯的错误,并用红笔醒目地加以标注,以警示自己,同时也应注明错误成因,正确思路及方法,在反思中成熟,在反思中提高。

总之,我们的课堂学习笔记是记重点、难点、疑点、解题关键、解题思路及自己容易做错的题或老师补充的知识点,这些笔记成了课后巩固的主要依据。更主要的是有了笔记,到了期末复习不至于大海捞针,无从下手,让我们的复习更省时有效。

84.一天应该做多少道题目

要研究清楚这个问题,首先需要研究为什么要做题目。

数学学科的做题,和其他学科一样,都是为了巩固知识,形成能力。要想让学习过的知识,清晰地储存到大脑中,并且不遗忘,就必然需要借助一定量的课后练习,从多角度强化巩固该知识。只是,这里的“一定量”,永远是个不确定的数字,而非可以用具体数字量化的恒量。毕竟,每个人的数学基础不相同,知识转化为能力时所需付出的努力也不相同,已有的学习方法亦不相同。这么多的不相同,当然无法用统一的题目和统一的题量来达成相同的目标。

明白了做题的意义,再来研究一天应该做多少道题目,便会发现,这是一个只能定性无法定量的问题。因为,只要能够达成巩固知识、形成能力的目标,就算完成了学习任务。做一道题目就能将当日学习的知识消化吸收,融会贯通,那就只需做一道题。做五十道题目才能达成这样的目标,就要做五十道题目。这就如同《射雕英雄传》中的郭靖与杨康,一个武术动作，郭靖要学习几十遍才能掌握要领，杨康则往往练一遍就能够领会并运用。练的遍数多，并不意味着一定能够熟能生巧。

此外，影响每天的训练题量的因素中，还存在着题目本身的难易度问题。难度高的题目，和难度低的题目，也无法用单纯的数量来衡量价值。很多时候，攻克了一道难题，胜过解决一千道缺乏思维挑战的习题。因为，攻克一道难题，常常是激活了相当数量的知识，理顺了若干个彼此关联的信息。而做一千道缺乏思维挑战的习题，对学习能力不构成任何帮助。这就如同走路一样，攻克一道难题，是在原有基础上向前迈进了一大步。而做一千道缺乏思维挑战的习题，只是在原地踏步一千次，对于抵达目标毫无意义。

但这不等于鼓励所有同学都舍弃基础题，专一攻克难题。因为，所谓的难题，也是一个相对概念。学习中应该全力攻克的，是那种踮起脚尖就能够得着的难题。距离自身能力过于遥远的难题，则不必纳入思考和解题范围之内。

理清了数学题目中隐含着的质与量的关系，再来探究一天应该做多少道题目时，心中便有了一本清楚的账：

数学基础较薄弱，解题能力相对欠缺的同学，需要解决的难题，或许只是那些基础较好的同学眼中的基础题。巩固复习相关知识时，这部分同学就要多做此种类型的基础题，以课本上的习题为准，反复练习打好基础。当这方面的题目不再成为难题时，再找一些课外的习题，以帮助开拓思路，提高自己的分析、解决能力。

基础相对薄弱的同学，做题时还不能忽视必要的巩固、记忆、复习。倘若拿起题目就开始解题，遇到问题时，再照例题模仿、套公式解题，那么，就是为解题而解题了，起不到通过解题而巩固、深化、理解知识的作用。正确的解题方法是，每天先浏览教材中所要学习的内容及笔记，回顾课堂讲授的知识、方法，同时熟记公式、定理。然后独立完成作业，解题后再反思。有能力的学生可以适当地进行一题多解，提高自己的发散思维能力。

还有一个问题，至关重要。相当数量的同学，并不是依照科学的学习计划来做题，而是消极地、被动地做题。常常是老师布置了什么样的作业，就做什么样的题目。老师没有布置，便要么随便找一本资料，翻出几个题目做一做；要么是不顾学习进度，只将一本资料上的题目一题题做下去。这样的做题目，多数情况下，都是低效劳动。我们知道，同学们做题目，有两个重要的目的：一是将所学的知识点和技巧，在实际的题目中演练。另外一个就是找出自己的不足，然后弥补它。这个不足，也包括两个方面，容易犯的错误和完全不会的内容。现在，同学们不顾这解题的真实目的，只追求做题的数量，草草地应付作业了事，而不追求解决出现的问题，更谈不上收集错误，当然也就很难借助做题目来提高学习成绩。

一次作业完成后，复习工作并未结束。这时，还应该总结题目，对所做的题目进行分类整合。当我们能够借助这样的整合，知道自己能够解决哪些题型，掌握了哪些常见的解题方法，还有哪些类型题不会做时，才真正地掌握了这门学科的窍门，才能真正地做到“任它千变万化，我自岿然不动”。这个问题如果解决不好，势必会影响后期的数学学习。生活中，我们会发现，有一部分同学天天做题，可成绩不升反降。其原因就是，他们天天都在做重复的工作，很多相似的题目反复做，需要解决的问题却不能专心攻克。久而久之，不会的题目还是不会，会做的题目也因为缺乏对数学的整体把握，弄得一团糟。

我从不认为多做题目一定比少做题目有价值。因为，和做题类似的很多生活现象，都在证明量变不一定带来质变的道理。比如，很多人下一辈子的棋，棋艺始终在中低水平上徘徊；很多工匠做一辈子的手艺，始终进入不了艺术家的行列；许多农民种一辈子的田，却从未弄明白种田中的科学道理……与之相对的是，很多孩子，十多岁便棋力惊人；许多青年，从业仅仅数年，便成为行业内的艺术家；很多新型农民，可以让同一块土地，生产出数十倍于原有价值的庄稼。原因只在于，后面这种类型的人，是用心去做事，做中有思考，有妙悟，有总结，有提升。这样，才能做出成绩。解题同样如此，只简单重复，题目做得再多，也无价值。

85.至关重要的试卷分析课

有学习，便有考试；有考试，便有分数；有考试，还有试卷分析。

相当数量的同学,关注的重点,只是试卷上的分数,以及影响分数的勾勾叉叉。能够在拿到试卷后,立刻将分数抛在脑后,平心静气地研究错题的同学,实属了了。

试卷分析课,老师开始针对典型错误进行条分缕析地解剖时,能够全神贯注听课的人,依旧不在多数。很多同学总存在一个相同的毛病,以为自己做错了题目,往往是因为粗心,并非不懂。既然感觉到自己已经懂了,当然也就懒得再认真听下去。

遗憾的是,自以为懂了的内容,下一次考试再遇到时,依旧会出错。

事实上,几乎所有的试卷分析课,都比传授新知识的课堂重要得多。传授新知识的课堂,一个课时,只能教授一个知识点;而试卷分析课,则是对已经学习过的若干知识进行高度的概括、提炼和融合。可以说,试卷分析课,就是最好的复习巩固课。

试卷分析课上,同学们应该注意哪些问题呢?

(1)对出现的错误进行分类整理。试卷发下来,不要把注意力都放在分数上,更没有必要和一堆同学比成绩。要认真分析得失,总结经验教训。特别是将试卷中出现的错误进行分类:

第一,遗憾之错。就是分明会做,反而做错了的题;比如说,"审题之错"是由于审题出现失误,看错数字等造成的;"计算之错"是由于计算出现差错造成的;"抄写之错"是在草稿纸上做对了,往试卷上一抄就写错了、漏掉了;"表达之错"是自己答案正确但与题目要求的表达不一致,如角的单位混用等。出现这类问题是考试后最后悔的事情。

第二,似是而非之错。记忆得不准确,理解得不够透彻,应用得不够自如;回答不严密、不完整;第一遍做对了,一改反而改错了;一道题做到一半做不下去了等。

第三,无为之错。由于不会,因而答错了或猜的,或者根本没有答。这是无思路、不理解,更谈不上应用的问题。

(2)针对不同的错误,探究不同的纠错方法。要避免遗憾之错,就必须弄清形成遗憾的原因,然后找出解决问题的办法,如"审题之错",是否出在急于求成?可采取"一慢一快"战术,即审题要慢、答题要快。"计算错误",是否由于草稿纸用得太乱,建议将草稿纸对折分块,每一块上演算一道题,有序排列便于回头查找。“抄写之错”,可以用检查程序予以解决。“表达之错”,注意表达的规范性,平时作业就严格按照规范书写表达,并严格按照题目要求规范回答问题。

要避免“似是而非”之错,就要对相关的基础进行强化。老师在订正试题时,同学们就要跟上老师的节拍,把握住重难点,并借助试题的分析订正来夯实基础。这时,要能够根据订正时老师的讲解,在大脑中、笔记本上同时建立起已学过的各部分内容的知识网络。还要全面、准确地把握相关概念,在理解的基础上加强记忆;加强对易错、易混知识的梳理;要多角度、多方位地去理解问题的实质;体会数学思想和解题的方法。

针对“无为之错”,则更要集中注意力,领会老师讲解试题时运用的各种知识。要注意试题解答中的思维训练,并能够由此而思考到一些类似的题目、相关的知识。倘若依旧有一些问题没有听明白,也要在试卷上及时标注出来,留作课下进一步请教老师。当然,倘若试卷难度过大,少量题目已远远超过同学们的理解能力,则只需尽力理解,能到达什么程度,就什么程度。也不必死钻牛角尖儿。

(3)关注拓展性内容,在比较鉴别中提升思维能力。很少有老师在订正试卷时,只就题讲题。绝大多数情况下,针对一些错误率较高的题目,老师会在告知本题的正确解法的同时,串联起相当数量的知识信息,通过大量的类比材料,在“举三反一”中完成相关知识点的整体性复习。在此基础上,还会由这一道题出发,探究其可能存在的各种变式,理清各种变式中应该注意的要点。如此,便又实现了数学学习中的“举一反三”。这样,表面上看只是一道试题的分析订正,实则是帮助同学们栽种了一棵枝繁叶茂的知识树。

这样的知识树,价值当然远大于一道孤立的试题。将这知识树的脉络梳理清楚,就是对一个阶段的学习内容进行一次大整合,也是对同学们的数学思维进行一次大疏导。这样的内容,在平时的新授课中往往很少出现,在试卷分析课上,却较为寻常。如果同学们在试卷分析课上,误以为这样的内容已经跟自己做错的题目没有关系,对其抱有“事不关己”的消极心态,便会错过最好的复习良机。

(4)整理代表性错题,利用错题集分析疗救。试卷分析课后,还有一项重要的工作，那就是将试卷上代表性的错题，整理到自己的错题集上。因为有了课堂上的认真听讲，整理错题集时，便要侧重于分析形成错题的原因，挖出隐藏在题目后面的干扰点，为以后正确解答该类试题做好理论上的准备。进入错题集中的题目，以“似是而非之错”的题目为主，少量的借助教师的讲解后，能够理解掌握的“无为之错”的题目，也要进行深入的分析。难度过大的题目，不妨在错题集上作一个存档，留待知识积累够了之后，再进行研究。

86.跟家教学什么

关于“家教”的作用，有学者做过抽样调查，得出的结论是：小学生请家教后学习成绩“明显变好”的比例比较高，占29%；初中生的比例明显降低，只有24.5%；高中生更低，仅仅占12.5%。“稍有进步”的趋势与此相同。而“没有进步”和“退步”的情况又与这恰恰相反，即年级越高，所占的比率越大。如小学生“退步”的只占10.5%，高中生就有25%。

是什么样的因素导致了“家教”在中学阶段的正面影响力会随着年级的递增而作用越来越小，负面影响力会随着年级的递增而作用越来越大呢？该学者在抽样调查的结论中，抓住“学习兴趣”这个关键点，进行了这样的阐述：

> 请家教对“学习兴趣”、“自学能力”、“学习方法”等的作用微乎其微。在“学习兴趣”一项中，小学生增强的占18.5%，初中生就只有4.5%，高中生则更可怜了，仅仅1.25%。此项从小学生到高中生明显呈递减趋势。相反，“学习兴趣”减退却呈递增趋势。而从整体上来说，“学习兴趣”没变的平均在70%以上。这证明：请家教对提高学生的学习兴趣所起的作用微不足道。请家教对提高“自学能力”和改善“学习方法”这两方面的作用就更加渺茫了。此两项没有变化的竟都在90%以上。

然而，当下学习环境下，数学学科请家教似乎已成了一种“共识”，不请家教反而变得反常起来。既然多数同学都要在课余时间跟着家教老师学习,就有必要探究“跟家教学什么”的问题。

数学学习中,跟家教学什么呢?

首先,最重要的环节,当然是学数学思维。家教在学习中的作用,既不是主餐,也不是餐后甜点,而是“健胃消食片”。专用作消化吸收学校所学的内容。而这消化的过程,其实就是对课堂所学知识进行系统性的梳理,理顺大脑中的数学思维程序的过程。因而,跟家教老师后面学习,绝不能只停留在每次发一张试卷,然后讲解两道不会做的题目的层面上。而应该由家教老师先对一个阶段内(以每次家教辅导间隔时间为标志)的相关知识进行体系化梳理,帮助该同学建立大脑和笔记本上的“知识树”。在此基础上,再依照知识树的建构需要,有针对性地做一些巩固训练题。家教老师授课的重点,应放在近阶段所学内容的归纳整合上,而非完成多少数量的习题。

其次,学课堂上没有听明白的问题。家教的另一个功能,在于补缺补差。课堂上没有听明白的那些内容,虽然经过课后的复习,依旧还没有完全明白,又不愿意向老师请教,便应该由家教老师承担起这份释疑解难的任务。要想最大限度发挥家教老师在这方面的价值,同学们就要在家教之前,先对自己大脑中的知识进行必要的梳理,要搞清楚自己哪些地方已经明白了,哪些地方还存在着困惑,这些困惑形成的原因是什么……当同学们心中装着这样的疑问而接受家教辅导时,就会以一种积极的心态,带动着家教老师朝自己的目标前行。反之,事前不做准备,对学习过的知识缺乏梳理,大脑中一盆糨糊,便只能听任家教老师依照他的教学计划安排学习内容,就会出现轻重主次不分、该重点复习的内容未能得到强化训练,无需重点复习的内容反复复习等问题。

再次,学归纳整理知识的方法。在学校学习时,班级内同学较多,老师无法针对所有人的学习状态进行一对一的辅导。故而,老师的教学难度,往往以多数同学的接受能力为依凭。如此,数学基础较好或者较差的同学,便无法得到最大限度的关照,要么“吃不饱”,要么“吃不了”。跟家教学习时,一对一,或者一对几的教学模式下,同学们便能够根据既有的数学水平,请家教老师为自己“量身定做”出最“合身”的一套学习方法。

当然，这样的“定做”，很花费时间和精力，家教老师不见得乐意为之。但作为家教的特殊消费者，同学们应该有这样的意识，主动要求家教老师履行这样的职责。如此，家教才能发挥真正的作用。

最“合身”的学习方法，当然来自学习实践。对甲同学适宜的方法，对乙同学就不一定能发挥最大的作用。所以，只有将自己的真实学习状态呈现给家教老师，才能从他那儿获得一份恰当的学习方案。而这方案，也不应该只由家教老师说了算，而是应该由同学和家教老师共同研究出来。

最后，学解题的技巧。日常学习时，往往会有这样的体验：同一个知识点，或者同一道题目，由甲老师讲解，便总觉得隔了一层纱，看到的全是朦朦胧胧的景象。由乙老师讲解，则“柳暗花明”，所有美景一览无余。形成差异的原因，固然在于教师的学养有高下之分，讲解中的技巧，也不能忽视。跟家教学习数学，不见得能学习到他们的内在学养，却可以学习讲解中呈现出的技巧。而这技巧，其实也就是解题的技巧。

如何学习解题技巧呢？方法并不复杂，三个字足矣：为什么！也就是说，在听家教讲解题目时，首先要在心中不断地涌起一些“为什么”，在讲解结束后，再将这些“为什么”一个个抛给家教老师，让他慢慢解释其中涉及的思维路径。这样的学习，才是穷根究底式的学习，才能学到真功夫。

87.数学中的科学记忆法

记牢数学课中各种公式、定理、定义、法则、性质，是学好数学的基本要求。要达成这样的要求，就需要对数学学习中的科学记忆法有所了解，因为，良好的记忆方法不仅有助于对记忆知识理解和应用，而且有利于知识的长期保持。较之以死记硬背而言，科学记忆法能够起到耗时少而收效大的效果。

常见的科学记忆法，有如下这些类别：

(1)口诀记忆法。中学数学中，有些方法如果能编成顺口溜或歌诀，可以帮助记忆。例如，因式分解的步骤可归纳为：“一提二套三分组”，很容易地把因式分解的四种方法及应用顺序注意事项牢牢记住了。利用直角三角形知识和三角函数知识解决实际问题选择公式时要“有弦用弦，无弦用切，宁乘勿除，取原避中”。在数学学习中，许多人都乐于接受这类“顺口溜”记忆法，因为它朗朗上口，简明易记。

(2)分类记忆法。遇到数学公式较多，一时难于记忆时，可以将这些公式适当分组。例如求导公式有18个，就可以分成四组来记：①常数与幂函数的导数(2个)；②指数与对数函数的导数(4个)；③三角函数的导数(6个)；④反三角函数的导数(6个)。求导法则有7个，可分为两组来记：①和差、积、商、复合函数的导数(4个)；②反函数、隐函数、幂指数函数的导数(3个)。

(3)“四多”记忆法。毛泽东说：“记忆的最好方法就是坚持‘四多’，即多读、多写、多想、多问。”他自己就一直坚持这种方法。学习数学，虽然不像学习文科学科那样有大量背诵的内容，但相关的公式、定理、定义、法则、性质等，依旧需要熟练记忆。比如，同样要记忆某组公式，甲对公式单纯抄写四次，乙对公式抄写两次然后默写(默写不出时可看书)两次，乙的记忆效果就会优于甲。

(4)静心记忆法。记忆要从平心静气开始，根据一定的记忆目标，找出适合于自己学习特点的记忆方法。比如记忆环境的选择就因人而异。有人觉得早晨记忆力好；有人感到晚上记忆力好；有人习惯于边走边读边记；有人则要在安静的环境下记忆才好等。不管选择何种方式记忆，都必须保持“心静”。心静才能集中注意力记忆，心静才能形成记忆的优势兴奋中心，记忆需从静始！

(5)推理记忆法。许多数学知识之间逻辑关系比较明显，要记住这些知识，只需记忆一个，而其余可利用推理得到，这种记忆称为推理记忆。例如，平行四边形的性质，我们只要记住它的定义，由定义推得它的任一对角线把它分成两个全等三角形，继而又推得它的对边相等，对角相等，相邻角互补，两条对角线互相平分等性质。

(6)标志记忆法。在学习某一章节知识时，先看一遍，对于重要部分用彩笔在下面画上波浪线，在重复记忆时，就不需要将整个章节的内容从头到尾逐字逐句地看了，只要看到波浪线，在它的启示下就能重复记忆本章节主要内容，这种记忆称为标志记忆。

(7)理解记忆法。理解的东西易于记住，对于数学知识特别需要通过理解掌握它的逻辑体系进行记忆。由于数学是建立在逻辑学基础上的一门学科,它的概念、法则的建立,定理的论证,公式的推导等,无不处于一定的逻辑体系之中。因此,对于数学知识的理解和记忆,主要在于弄清数学知识的逻辑关系,把握它的来龙去脉。比如:初一数学中的同底数幂乘法、除法,幂的乘方,积的乘方的法则等记忆,就需要知道是如何推导出来的。对所学知识不仅要了解它是什么,更要知道是为什么,这样印象才深,然后再有意识地进行记忆,就容易记牢了。

(8)系统记忆法。有位成功者总结自己的经验得出:“总结+消化=记忆”,这正是根据系统记忆法的思想总结出来的。因为系统记忆法就是按照数学知识的系统性,把知识进行恰当的比较、分类、条理化,编织成网,构建知识结构体系,这样记住的就不是零星散乱的知识,而是一整串。它往往采取列表比较的形式来抓住主线内在联系,把重要概念、公式和章节联系起来串为一个整体。在学习中,应用系统记忆法来总结,整理自己的知识系统,对掌握知识大有裨益。

(9)形象记忆法。数学材料的抽象性会带来记忆的困难。为了减少这种困难,可以将记忆的对象形象化,即把数学对象的意义和形象结合起来记忆。记忆几何图形,可以联系日常生活中的形象来记忆,记忆某些数量关系和函数关系又可以借助于几何图形的直观辅助数形结合来记忆。比如初一的同位角、内错角、同旁内角形如倒写的英文字母“F”、反写的“Z”、横放的“U”。这种形象记忆法有助于加深识记痕迹,是记忆数学知识常用的一种好方法。

(10)对比记忆法。是将一些相似的数学材料,列出它们的相同或相异点来比较的记忆方法。例如分数与分式之间的相同点和相异点;一元一次方程与一元一次不等式解法的相同点和相异点;点与圆、直线与圆,圆与圆位置关系与数量关系的相同点与不同点。相似或相互对立的一些概念,应用对比记忆法可收到良好的效果。

上述十类记忆法,并非科学记忆法的全部内容。只要同学们在学习中善于动脑,多思考,常总结,也会得到许多科学记忆知识的好方法。让这些好方法常伴左右,给我们的学习插上飞翔的翅膀,带来更多的启示与帮助。

第十八章　让英语“活”起来

语言是思维的外壳，没有思维的支撑，语言便丧失了生命。在汉语的文化背景下学习英语，最重要的学习方法，当属创设情境，开展各种类型的活动。只有置身于有意创设的英语情境中，用英语文化背景作为思维的必要载体，才能真正感受英语的魅力，体验英语的丰富内涵。如果忽视了这一点，只满足于英语课上的听说读写和课下的死记硬背，则至多学成类似于“屠龙术”的“考试英语”。在答卷上可以纵横驰骋，一旦进入生活，便无所适从。

因此，英语学习，必须重视一个“活”字。英语学习中的“活”，至少包含着“活教”、“活学”、“活用”三大类。“活教”要求教师善于创设精致的学习环境，让学生能够在学习活动中真正动起来，进入到英语学习应有的文化氛围中；“活学”要求同学们摒弃死记硬背，像母语学习一样，到生活中学习英语；“活用”要求同学们不仅将英语作为一门考试科目来学习，而且作为一种交际工具来学习，要抓住一切机会，用英语交流，用英语阅读，用英语写作。

88.记忆单词有技巧

相信有不少人会和我们有同样的疑惑，比如，英国小学生如何记忆英语单词？我国的高中毕业生的英语水平，相当于英国哪个年级学生的应有水平？24岁退役时连26个字母大小写都写不全的邓亚萍，为什么只用了不到1年的时间，就可以用英语和英国人进行直接交流？为什么只有小学三年级文化基础的她，只用了10年时间，便从一个十足的“英语盲”而成长为剑桥大学的博士毕业生？

这些疑惑，归结起来，其实就是如何学英语的问题。相当数量的同学，从小学开始学习英语，直到大学毕业，甚至硕士、博士毕业，10年、20年的时光中培养出的英语能力，很多时候比不上英语国家的一个普通中学生。究其根源，全在一个“死”字。我们的英语学习，单词要“死记”，语法要“死背”，课文要“死读”，练习要“死做”，极少能从运用的角度创设条件进行实践。

死记、死背、死读、死做，对于提升英语能力当然有用，只是这样的有用代价过大。依旧以邓亚萍的英语学习为例，1997年11月，邓亚萍进入清华大学英语系，至1998年2月赴剑桥大学，4个月时间内，每天5点钟起床，读音标，背单词，练听力，直至上课，晚上整理讲义，复习功课，直到深夜12点。邓亚萍每天用14个小时的时间，和英语“搏斗”。

苦战4个月的结果，是她在剑桥听第一节课时，根本听不懂老师在说什么。然而，这样的“听不懂”，却并没有陪伴她继续度过一个又一个的4个月。仅仅是在剑桥学习英语5个月后，她便能够用英语和诺丁汉大学的副校长直接交谈。

为什么前4个月的收效那么低，后5个月的进步那么大？答案很明显。前4个月生活在汉语环境中，死记硬背的单词、语法，在生活中很少得到及时地运用，这些单词和语法便是“死”的，静态的，无法迅速转化为能力。而在英国生活的5个月，英语无处不在，背一个单词，就能在生活中及时用上，当然也就容易记牢。

由邓亚萍学英语，可以归结出英语单词记忆中的某些技巧。这其中，最有价值的一种方法，当属应用记忆。也就是说，要能够主动寻找那些能够进行英语日常会话的人或场所，在同他们的交流中运用新词汇，记忆新单词。这样的记忆，学以致用，自然最具效益性。一般情况下，能够提供全方位的英语交流活动的场所，一是学校的英语角，二是某些城市的英语社交场馆，三是英语活动社团。

当然，要创设良好的英语学习语境，并非易事。退而求其次，记忆单词时，也要能够将这个单词放到一定的语境中，和相对熟悉的一些词汇组合成具体形象的句子，然后连同这个句子一起记。这样的记忆法，便是阅读记忆。运用阅读记忆背诵单词时，不强调一次性将单词记熟，而是主张阅读文章时，可以尝试着不马上去查那些生词的意思，先根据语境猜一猜，然后再查字典。在猜的过程中，大脑会受到刺激，更容易记住这些生词。

此外，还有几种常用的单词记忆法，可以帮助同学们速记单词。这些记忆法，同样强调一个“活”字。

(1)联想法。比如soft是柔软的意思，你可以联想到索芙特洗发水，索芙特洗发水洗出的头发都是柔亮的，它的名字也是这么翻译过来的，索芙特soft；再比如drunk是喝醉了的意思，那么我们就可以这么想，喝是drink，drink和drunk的区别就在于i和u，i就好像是我们喝之前的肚子，很扁，但是喝多了呢，i就变成了u，肚子鼓起来了，也就喝醉了；还有praise这个词是夸奖的意思，我们知道raise是提升的意思，那当我们的成绩提高了，老师就会表扬我们“pretty good“，所以赞扬是p加raise，praise。

(2)谐音法。比如pour是倾泻的意思，pour是“破”的音，我们可以想象，你们家的鱼缸有一天因为你玩篮球给砸破了，然后里面连鱼带水都倾泻出来的场景，那就是pour了；还有scan是扫描、浏览的意思，它的音像“四看”一样，那么四下看看不就是浏览的意思么。

(3)词根词缀法。比如我们知道re-是代表重复的词根，birth是出生的意思，那么rebirth就是重生的意思；dis-是表示否定的词根，那么able是能够，disable就是不能够的意思，agree是同意，disagree是不同意；还有一些词缀，比如我们知道的，-er代表人，比如teacher、leader、gardener，除此之外还有很多代表人的词缀，比如-ant，assistant是助理，servant是仆人。

(4)单词起源法。比如road一词在英语里泛指“路”时，相当于汉语里的“马路”。“马路”是可以指供车马行走的道路，也可以指一般的路。而road的祖先恰好也同“马”有关。road在古英语中写作rad，是从ridan(即“ride”，骑马)一词演变来的，rad就是“供骑马行走的路”，也就是“马路”。尽管中国的“马路”上并不一定有马，英国的“road”上也不一定有骑马的人，然而我们都这样习惯地叫下去。再举一个例子breakfast，fast是“斋戒”、“封斋”的意思，如伊斯兰教每年有一个月为“斋月”，“把斋”的人在这个月白天一天不进饮食。只是在一早一晚，也就是看不见太阳的时候进餐，斋月满时为“开斋”，是伊斯兰教徒十分隆重的节日。break是“打破”的意思，breakfast原意为breakthefast，即"打破斋戒"或"开斋"。早餐是打破斋戒的第一餐，所以叫breakfast。

(5)手舞足蹈法。比如说对于push和pull的记忆，学生总是分不清它们哪个是"拉"哪个是"推"，这时不妨抬起一只胳膊，并做一个推的动作，同时嘴里发出"扑哧"的声音，这样以后每当你再读到push的时候，就都会想到这个推的动作了，这两个单词也就去分开了。

总之，任何事情都没有捷径，但都有规律可循，我们可以找到最佳途径达到目的。上述几种方法，并非单词记忆法的全部内容，你也可以尝试着寻找属于自己背单词的最佳方式。其实成功的关键不在于方法，而在于心。用心去做，就会找到好的方法，最终取得胜利。

89.学英语要开口

对于绝大多数同学而言，身边往往缺乏一个良好的英语运用环境。此种状况下，如何才能提高自己的英语口语表达能力呢？这就需要想方设法创造条件，给自己营造一个开口说英语的机会。

利用英语课，和老师、同学进行积极主动的交流，这当然是方法之一。但这样的对话，往往主题过于固定，且多为简单化的问答，语言的丰富性与逻辑性都很难体现出来。故而，并非最理想的口语交际活动。

在校园中，最理想的口语训练，来自同学间的互助学习小组。任何一种语言，要学好它，都离不开必要的听说读写训练。而这样的训练，又无法在朝夕间完成，而是要融入日常生活中，一点一滴积累。因此，英语课之外，要训练英语口语，就只能在同学间进行，要尽量发动身边的同学，成立一个英语口语交流合作社团，每天安排一个或几个固定时间，用英语交流一切学习或生活问题。单纯英语表达不好的，哪怕用半英语半汉语的方式，也要勇于大胆地说。

此外，不妨和英语老师做个约定：师生交流时，尽量用英语，除非实在无法表达时，才用母语。当然，这里所说的交流，主要是指非教学时间内的师生谈心活动。比如早读课时的交谈，闲暇时的聊天等。

校园之外，还有一个更为广阔的英语运用空间，只要善于把握，就能让英语口语训练成为生活的一个重要组成部分。

广播电台中曾报道过一个杭州小女孩学习外语的故事。这小女孩当时才十岁，却精通西班牙语和英语，并能进行一般化的法语对话。广播中介绍说，这小姑娘学习外语的绝招，就是节假日到西湖去做免费“导游”。只要遇到需要帮助的外国人，她就主动上前帮忙，介绍景点文化和杭州历史，也和外国人聊对方国家的风景和历史。她让自己经常性处于小空间内的外语交流环境中，三门外语的学习，也就都取得了很好的成绩。

当然，并非所有的同学，身边都有一个外国人云集的西湖风景区。没有了这样的条件，却并不意味着就没有和外国人直接对话的机会。现在的社会，旅游已经成为日常生活的一个重要组成部分。而稍微大一点的旅游景点，想不遇见来自英语国家的外国人都难。绝大多数同学，在旅游景区遇见外国游客时，很少会有主动交流的意愿，唯恐露了藏在灵魂中的胆怯。岂不知，大好的机会就这样轻易放弃了。

还有一个开口说英语的好去处，很多人并不知晓，或者即使知晓了，也不被允许进入。那就是网络聊天室。很多交友网站都有英语或其他语种的聊天室。这里虽然鱼龙混杂，但并不排除有些聊天室，就是为了中学生学习外语而特意开设。只要能够进入这个聊天室，就能够和国内外的英语爱好者进行纯英语的交流。很多年前，有位英语单科状元在介绍他的英语学习方法时，就坦言他的成功，来自网络上和一位澳大利亚中学生的互助学习。这位状元帮助澳大利亚同学学汉语，澳大利亚同学则帮助状元学英语，两人每天都约点一个时间，进行半小时的口语交流，双方的语言学习都取得了非常优异的成绩。

近年来，在沿海发达地区的一些外国语学校中，开始出现一种名为“模拟联合国”的社团活动。此项活动的英语会议中，参与者融入了外交情境，需要自觉自主地运用英语进行表达，这样的环境，能够大大激发同学们学习英语的热情。而在一些高水平中文会议中，代表们同样可能接触到一些英文阅读材料。

更重要的是，因为要模拟联合国的工作，同学们就要在活动前做好充分的准备，必须密切关注“自己的国家”，研究和学习一个国家的历史、政治、经济、外交政策等方方面面，只有这样才能充分扮演好外交官的角色。这样的过程，实际上又是一个多种学科知识的整合过程，代表们需要将政治、经济、历史和地理知识与大会要讨论的问题紧密结合，思考各个要素之间的联系。这样就打破了学科间的壁垒，形成了丰满完整的知识体系。更有意思的是，这么复杂的知识，再要用英语来表达，难度就又提升了很多。把这样的活动做好了，则无论是英语的书面表达还是口语表达，都会进入一种新境界。

千万不要轻视了开口说英语的重要作用，尤其不要轻视了在一个充满英语的环境中学习英语口语的作用。想一想，非英语国家的很多研究了几十年英语的人，如果没有在英语国家真正生活过，其英语口语的表达，往往就不一定能够胜过英语国家中一个只接受过中等教育的人。转换一下思维，想一想自己的母语，不是有很多并不认识几个字的人，却拥有过人的口才吗？国外的汉学家们，或许满肚皮都是汉语知识，但因为缺少经常性的口语交流的机会，单从口语表达这一点上进行比较，汉学家肯定比不过国内的文盲。而相当数量的留学生，在中国生活了一定的年限后，便能将中国话说得比中国人还流畅。同样是因为语言环境的影响。终日生活在汉语环境中，就能说出流畅的汉语。同理，善于为自己营造一个英语环境，也就能促进自己学好英语口语。

90.英语节目，你的良师益友

有一位中国中学生，从未参加过任何形式的韩语辅导班，却在赴韩国旅游时，惊喜地发现，自己竟然能够用韩语和韩国人进行直接交流。她原本以为自己的韩语很烂，中国人听不懂，韩国人也听不懂。

这位同学当然不是神童，不会“生而知之”。她的韩语学习，得益于近些年席卷中国大地的韩剧热。这位同学在小学五年级时接触到韩剧，对韩语产生了浓厚的兴趣，便开始跟着电视剧学习韩语。当然，她这样的学习，父母均不知道，而她也没要求父母为自己找个韩语家教老师，或者报个韩语补习班。她只是买了一本韩语辞典，便开始了一个人的韩语学习之路。

后来，这个同学读大学时，也没特意去读韩语，而是学习法语，随后又到法国留学两年，现在工作于香港。该同学的父亲，是我国中学语文界的一位著名特级教师。该老师每每谈及自己女儿的这段韩语学习史，便要感慨兴趣对于学习的重要意义。试想，如果不是浓厚的兴趣，一个十多岁的孩子，怎么会在没有任何人逼迫的情况下，完全凭了一个人的努力，就取得可以和韩国人进行韩语口语交流的优秀成绩呢？

介绍这个同学的学习经历，当然不是要求大家都去学习韩语。他山之石，可以攻玉。这位同学可以借助韩剧，将毫无基础的韩语自学到可以和韩国人自由对话的程度，我们为什么不能借助美国大片、英国电影等节目，将已经有了很好基础的英语学得更好呢？

跟韩语学习相比，英语学习中可用作学习资源的节目类型更加多样化，单是央视九套，就大体上能够满足不同喜好的同学借助节目学习英语的需求。不喜欢电视剧的，可以跟着新闻学习英语；不喜欢新闻的，可以跟着纪实节目学习英语；不喜欢纪录片的，可以跟着体育节目学习英语……哪怕是动画节目，只要用心去学，总也有很多值得学习的英语内容。

那么，利用各种类型的英语节目，能够提升我们什么样的英语能力呢？

(1)利用英语节目培养语言技能。语言技能是语言运用能力的重要组成部分，主要包括听、说、读、写四个方面。电视英语节目通过文字、图像、声音同步作用于同学们的多种感官，有利于营造一种身临其境的感受，对于使用英语进行思维能力的培养，有较好的促进作用。

第一，丰富口头交际能力。电视英语节目中的故事片、纪实片，都是真实生活的艺术再现。这其中，包含了很多教科书上没有的俗语、俚语、俏皮话等。学习并掌握这些内容，对于丰富同学们的语言表达，具有积极的建设意义。

第二，培养语言运用的得体性。电视英语节目利用立体化手段，可以创设不同的情境，突出体现不同语境下话题材料的使用规则，能够弥补教科书中语言得体性的欠缺，有利于培养语境意识。

第三，提高语言的运用能力。教材编写的滞后性特征，致使教材和现实生活间总存有一段“时间差”。而这“时间差”体现在英语语言的实际运用上，便是一些新事物新词汇在教材中无法得到及时的呈现。利用电视英语节目，就能迅速捕捉这些新信息，跟上英语国家语言发展的步伐。

(2)利用英语节目丰富语言知识。语言知识包括语言、词汇、语法、功能和话题等五个方面的内容。语言知识的学习，要以语言运用为目标，服务于语言的理解和表达。电视英语节目不仅能扩充教科书中的语言知识，而且能更好地帮助同学们理解教材所提供的词汇、语法、功能和话题，使语言知识掌握得更扎实。

第一，习惯用语的渗透。在英语中，有一些很活泼、很地道的经典口语，很难通过字面意思直接进行判断，教科书中也无法寻找到应有的答案。而这些，却可以从电视英语节目中获得必要的信息补充。比如，“apples and oranges”这个短语，同学们虽然对三个单词都很熟悉，但是联系到一起，往往就无法理解它的实际意义了。电视英语节目就指出了这个短语的特殊意义，相当于汉语中的成语“风马牛不相及”。

第二，英语词汇的拓宽。在教材中接触的英语知识是有限的，实际生活却具有无穷尽的特性。电视英语节目从各个不同的视角表现现实生活，这就比教材拥有了不知宽广多少倍的表达空间。在这样一个辽阔的空间中学习英语，接触到的英语词汇，自然比教科书要多得多。

(3)利用英语节目培养积极的情感态度。情感态度包括学习的兴趣、动机、自信心等方面，保持积极的情感态度，是英语学习成功的关键。电视英语节目利用生活化的口头交际语言，恰如其分地用英语对学习者进行情感教育，从而培养出积极的情感态度。

(4)利用英语节目渗透英语文化意识。日常学习过程中，如果只注重语言材料的学习和训练，却忽视文化意识的渗透，就会造成英语工具性和文化性的分离，难以养成跨文化的交际能力。因而，借助电视英语节目，自觉接受英语国家的文化熏染，有利于丰富同学们的英语文化知识，提升同学们的人文素养，为语言综合运用能力的养成打下扎实的基础。

(5)利用英语节目发展有效学习策略。学习策略是为了有效地学习和使用语言而采取的各种行为和步骤以及指导学习行为的各种理念和认识。它是提高学习效率和促进自主学习能力的基础。运用电视英语节目地道活泼、简单有趣、易于接受的特点，可以将若干有价值的小故事、小游戏“复制”下来，在实际的英语学习活动中进行运用。此举对于丰富学习资源,贯彻落实“在玩中学,在学中玩”的思想,有一定的促进作用。

91.如何写作英语作文

英语作文是对同学们的多种英语素质以及英语综合运用能力的全面考查。近几年,随着课程改革的不断深入,英语作文的要求较前几年也有所提高。要想完成一篇高水准的英语作文,同学们必须能够使用较高级的词汇和较复杂的句子结构,完整、流畅、准确、地道地表达思想,达到文理通顺,圆满完成写作任务的交际目的。

那么,如何才能提高英语作文的表达能力?

(1)阅读。阅读是写作的基础,也是丰富语言的源泉。阅读不仅能帮助同学们积累思想,也能帮助同学们积累语言素材。唐朝大诗人杜甫说得好:“读书破万卷,下笔如有神。”要想写好一篇英语作文,离不开大量的英语课内外阅读,事实上,中学英语课本中有许多经典之作,潜心研读这些文章,仔细品味文章中的一些语句,你会有意想不到的收获。如果放弃对这些优秀语言材料的研究及积累,甚是可惜。在课外阅读中,同学们可以阅读下列英语读物:“英语辅导报”、“新概念英语”、“疯狂英语”读物、“英语广场”杂志等,也可选择一些英语简易读物如:“英语系列阅读训练”、“英语百科阅读”、“HarryPotter”系列丛书、初高中英语课外阅读精选系列等。从另一方面讲,通过阅读大量英语文章,有利于学习准确地把握英语篇章结构,精彩的语言表达,时态语态等基本语法、基本句型及基本词汇的用法。随着阅读量的增大,知识面的拓宽,词汇量自然会越来越大,所掌握的句型自然会丰富多彩,这样,积累了素材、增强了语感,进而有助于提高写作能力。

(2)积累。积累是丰富语言知识的存储方式,是提高英语书面表达能力的保障。依照积累内容的差异,又可区分为:

第一,积累好词、好句。有选择地阅读课内外材料时,不能简单地走马观花式地翻翻而已,而应该用心地去阅读,不时地将精妙之句摘抄下来。俗话说:“好记性不如烂笔头”,当我们看到常用的高级词汇、优美的语句时,要习惯性地将好的东西摘抄到自己的摘抄本上,这对于一名中学生来说很有必要。例如：devote all his life to his country（报效祖国）；spare no efforts to do something（不遗余力地做……），There is a saying which goes like this："Spare the rod and spoil the child（棒打出孝子）"等，这些英语习惯用语及一些英语谚语要及时摘录下来，这样当你在写书面表达的时候，可以很方便地参考摘抄本，选用最佳句型及词语搭配。

如果平时做了大量的语言知识积累工作，当然就不会出现"书到用时方恨少"的局面了。通过平时不断积累，将常用的高级词语和句型收集整理，这样就为写出精彩的英语文章存储了基本素材。

第二，积累易错点及难点。平时的练习及试卷中，常常会出现同一种类型的知识点或语法点反复出错。如何避免出现类似的题目犯同样的错误，最好的方法是：备一本错题集。错题集上，除了写出正确答案外，还要将错误原因（属于哪一种语法现象或哪一种搭配）写明了。这样，既及时加深了印象，也有助于学生课后自主研究学习，如为日后查阅、复习提供备忘录。

（3）运用。俗话说：学以致用。运用是语言学习的最终目的，是提高英语作文表达能力的关键。中学生要想提高英语书面表达水平，捷径之一就是善于将自己学过的好词好句，巧妙、恰当地运用在自己的文章里。这里的"运用"就是要多练（More practice）多写，学生只有多练笔，将所学新的英语词汇及好句型多多试用在自己的文章中，用多了，自然就记住了。谚语"熟能生巧（Practice makes perfect）"就是这个意思。因此，同学们平时应养成用英语写日记的好习惯，每天几句或每周两三篇，贵在坚持。还可以进行系统专项写作训练，例如：用英语叙述故事、看图写话、人物报道等。还可以写英语文章，向"英语通"杂志社、英语辅导报、英语周报等杂志报纸投稿，以此来检验自己英语写作水平及增强英语书面表达的自信心。

在用英语实际写作时，还要注意以下四点：

第一，注意文章的组织。文章的组织包括叙述的顺序、各句之间的逻辑关系、过渡词的正确使用。

第二，注意句子的结构和语序。尽量采用长短不一、结构不同的句子，避免单调平淡，使表达更加丰富多彩，适当变化句子的语序，使用分词结构，with的复合结构，及强调句型、倒装句等，避免呆板机械，使句子生动形象而显得与众不同。

第三，注意意义的表达和词形的正确使用。意义的表达主要指用词准确。词形的正确包括词性的正确使用、动词的各种变化形式、名词的单复数等。

第四，注意认真审题，不漏要点，文章符合格式要求，书写规范，标点正确。只有这样，我们才能写出语法正确，符合习惯，富文采、高品位的英语佳作来。

不过，对于英语基本功不够扎实的同学来说，最重要的是保证你的作文没有语法错误，搭配准确，争取拿到基本分。而不能一味为了追求华丽的辞藻及复杂的句型，而采用自己根本没有把握的复杂句型或高级词汇，这样会适得其反，使错误率更高。反而降低了英语作文的得分档次。

事实证明："运用之妙，存乎一心"。只要我们尽快掌握语言学习规律，坚持不懈地阅读、积累、运用，在英语作文的这块广阔田野上辛勤耕耘，不要多久，便会厚积薄发，最终定会在英语作文的写作方面取得理想的成绩。

第十九章　“理化生”学习中的注意事项

将物理、化学和生物三门学科放在一起进行探究，并非一种创意，而是一种投机取巧。因为，三门学科的知识结构虽然各不相同，学习中需要运用的方法却大同小异。这三门学科，都是理论与实践并重，都需要进行一定量的科学实验，都能和日常生活产生千丝万缕的联系。同学们学习这三门学科时，完全可以在学习方法的运用上做到“举一反三”、“举三反一”，既由单一学科的学习中提炼出有效的学习方法，又用这方法去指导其他两门学科的学习，并最终在三门学科的学习实践中，归纳出适宜于三门学科学习和实验的总纲性质的通用学习方法。

这样的方法肯定存在，关键在于我们如何发现它，领悟它，运用它。本章试图探讨的，正是这种立足于宏观的学习思维培养性质的学习方法，而非解决具体的学科知识的微观性质的解题技法。

92.把实验做起来

美国教育家苏娜丹戴克在论及学习方法时，用最通俗的语言为我们揭示了一个真理：“告诉我，我会忘记；做给我看，我会记住；让我参加，我就会完全理解。”

将苏娜丹戴克的论断，运用到我们的“理化生”学习中，便可以发现，同样一个知识，倘若只由教师教授，把原理定理等告知学生，学习效果必然最差。老师把实验器材带到教室，在讲台上为学生做演示实验，边实验边介绍其中的原理定理，学生便能对这些知识产生清晰的印象，长久记忆这些知识。倘若老师把学生带进实验室，让所有同学都自己动手实践，同学们就会在动手实验的过程中，真正理解这些原理定理。很显然，动手实验所能获取的学习效益最大。

按理说,既然做实验最有价值,各类学校进行"理化生"教学时,就应该以积极主动的姿态,上好每一节实验课。现实却是,绝大多数学校虽然有耗资巨大的科学实验楼,有设备齐全的各种器材,甚至有数量不等的专职实验教师,但偏偏很少把学生带到实验室中动手实践。若追究原因,中高考不考实验,应该是最大的理由。

这当然是一种极端的短视行为。中高考不考实验,但各种原理定理却都来自实验。因为中高考不考,便将通过实验可以完全理解的知识,演变成极易忘却的告知性行为。又因为这告知极易遗忘,便通过无止无休的练习和考试来反复强化,巩固记忆。这样的化简为繁,着实是当下很多学校"理化生"教学中的通病。

现在,我们已经明了了实验在"理化生"学习中的重要价值,下面需要探究的,就是如何在日常学习中把实验做起来的问题了。限于各种原因而无法进行的实验,不在我们的探讨之列。我要说的,是凭借同学们自己的力量就可以完成的那一类实验。

(1)做好实验准备。首先是理论准备。你的实验目的是什么,为达到这一目的你做的实验理论依据是什么。其次是方案准备。你为了达到实验目的,应当设计怎样的实验步骤。最后是器材准备。由于自己在课余时间做实验,条件有限,因此要在环境许可的条件下来设计,待需要的器件、材料一一准备齐全之后,方可进行。

(2)做好实验观测。在实验中怎样进行观察和测量呢?应注意以下三点:

第一,观察的客观性。一方面要求实验者严格地按实验的目的和步骤去进行,使应该出现的现象客观地出现;另一方面,客观出现的现象要客观地观察到,观察到的现象要客观地反映出来。不能头脑里事先带着框框,是我预期的现象就高兴,不是预期的现象或是同预期现象相矛盾的现象就不注意、不反映。用句通俗的话说就是看到什么就是什么。

在科学史上由于不能坚持观察的客观性,不少人,包括大科学家在内都吃过亏。例如:巴甫洛夫的学生在实验中观察到稀盐酸对小肠粘膜的刺激可以使胰腺分泌胰液的现象。但是他们头脑中有神经反射机制学说的框框,就认为观察到的现象是由于他们在做实验时没有把神经割干净,仍旧是神经反射机制。而另外两个科学家,在观察到上述现象之后,不带框框,认真研究,终于提出了人体内激素调节机制的新学说。

第二,测量的准确性。测量,是对研究对象的一种定量的描述,实质上就是一种定量观察。测量的准确性,就是从量的方面坚持观察的客观性。

为了保证测量的准确性,一是要选择比较先进、精密度较高的测量仪器,二是要努力掌握好测量方法。有了好的仪器和方法之后,还要如实地客观地反映测量到的结果,不能主观地修改数据。例如:在实验"互成角度的两个力的合成"中,根据测量到的两个力F_1和F_2的值计算出合力F为4.21千克。可是在实际测量时测得的合力F是4.5千克。这个时候也应当以4.5千克为测得数据,不应擅自改为4.21千克。至于为什么会有差异,可另外寻找原因。

第三,观测时的积极思维。观察的客观性,所指并不是消极地观看,必须同时伴随着思考。要将自己看到的现象和自己过去的经验、知识联系起来进行思考。例如:当溶液中出现白色沉淀时,应当马上意识到这不是硫酸铜,可能是锌盐,这是过去的知识告诉我们的,当然还要进一步核查搞清。这样就可以保证实验的正常进行。

(3)做好实验记录。实验记录,是观察和测量结果的信息贮存,是实验条件、环境、乃至气候、实验设备等信息的贮存,是进行科学思维和研究,撰写实验报告的依据。

记录时必须遵守下列原则:

第一,记录的原始性。实验的内容一旦如实记入记录本之后,不允许再作改动。重复实验而获得的新数据应重新记录,不能修改上次实验的结果。

第二,记录的及时性。实验过程中,现象一旦发生,数据一旦测出,就应立即进行记录,不可等几天之后凭回忆作记录,以免发生错记。

第三,记录的完整性。记录的时候,要求把实验的条件,包括温度、湿度、日照、风速、风向、大气压等;实验的过程,包括实验日期、操作顺序、所用仪器设备的型号、厂家、精密度等;观察到的现象,包括颜色、大小、快慢等;测量到的数据等,完整地记录下来。有时候还要把各种可能的干扰、相互因素的影响等记录下来。

不少同学做实验时,往往只注意记录测量的数据,忘记记录现象、实验条件和过程等内容,以致到最后进行实验分析时发生困难。这就是记录不完整带来的危害。

第四,记录的系统性。这是从时间的角度对实验记录的要求。时间较长的实验,要坚持连续观察和连续记录。有些问题,仅从一两次实验记录还看不出其结论;经过长时间连续观察和记录则可以获得崭新的结论。

第五,记录的客观性。实验中观察和测量的结果是什么就记录什么,不作任何评论和解释。评论和解释是实验报告的任务。

93.一章一总结

平常练习时,我们经常会碰到这样的情况:对于一两道难题,大家都不知道从何下手。其实,题目本身并没有超出所学范围,只要综合已经学过的知识就能很快找到突破口。大家之所以做不出来,主要原因就在于对已学知识掌握得不够牢固,不能将头脑中的知识调动起来,加以灵活运用。这些知识在头脑中只能算做死知识。

怎样把死的知识变活呢?办法有很多种,但要说效率最高的办法,还是做好阶段性的总结。也就是说,每学完一个章节的内容后,都应该对该章节中所学知识和自己的学习情况进行一次较为系统的总结盘点,以此发现自身学习上存在的弱点和不足。如果能够这样做,就能将知识变活,并能在竞争中更有优势。

那么,应该如何做章节总结呢?

(1)全面回顾知识,把握重点和难点。有人说:“智慧不是别的,而是一种组织起来的强有力的知识体系。”这里所说的“一种组织起来的”、“知识体系”是指系统化的知识。而形成系统化的知识正是学习的中心任务。同学们通过平时的分章分节的学习,已经基本上完成了对这些章节中的基本概念、基础知识的理解与运用等学习任务,但这时同学们头脑中的知识多是以孤立、片面的方式存在着,比较凌乱。通过章节内容的系统性总结,就能够把各部分知识有机地“串”起来,在融会贯通中掌握各部分知识之间的区别和联系。如此,知识的信息量减少了,重点突出了,认识深刻了,关系清楚了,自然也就有利于理解和记忆。这样的回顾,表面看是对旧知识的重复,实际上是知识的深化,其效果与初次学习不大一样。

做好章节知识系统性回顾的方法,大体有如下三种:

第一,默想法。就是不看书,不看笔记,先用“过电影”的方式,默想本单元所学内容。先学什么,接着学什么,最后学什么,在大脑中勾勒出本章节的知识框架。

第二,提纲法。就是在默想的基础上,翻阅教材的目录和自己的课堂笔记,梳理出本章节的纲要性知识,把握住章节内容的重难点,进一步完善该章节的知识框架。

第三,研读法。就是在成功运用前两种方法的前提条件下,再对本章节内容进行全面、认真的研读,看看哪些问题弄清楚了,哪些问题还没有弄清楚。通过研读教材查缺补漏。

(2)做好复习笔记,编织知识之网。在章节知识的复习中,同学们经过艰苦的思考获得了完整而系统的知识,应当珍惜这个学习成果,并及时用笔记的形式记录下来。有了复习笔记,就可以使下次的复习建立在这次复习的基础上,不必再从头开始了。有了复习笔记,时常看看可以起到提纲挈领、强化记忆的作用。

现实的学习过程中,会学习的同学,一般都很重视做复习笔记。他们会借助章节知识的不断总结,把厚厚的一本书变成“薄薄”的几页纸。这几页纸上记录的,便是他们倾心“编织”的“知识之网”。有了这张“网”,孤立的知识就汇成了体系,静态的知识就变成了动态的能力。

需要强调的是,复习笔记千万不要变成课本的再版、上课笔记的再造。复习笔记要尽量简明,一目了然。还要具有自己的特点。凡自己认为掌握得好的可以从略,认为掌握不好的则要详细些,可以说笔记是自己劳动的结晶、知识的精华,一定要妥善保管好,备考时用起来可以使自己迅速回到曾经到过的最高水平,使自己迅速地抓住知识的全局。优秀生在考前往往只翻一下复习笔记就行了,考前很轻松,这种轻松是平时紧张劳动换取的。

(3)精选练习材料,实战检验成果。进行章节总结时,要先把过去做的有关习题复习一下,再适当做点新的题目,用以检查复习效果,加深对知识的理解,培养运用所学知识去解决问题的能力。章节总结中的练习题要围绕章节的学习重点来选,通过做综合题来推动知识的完整化和系统化,培养综合运用知识的能力。

(4)完善学习方法,修正学习计划。完成上述三个环节后,还要根据章节总结与练习中暴露出的问题,对自己的学习计划进行调整。要善于发现自己学习中的问题(包括学习目的、态度、方法、计划等),不断地调整自己的学习。一旦发现了自己的偏差和问题,就要及时采取相应的补救措施,以达到改进学习的目的。

例如,某位同学在某章节的复习总结时,发现有关定理原理记忆不牢,解题能力也有所欠缺,就能发现自己该章节的知识学习中的疏漏。在此基础上,再分析造成此种疏漏的原因,便能对症下药,在后阶段的学习中加以补救。比如,如果是时间用少了,下阶段就要多用些时间;如果是方法问题,下阶段就要改进方法;如果是受到了什么干扰,下阶段就要尽量排除这种干扰;如果实在排除不了,就要尽量设法使干扰造成的影响越小越好……

做到了这些,同学们的学习目的明确了,态度端正了,计划合理了,方法科学了,时间的分配和精力的使用恰当了,学习就会不断取得进步,学习成绩也就上去了。

94.把知识串成串儿

每一学科,其内在的知识结构,都具有体系化的特征。在此体系内,各种知识间存在着盘根错节的联系。要想学好这些知识,不能零散地去掌握知识点,而必须由面到点,再由点到面,把知识串起来,使死知识变成自己的活知识。

如何才能让诸多零散的知识串成串儿?最简便的方法,是抓住教科书的目录。现有的教材,无论是哪个年级的理化生课本,都存在着一定的知识体系。这些依照一定的内在逻辑编辑而成的章节知识,其实为我们提供了一个很好的构建系统化知识的途径。各章节之间的知识是层层联系、环环相扣的,把握好了目录也就把握了这门学科的相关知识在该学段中的应有体系。一旦构建了这样的知识体系,那么在记忆某个知识点时,就能够将其还原到知识体系整体的某个分解点上去。如此,知识点每还原一次,整个知识体系便强化一次,不断还原,不断强化,一直到所有的知识点都有机地串联在知识体系中,这么学习,也就能够取得长足的进步。

以物理学科中的力学知识为例,如果将力学知识看做一个哑铃,那么,两端的两个“大铁球”,就分别是“力”和“运动”。力本身有不同的种类,也有不同的描述方法,它们共同回答一个大的问题:什么是力?同样,运动也有不同的形式及特点,如周期和频率,路程和位移,线速度和角速度等;它们又共同回答了另一个问题:什么是运动?

连接这两个“大铁球”的杠杆,是力学研究的核心问题“力对运动的影响”。这个问题的答案是三个字,叫“加速度”。这一点又体现在三个大的内容上:牛顿运动定律、能量以及动量。许多资料上会说解决力学问题有三大方法:牛顿运动定律法、能量法和动量法。为什么?其实正是源于此处。而在此之上,还会发现,之后要学的物理知识中,有关重力的是从万有引力的角度对以上问题作了具体的解释,电磁学则是从电磁力的角度对以上问题作了具体的解释。把这些问题理顺了,你对最重要的物理知识已经有了一个很高的认识,你对知识的理解会达到另一个深度。这样的学习法,就是把知识串成串儿。

同理,化学学科的学习中,也需要培养串联知识的习惯和能力。相对于初中化学而言,高中化学的难度增大了许多。要学好高中化学,就需要结合高中所学的化学理论,深刻理解元素周期表所揭示的规律,以此为纲,梳理元素性质,分析化学反应。

学习元素化学要抓住知识主线,结合实验现象,记忆重要化学反应方程式,理解元素性质,并举一反三,拓宽视野。元素化学研究物质的化学性质,与我们的生活息息相关,能用所学知识解释各种化学现象,也是乐趣之一。

有机化学的内容虽然很庞杂,却也同样有规律可循,牢记官能团性质,熟记典型反应,即可以不变应万变。不同官能团的性质,相似又有别,极易混淆，可以多做笔记，归纳各种有机物与溴、高锰酸钾的反应现象与反应类型，联合记忆，事半功倍。

此外，化学学习中，还有众多应该熟记的基础性知识，包括一些与化学相关的生活常识，部分方程式，物质的颜色、状态等。这些内容也应该在平时的学习中用知识串将它们串联起来记忆。做到了这一点，就既有利于增强记忆效果，又有利于对多方面的知识进行不间断的强化复习。当然，有一些内容也可以采用口诀记忆或关键词记忆法进行强化，如：化学反应平衡有4个关键字(等、定、动、变)。

学习一个阶段后，最好自己梳理相应的知识点，盘点并进一步完成自己的知识串。不要依赖现成的知识网，对于不清楚的知识点，在自己无法独立解决时要及时请教老师或同学，避免留下知识缺漏。

生物是与我们生活联系最为紧密的学科。生物的学科特点不同于物理和化学，要学好生物，同样需要学会将若干知识串成串儿。成串的知识，既有利于培养严密的逻辑思维能力，又有利于精准地记忆，

运用知识串联法学习生物，要加强概念的辨析，注意那些容易忽略的细节，在概念的掌握上达到滴水不漏。在理解概念的基础上，还要养成构建知识网络的好习惯，要善于把分散在各个章节的知识点、具体例子等，通过“生命的物质基础与结构基础”、“新陈代谢”、“生命活动的调节”、“生物的生殖和发育”、“遗传与变异”、“生物与环境”等几条主线贯穿起来，化零为整，系统地学习生物知识。

除了梳理知识要点之外，还要体会其中蕴涵的规律，如结构与功能相适应、生物与环境相协调，掌握这些规律将有助于生物知识的理解与运用。例如，红细胞两面凹陷，增大了表面积，也能够容易地发生形变，更充分地与氧气接触，从而更自如地在毛细血管里运输氧气，体现了结构与功能相适应的规律。

另外，生物科学的基础是实验，培养实验能力显得至关重要。首先要吃透教材实验，理解记忆其实验原理、目的、材料、操作、方法、步骤、注意事项、数据采集与分析的方法、得出结论的依据等。熟悉了基本仪器的原理和药品的特性，可以尝试实验设计，在实践中掌握单因子实验变量原则、平行可重复原则的运用，正确设置对照实验，得出切实可行的实验方案。

95.生活是最好的老师

飞机为什么能在天空飞行？保温瓶为什么能保温？电动机为什么能转动？用望远镜为什么能看得更远？太阳周围为何会出现颜色像彩虹的光环？天空和海水为什么是蓝色的？为什么粥烧开了会溢出来?笔杆上的小孔有什么功用?饺子或肉丸煮熟了为什么会浮起来?为什么玻璃器皿遇忽冷忽热会裂开?怎样把开水冷却?为什么不倒翁不会倒？为什么钢笔会出水？为什么滑水运动员不会沉入水中？拔河比赛只是比力气吗？……

无数个“为什么”,在构成世界的无限精彩的同时,也为同学们的理化生知识的学习提供了一个比课本要广阔不知道多少倍的大舞台。在这个舞台上,无数的神奇等着同学们去思考,去发现,去创造。即使仅从文化知识学习的角度看,这样的思考与发现,也足够用来帮助同学们在实践中积累并灵活运用各种知识,全方位提升理化生的学习成绩。

同学们应该怎样从生活中学习物理、化学和生物呢？

(1)要做个有心人。瓦特之前,水蒸气顶起茶壶盖的现象,不知持续了多少年;牛顿之前,苹果从树上落下,更是已有几十亿年的历史;公输班因为小草拉破了手指而发明的木工锯;爱迪生经历了上千次的失败后,终于发明了电灯……人类所有的科技成就,无一不来自发明者对生活的悉心观察与深刻思考,只有做到这一点,才能将随处可见的现象,拓展成学习的资源。

我们为什么要学习？答案其实很清晰——借助学习,培养我们应对生活中各种挑战的能力。学习的本质,是服务生活、解决生活中的各种问题。一位高中毕业生,甚至理科本科毕业生,学了一肚皮的理化知识,却解决不了生活中的基本问题,连电线短路也束手无策,这样的学习,其实已毫无价值。

做个有心人,就不会出现学习和生活实践脱节的尴尬。做个有心人,就要在生活中不断运用学习到的各种知识,让生活成为检验学习能力的试金石。

做个有心人，当然不能满足于做个看客。只看而不动手实践，心动而不行动，知识就不能转化为能力。相当多的研究资料中，总是赞扬发达国家的大学生实际动手能力远高于我国的大学生，形成此种现象的根源，正在于我们很多时候的学习，只停留在对书本知识的学习和积累上，并未将课本知识和生活实践结合起来。我们只是为了考试而学习理化生，所以，我们只要能够“纸上谈兵”，演算好各种形式的题目，就算完成了学习任务。

（2）要勇于实践。有一些问题，值得同学们反思：至高三毕业，学了五年的物理，你动手制作过什么样的物品？给你足够的元件，你能做一个简单的收音机吗？你能做一个小型的发电机吗？学了四年的化学，不小心让衣服沾染了墨水，如何才能将它清洗干净？有没有方法清除厨房水槽中的油泥和异味？学了三年的生物，能把黄豆做成豆芽吗？走进园艺场，能不能动手嫁接水果？此外，上学路上，自行车出了问题，能够依靠自己的力量解决吗？集会时，有同学低血糖晕倒了，能够不慌不忙地进行救治吗？这些问题，如果变成试卷上的考题，或许大多数人都能写出正确答案。放到生活实践中，真要动手去操作，很多人则又成了彻头彻尾的“文盲”，一件事也解决不好。

所以，我们必须养成到生活中学习和实践知识的能力。只有将来自书本的各种知识，运用到生活中，才会发现知识间的紧密关联性，才会综合运用多种知识解决各种生活问题。

（3）要融会贯通。课本上的知识，都是静态的、独立的、无生命的，这样的知识，无法直接作用于生活，也无法直接转换成能力。要让书本上的知识“活”起来、“串”起来、有生命，就必须将这些知识运用到生活中，使其成为生活的一个组成部分。我们倡导在生活中学习理化生知识，就是要借助生活这本大书，将理化生知识连同数学知识、语文知识等各种各样的知识汇聚起来，形成一道看似庞杂而实则富有逻辑的综合性试题，让同学们灵活运用自己的所学，一步步解开这道题目。这样的学习，便有了主动探究性，有了“牵一发而动全身”的条理性，对于构建知识网络有着重要的价值。

这样的学习，属于课程资源的重新整合。而整合，就会有新的思考，新的发现，就能从联系和发展的角度观察到理化生三门学科间的逻辑关联,就能打通不同学科间的学法界限,让各具体学科的学习,成为既各自独立又彼此关联的聚合体。这正是课程改革中倡导的综合性学习的理念精神。

当然,倡导“生活是最好的老师”,并不是说教科书便是“坏老师”。其实,教科书也是学习生活的一个必要组成部分。跟生活学习,同样离不开跟教科书学习。差别只在于,我们不能只将眼睛盯着教科书,甚至只盯着教科书背后的中高考试题,而要放开眼光,从长远发展的目标出发,培养自己综合运用各学科知识解决生活实际问题的能力。很多年前的俗话“学会数理化,走遍天下都不怕”,并不是说装了一肚皮的数理化题目,就能自如地闯荡世界,而是强调以数理化学科基础知识为载体,养成良好的理科思维能力和实际动手能力,进而步入科学的殿堂,用科学知识造福他人和社会。也就是说,只有当这些知识转化成了具体的能力之后,才能真正拥有“走遍天下”的资本。

第二十章 “政史地”中的常识积累

要研究“政史地”三门学科的学习方法，首先需要研究一个更实际的问题：我们为什么要学习“政史地”？学习这三门学科，当然不是为了考试。这个世界上，没有任何一门知识，是为了考试而存在。“政史地”的存在价值，更多在于培养一种思辨能力，在于从哲学、历史学的角度，拓展同学们的知识面，培养理性思维能力。

这样的能力应该如何培养呢？最基本的方法，是尊重常识。尊重常识，就是尊重人类历史发展进程中用鲜血和生命换来的那些客观真理，就是尊重绝大多数人的利益诉求和价值观，就是尊重理性的思维和公平公正的立场态度。

此外，也有培养记忆、分析、探究等多种能力的各种学习方法，需要我们在日常学习实践中勤加探索。我们需要用最适宜的学习方法，贯彻落实我们的学习目标。这样，才能确保学习实践的高效，才能让学习最大限度地滋润生命。

96.用常识思考

习惯上被我们称为“政治课”的这一门学科，其名称一直以来始终是一种变量。“政治”、“社会发展史”、“公民常识”、“哲学”、“政治经济学”、“思想品德”、“思想政治”等，五花八门的名称背后，其实是学习目标的摇摆不定。

现行的《思想品德课程标准》中，将“引领学生了解社会、参与公共生活、热爱生命、感悟人生，逐步形成正确的世界观、人生观、价值观和基本的善恶、是非观念，过积极健康的生活，做对社会、国家、世界有见识和负责任的合格公民”确立为思想品德课的教学任务。以此为参照，当下的初中政治课程——思想品德，便应该将培养合格公民当做学习的第一要务。与之相对应，初中生学习思想品德课，也就应该以积累公民常识为学习目标。

普通高中思想政治课的学习，以“帮助学生初步形成观察社会、分析问题、选择人生道路的科学世界观、人生观和价值观，逐步提高参加社会实践的能力；使其成为具有良好政治、思想、道德素质的公民”为教学目标。这一目标的最终指向，依旧是“合格公民”。

由初高中两则课程标准的比较可以发现，政治学科不管如何定名，其培养社会合格公民的本质属性不会改变。也正是基于这样的学习目标，政治课的学习，就应该以尊重常识、用常识思考为最基本的学习方法。

什么是用常识思考呢？下面四种方法，皆属于此。

(1)尊重学科知识中的常识性内容，用认知常识作为学习的学理基础。政治课在教材编写上有以下特点：首先是在每课内容的编排上，大体按照介绍主题、讲解意义、提出要求这样的思路来编写，即“是什么”、“为什么”、“怎么样”三大问题。每课皆如此，这样的内容编排，本身就是一种认知常识。因为，我们认识任何一种事物，要做到客观全面，就不得不从这三个方面展开系统性探究。如此，学习政治课内容时，只要同学们掌握了这一规律，在课堂上就能预见教材和老师下一个问题将要讲什么，做到把问题相互贯通，相互融合。其次是在讲道理的方法上，也很有特点。在讲每一个道理之前，都在前面附一个能说明这个道理的材料，那么每一个材料所说明的道理，自然就是接下来所要讲的观点。材料和观点形影相随。如果同学们掌握了这一特点，在自学的过程中就不至于产生离题的分析。最后是在说理的方法上还有一个特点，就是政治教材的编写者们，一般都喜欢使用正反论证、对比论证的方法来表达自己的观点。

(2)尊重社会应有的公民常识，以普世性价值分析判断各类社会现象。从心理学角度讲，中学生特别是高中生思维的独立性、批判性大大增强，喜欢独立地提出问题和解决问题，喜欢探讨问题发生的原因，很少轻信现成结论，喜欢争论并按自己的标准进行评论。此种特性，体现到政治课的学习活动中，便要求同学们能够在走出课本、走出课堂、步入社会主义市场经济的大潮的思维环境下，积极培育普世性价值观，并以此为基础，印证课本所学的理论知识，提高自己认识问题、解决问题的能力。同学们需要在学习中养成“大胆质疑，小心求证”的好习惯，善于将来自书本的各种观点，放到社会实践中进行检验。同时能够用符合常识的普世性价值，分析判断各类社会现象。

(3)在背诵记忆各类概念术语时，用生活常识做验证资料，深化有效记忆。在现行教学体制下，学习政治课还无法绕过考试这道坎。那么，如何让生活常识在背诵记忆各种概念术语时形成积极的促进作用呢？这其中，也有很多值得探究的问题。

我们知道，政治学科的学习不能从概念到概念，就理论而理论，而是要主动联系生活实际，将生活的实例引进学习中，用政治学科知识去分析、解释社会的焦点、热点问题。为了实现这样的目标，同学们要了解国家对于社会热点问题的态度，树立科学分析周围事物的正确观点。同学们要坚持关注社会热点新闻，坚持阅读时事评述类的刊物。要能够对照现实生活联想政治理论，把学科知识还原到生活中，这对提高政治学科的学习成绩大有裨益。

湖南文科高考状元黄芳在谈及自己的政治学科学习经验时，就强调“政治学科中的一些概念和原理很抽象，不好理解。一些同学理解不了这些概念和原理，就死记硬背。复习时应该把书本上的知识与实际生活相联系，联系实际生活去琢磨书上的表述，把身边的事情揉到书本里。”黄芳所说的“把身边的事情揉到书本里”，就是用生活常识做验证资料，深化有效记忆。

(4)将教材知识和生活常识相结合，形成解决实际问题的常识性方法。政治课的学习，始终是一种综合性的思考实践活动。政治课的学习过程中，同学们要始终坚持用联系的、全面的观点看待各种教材问题、试卷问题和社会问题。无论面对的是一道考试题，还是一种生活现象，都要能够将来自教材的理论和来自生活常识的实践经验相结合，形成既贴近生活又高于生活的新常识、新认知。

为了实现这样的学习目标，同学们在学习政治学科的相关内容时，应该养成对重大时事政治事件或者发生在我们身边的生活现象进行多角度分析的学习习惯。可以借助记日记的形式，长期坚持运用相关理论分析阐释社会生活，以此培养自身提出问题、分析问题和解决问题的能力。在这一实践中，需要注意两点：一是要加强同学间的协作，可以通过时事研讨小组等形式加强协作学习、研究性学习。二是要加强同教师的沟通，因为学生毕竟对所学知识理解程度上不及教师，如果在精深思考的基础上，辅之以老师的精心点拨，肯定能达到事半功倍的效果。

97.画好知识树

成体系的学科知识，犹如一株枝繁叶茂的大树。这大树，有作为主干的核心知识框架，有作为分支的章节知识体系，有作为树叶的各个小知识点。画好知识树，就是要求同学们用树形结构的方式，来描述一门学科的内在知识结构框架，理清各知识间的逻辑关系。

运用此法学习政治、历史、地理学科，往往能够在大量信息中迅速提炼出各章节的纲要性知识，以形象、直观、有效的手段，搭建起该学科知识体系的应有骨骼，使各重要信息尽可能完整地呈现在整个知识体系中。

知识树应该如何来画呢？

(1)知识树设计要简洁、易记。我们绘制知识树的目的，是为了便于建构学科知识体系，从而宏观地把握学科知识的内在联系，在脑海中形成一个直观、形象的影像。所以知识树应该尽量的简洁、易学、易用、易记。

比如，要绘制某一朝代的历史知识树，就需要依照教材的既有知识结构体例，将政治、经济、文化、军事等章节内容，各自确立为知识树的一大分支。然后，再依照每一章节中的重要标题信息，分步画出知识树的二级分支。而二级分支之后，当然也可以形成三级分支。只是，为了条目的清晰，一般情况下，知识树有二级分支，就已经能够大体涵盖章节知识的最重要信息。过于琐碎的内容，不必画在知识树上。

(2)知识树要能够揭示出学科知识的内在联系。既然是一棵“树”，就会有主干与枝叶的区分，但无论主干还是枝叶，它们彼此间一定有着不可分割的关联。一颗知识树中，绝不会出现和主干毫不相干的知识信息。

不同学科的知识树，一般有不同的设计方式。采用何种方式绘制知识树，需要以学科知识的内在关系为依据。比如，具有时间先后顺序的历史知识，就大体上可以绘制成一棵以时序性为主干的知识树，按照事件发生的先后顺序来设计。而对于没有时间和空间顺序，只有逻辑事理顺序的那类知识，则应以事件的因果关系为主干而绘制知识树。这类知识树，主要通过提示历史事件的内在联系来设计。

值得强调的是，知识树不一定是单一的，有时也可以是两棵，因为有时在同一单元、同一课时中，会出现两条(或两条以上)并立的线索。比如，学习美苏冷战这一知识点时，如果只绘制一棵知识树，就势必会导致美苏两国的众多信息彼此夹杂，纠缠不清。这时，就可以绘制两棵并行的树，然后通过美苏间众多信息的对立，揭示出冷战的特点。由此可见，学科知识树一定要符合学科的特点，形式为内容服务。

(3)学科知识树的设计要有助于学习中的再创造。绘制学科知识树的目的，既是为了更好地学习该学科的相关知识，也是为了提纲带目，凸显教材重要信息，为后期的复习做好铺垫。因而，这样的知识树，绝不是绘制完成后便“束之高阁，藏之名山”，而是要不断运用于后期的复习中。而随着所学知识的不断增加，原有的知识树中，曾经作为主干的某些信息，可能会退居枝叶的位置。以前没有涉及的一些知识，又会迈进主干的行列中。如此一来，原有的知识树，便需要修改，需要进行二次加工。

(4)学习是个性化很强的活动，不同的学生，对知识树的掌握程度是不同的，所以，同一章节的知识，不同的同学绘制出的知识树，也会存在一定量的差异。有些同学学习新知识时，理解较肤浅，绘制出的知识树也过于粗枝大叶。后期复习中，随着理解的不断深入，也就能够在这知识树上不断添加新内容。这样的添加过程，也就实现了思维的不断完善和能力的不断提升。

因为知识树的绘制中存在着个性差异的影响，在构建学科知识树时，学习别人的经验也就成为了一种必须。但学习不等于挪用，每个人绘制的知识树，都一定要有所创新，要设计出适合自己学情的学科知识树。

(5)知识树的“树形”设计，无固定的规则。一般老师在设计学科知识树时，往往画成了“苹果树”的形式，为了简单易记，我们也可以画成“白杨树”的形式、塔松的形式，如在设计政治学科的早期资产阶级革命这一单元的知识树时，就可以画成“塔松”的形式，体现出前一次资产阶级革命对后一次资产阶级革命的影响，使知识主干更加突出，知识内在联系更加明显，而不要因为过于“枝繁叶茂”而影响了学生形成正确的知识框架。学科知识树的设计以突出主体知识为主。

当需要总结的知识信息过多时，一颗“树”的形状，有时便承载不起过于庞杂的内容，这时，“知识树”也不妨玩一下七十二变，用图表的形式进行表述。事实上，编制合理的框式图解，对于梳理复杂知识，同样能够起到纲举目张的效果。这一点，在许多学科的学习实践中，早已得到了运用和证明。

近年来，低学段的课堂学习中，开始出现了一种名为“鱼骨图”的知识结构图表。这“鱼骨图”，看似新鲜，其实不过是知识树的变种。想一想，如果我们把一个完整的鱼骨竖起来，和一棵树的形状又有多大的差异呢？所以，形式上可以千变万化，只要归纳总结提炼的宗旨不变，服务于学习的目标不变，则各种探究都值得肯定。

98.远离死记硬背

学习政史地离不开背诵，但仅仅死记硬背，永远也学不好政史地。故而，科学记忆便成为学好这三门学科的基础。

政史地学习中的科学记忆，大体有如下六种形式：

(1)数字记忆法。时间、地点、事件是历史基础知识的关键。为了掌握这方面的知识，不少同学采用死记硬背的方法，收效不大。中学历史教科书的内容，涵盖了古今中外的众多历史事件，所要记的，夸大点说浩如烟海，全都硬性塞到大脑中，即使不把脑袋涨坏了，也会让这些内容在大脑中打起架来，最终乱成一锅粥。如此，便需要在记忆这些内容时，注重科学记忆法。

比如，很多同学学习中国近代史时，经常搞混护国运动、护法运动的先后顺序。如果这样记忆，就容易多了：辛亥革命在1911年，二月革命在1913年，护国运动在1915年，护法运动在1917年，这正是一个等差数列，首项为1911，公差为2。类似的还有中共一大、二大、三大的召开时间。

学习世界史时，如何记忆玻利瓦尔和圣马丁两人分别解放的国家呢？抓住玻利瓦尔的名字是四个字，他解放的国家名称也全都是四个字，就不容易混淆了。玻利瓦尔解放的国家是：委内瑞拉、厄瓜多尔、哥伦比亚，圣马丁解放的国家是智利、秘鲁、阿根廷。

（2）形象记忆法。政治、历史、地理需要背诵记忆的内容实在太多，如果说要一字不漏地背下来，不仅浪费时间，而且精力消耗大。如果能够在学习每一课时，都采用形象记忆的方法，在脑海中形成一幅幅画面，对这一课的大致编排情况形成系统记忆，就能节省大量时间。比如同学们虽然不能完整记住历史课本上的每一个字，但当回想起某一个内容时，如果能记得它在书本的什么方位，左或右，上或下，知道这一课的重要图片分布在哪个位置，知道这一页翻过来是哪一课的什么内容等。这样的形象记忆既能避免死记硬背的枯燥，又能节约大量时间，同时也能达到预期的记忆效果。

（3）谐音记忆法。利用音同字不同的中国文字特点，帮助记忆相关的历史知识、地理知识，是科学记忆的一条有效路径。比如，要记住1858年第二次鸦片战争签订的《天津条约》的相关内容，就可以将“外国公使进驻北京，开放十个通商口岸，允许外国商船军舰在长江各口岸自由航行，赔款英法白银若干”这四点内容，利用谐音概括为“公开行贿”几个字，记忆起来，便既有条理，又不会出现遗忘。

（4）图表记忆法。相当数量的历史、地理知识，可以通过画图表的方式进行记忆，效果较好。比如，要记忆秦、唐、元、明、清五个朝代的疆域情况，就可画直角坐标系，用五种颜色的线条标注并比较。此外，诸如隋朝大运河、太平天国运动过程、中国工农红军长征过程等内容，也都可以用图表形式辅助记忆。

同样，要熟记地理学科上的各国概况，也可以通过列图表的方式，进行必要的信息整合。经过提炼和整合后的图表信息，内容更具体、更直观，也更容易记忆。

（5）比喻记忆法。比喻记忆法是运用修辞学中的比喻方法对识记材料进行处理，使其形象化、具体化，从而提高记忆效率。譬如我们可以把那些尚未了解的知识与已有的知识、经验或熟知的事物联系起来，使人较为容易地理解和记住新的知识。科学家把地球内部的结构比作“鸡蛋”，说地球内部大致分为地壳、地幔和地核三大部分，整个地球像个鸡蛋，地壳是蛋壳，地幔是蛋白，地核是蛋黄。这种比喻，使人耳目一新，有助于理解和记忆。

(6)归纳记忆法。归纳记忆，是将所记忆内容按不同属性加以归纳，然后分门别类地记住这些内容及其属性。例如，学习有关隋朝大运河的历史知识时，就可将隋朝大运河的开通时间、流经地域和历史意义等，可归纳为“一二三四五六”的数字来记忆：

一条南北交通大动脉；

隋朝第二代皇帝隋炀帝开凿，流经华北平原和长江中下游平原；

跨越三大城市，即以洛阳为中心，北达涿郡，南至余杭；

全长分四段：永济渠、通济渠、邗沟、江南河；

连接五大河流：海河、黄河、淮河、长江和钱塘江；

流经六省：冀、鲁、豫、皖、苏、浙。

这六种记忆法，当然不是科学记忆相关学科知识的全部方法。事实上，每一种方法，在具体的应用过程中，还存在着因人而异的特性。适应于甲同学的方法，乙同学使用时，效果不见得就跟甲同学一致。我们在学习实践中运用这些记忆法，只是借助这些方法，强化相关知识的临时性记忆。真正要想永久性牢记这些知识，还是需要将这些知识纳入学习实践活动中，使它们“活”起来。只有真正理解了这些知识，能够在实践中灵活地运用这些知识，我们的学习，才能真正告别死记硬背，走向科学高效。

99.巧用比较法

著名教育家乌申斯基说：“比较是一切理解和思维的基础，我们正是通过比较来认识世界上的一切的。”中学政治、历史、地理学科，原理多，概念多，知识点琐碎，记忆量大，许多内容既有区别又有联系，给同学们的学习带来一定的难度。因此，在学习过程中充分运用比较学习法，在比较中研究共性，发现特性，对于牢固掌握课本概念原理，突出学习重点，突破学习难点，接受新知识，防止知识的混淆，提高辨别能力，提高学习质量意义重大。

那么，政史地学习中，应该如何巧妙地运用比较学习法，来有效增强学习效益呢？下述四方面内容，值得同学们在学习中进行实践探究。

(1)巧用比较法识记概念。人类在认识过程中，把所感觉到的事物的共同特点抽出来加以概括，就成为概念。概念是客观事物一般的、本质的特征，它既是思维的基础，又是思维的细胞，是正确推理和判断的基础。如果在概念学习中充分运用比较的方法，便能事半功倍，清楚、准确、牢固地掌握概念属性。比如，在学习《政治常识》中的“国体”概念时，先提出“国家”这一大家都相当熟悉的概念进行分析和归纳，然后导出“国体”这一概念，再从“国体即国家的性质”这一属性出发，跟“国家”概念进行比较，便既复习了有关“国家”概念的知识，也在比较中加深了对“国体”概念的理解。

而在学习了一些新概念后，为了加强对概念的巩固和掌握，同学们也应有意识地把所学概念中的一些易混淆的内容进行比较分析，在比较中深化对这些概念的理解，达到由此及彼，举一反三的效果。

(2)巧用比较法理解原理。原理是基本的，具有普遍意义的道理。通过对政治、历史、地理学科相关原理的学习，可以培养同学们用一双“慧眼”看社会，提高认识、增强思辨能力和分析、解决实际问题的能力。在原理的学习和应用中灵活运用比较法，有利于加深对原理的理解，在比较中掌握正确的认知思路和认知方法。

要在日常的政史地学习中巧用比较法，就需要养成从多角度、多方位、多层次进行比较、筛选的能力。比如，分析历史学科的中国近代史相关重要事件的背景和原因时，就必须将其纳入世界近代史的框架中进行比较分析。只有这样，才能发现“鸦片战争”和“太平天国运动”爆发的原因，除却国内众多因素的影响，还是国际时事发展的必然。当同学们能够将“资本主义世界市场的初步形成”以及“亚洲革命风暴”等相关世界近代史的知识，与中国近代史进行比较分析时，对两次鸦片战争发生的历史背景、战争产生的影响和太平天国运动的地位等内容也就有了更深入的了解。

(3)巧用比较法探究现象。比较学习法是通过对学习内容的相同点、不同点的对比,通过对客观事物的去粗取精、去伪存真、由此及彼、由表及里的改造制作,客观、全面、深刻地认识事物的方法。运用这种方法学习探究政治、历史、地理学科中的相关社会现象、经济现象、文化现象,往往既能看到它的正面,也能看到它的反面;既看到它的主体,也看到与它相联系的外部条件;既分析了现象,又能透过现象看到它的本质;既能认识它的现状,又能比较准确地预见它的未来。可以说,比较学习法是政治、历史、地理学习中的最重要思维程序之一。

例如,学习地理学科中地势高低对气温分布的影响这一现象时,以中央电视台纪录片《北纬30°》中精选的几个城市为比较点,通过对这几座城市的海拔高度、地理位置、季风影响、夏季平均气温等内容的比较分析,就能够准确理解地势高低对气温形成的影响力,因为,在海拔高度仅10米的杭州七月平均气温28.6℃,而拉萨只有13℃。

(4)巧用比较法巩固复习。比较学习法是一种具体的、实用的复习方法。运用比较法进行复习,可以对学习内容进行纵横项比较、系统比较、正反比较、相关联内容比较,在比较中强化记忆与理解,使知识串联起来,“活”起来。

政治学科的复习中,比较法主要体现为归类比较和拆析比较两种类型。归类比较主要用于同一标准划分的子项概念之间的比较。例如,复习“主要矛盾和次要矛盾”、“感性认识和理性认识”等知识,就可以先把这些概念分别归类到“矛盾”、“认识”中来,懂得这些子项具有同类(或属)的属性。然后,根据划分标准,进行量的比较,揭示质的差别。拆析比较则是对容易混淆的同一个问题的不同方面进行分析,即从不同角度进行对比记忆的方法。例如,复习“社会主义初级阶段的基本路线”这一知识点时,可将其全部内容拆析如下:①主体——领导和团结全国各族人民;②核心内容——以经济建设为中心,坚持四项基本原则,坚持改革开放;③基本途径——自力更生,艰苦创业;④奋斗目标——为把我国建设成为富强、民主、文明的社会主义国家而奋斗。这样对比掌握既快又准确。

历史学科的复习中，运用比较法，有利于对诸多历史现象进行宏观归纳，提炼出共性特征，进行合并记忆。比如，复习世界近代史进步思想的形成、主要观点等内容时，可以对思想领域出现的人文主义、理性主义、自由主义等进步思潮产生的原因、思想观点、性质等进行比较整合，既提炼出其中的相同或相似之处，又归结出不同阶段中这些思潮的具体主张以及历史作用和影响方面的不同。只要同学们能够对相关内容进行纵向联系、比较、归纳，就能更好地掌握历史知识，认识历史发展规律，提高学习效率。

地理学科的复习，同样离不开比较法。地理复习中的比较，以区域地理知识的对比分析为主。比如，把我国北方、南方、西北地区、青藏高原等并列起来，进行位置、自然条件、人口、主要农作物、耕作制度、经济发展等方面情况的逐项比较。这样的归纳整合复习，既能反映各地的地区差异，更能突出各自的特殊性，众多知识信息一目了然。

100.读图中的学问

中学政治、历史、地理学科的教材中，往往有大量的图片、图表。这些图片、图表，以直观的形象或数据，充当起相关观点的必要论据材料，起着支撑论点的重要作用。

如何利用这些图片、图表来帮助同学们的学习呢？这其中，有许多值得探究的读图学问。

(1)结合章节内容，把握图片意义。在政治、历史两门学科中，所有的图片、图表，都是用来作为观点的支撑物。因而，要准确把握图片、图表的内容，就要研究该图片、图表对应的知识信息，准确把握这些知识信息中的最重要的观点。只有紧扣了观点读图，才不会偏离教材意义而曲解了图片、图表的内容。

当然，教材中的观点从哪里来呢？又是从这些数据图表中来。也就是说，教材中的各种观点，来自无数个图表数据；而教材中的图表数据，又反过来进一步证明这些观点。两者相辅相成。图片、图表和教材中的观点间的关系，是现象和本质属性的关系。

地理学科中的图片、图表，其价值意义与政治、历史学科不同。地理学习的灵魂是地图的阅读和使用，"没有地图就没有地理学"，因而，地理学习中的读图，就是在学习地理知识本身。比如，要学习中国地形这样的内容，最重要的教材，不是文字，而是一幅卫星地图。有了这地图，胜过千言万语。

中学阶段的经济地理，相当数量的内容，都是以图片、图表的形式出现。教科书上的文字，反而成了一种辅助。

(2)关注各种信息，全面分析理解。读图，跟读文章一样，最忌讳断章取义。因此，无论阅读何种类型的图表、图片，都必须全面把握相关信息，不丢漏图表、图片上的任何一个要素。

如何才能做到不疏漏呢？这就要养成将图片、图表分类解读的习惯。比如，将一张图片依照画面内容分解成若干部分，将一张图表依照栏目内容分解成横向若干行和纵向若干列，然后逐块、逐行或逐列分析，最后汇合起来，形成最终结论。

比如下面这道历史考题的解读，就必须综合运用图表中的所有数据：

读下图，英国国际经济地位变化的主要原因是(　　)

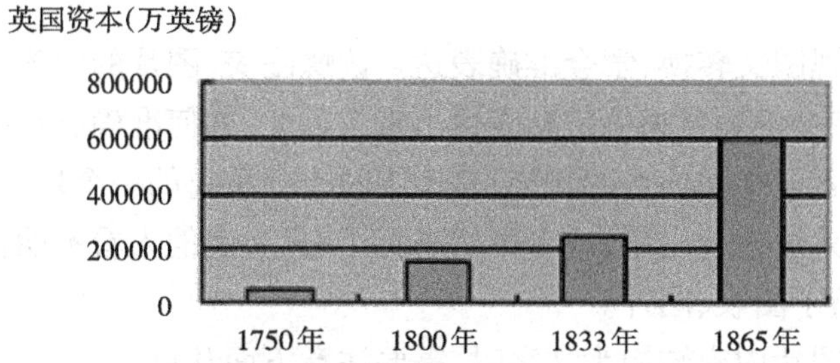

A.资产阶级革命的完成　B.君主立宪制在英国的确立

C.对外推行"炮舰政策"　D.工业革命的完成

本题主要考查学生对1750~1865年英国国际地位的认识。柱形图表形象直观。审题时，一要注意问题指向、时间界限；二要认真比较横向上的四个年份和纵向上的四个数据间的对应关系，注意不同年份英国的国际地位的变化。三要结合所学知识回答，如此才能形成正确的判断。本题的正确答案是D。

(3)立足学科特性,解读图表内涵。不同的学科,图表、图片的价值不同。政治、历史学科中,图表、图片是辅助材料,帮助证明观点或原理。地理学科中,图表、图片是学习重点,文字是对图表图片内容的阐释。此种学科教材结构的差异性,体现到读图方法上,也就会有差异。

政治、历史学科的读图,以从图片中得出结论、形成观点为主。上面的文字已有分析,不再赘述。

地理学科的读图,较之以另外两门学科,要复杂得多。地理学习中,图片图表众多,首先需要学会图片图表的分类,能够将众多的地理图表,依照不同功用精准分类。比如,能够准确区分日照图、统计图表、地形剖面图、地质图、景观图、原理示意图、漫画图、数据图、结构图、等值线图等。

其次要关注读图的顺序。依照习惯,应该先读图的主题,即图名;再看清图例、比例尺和方向;然后注意细节,知道该图表现的主要内容、范围等,观察图的具体内容,观察要仔细全面,不要漏掉任何一个信息;最后联系实际。

最后,要学会用图,如图图转换(剖面图转换为平面图),图文转换等。学会用图,则是要求养成用图归纳总结地理规律或特点、用图记忆的好习惯。

(4)重视图文转换,学会准确表达。读懂图表、图片的内容,并不代表能够用文字准确地将相关信息表达出来。因此,如何准确、得体地进行图表、图片内容向文字内容的转换,是读图时十分重要的一个环节。只是心里有数,却无法表达出来,或者虽然进行了表达,但他人看不明白,就算不得真正读懂了图表、图片。

图表、图片内容转换为文字时,需要注意下面几点:

第一,立足整体,归纳信息,形成结论。文字信息要完整、准确,对图片、图表内容具有很好的概括力。组织出的语言,要符合“简明、连贯、得体”的表述风格。尽量使用规范性书面语。

第二,关注表达方式,切合内容需要。不同类型的图文转换,语言的运用也不同。对图表、图片内容进行科学性归纳阐释时,语言应以说明为主。这类文字,准确、规范是关键。对图表、图片内容进行提炼,然后分析归纳出具有共性特征的论点时,则以议论为主。此类语言,又特别强调内在的逻辑性。要重视推断的合理性。

第三，言简意赅，重点突出，不旁逸斜出。由图片、图表内容转换为文字，不是写作文，无需渲染修饰，更不能超过内容范围联想想象。故而，所写文字必须在指定范围内，不得旁逸斜出。而即使是指定范围内的文字，也要力求言简意赅。能用十个字表达清楚的，就不用二十个字去说。有些时候，为了表达的清晰、准确，不妨采用分点阐述的方式，避免整体阐释带来的夹杂。